2025年度河北省哲学社会科学学术著作出版资助

老龄化背景下人工智能
助力劳动力市场再平衡研究

胡尹燕 ◎著

Leveraging Artificial Intelligence for
Labor Market Rebalancing in
the Context of Population Aging

中国财经出版传媒集团
经济科学出版社
·北京·

图书在版编目（CIP）数据

老龄化背景下人工智能助力劳动力市场再平衡研究 / 胡尹燕著. -- 北京：经济科学出版社，2025.6.
ISBN 978-7-5218-7112-8
Ⅰ. F249.212

中国国家版本馆 CIP 数据核字第 2025V7U408 号

责任编辑：刘　丽
责任校对：孙　晨
责任印制：范　艳

老龄化背景下人工智能助力劳动力市场再平衡研究

LAOLINGHUA BEIJINGXIA RENGONG ZHINENG ZHULI
LAODONGLISHICHANG ZAIPINGHENG YANJIU

胡尹燕　著

经济科学出版社出版、发行　新华书店经销
社址：北京市海淀区阜成路甲 28 号　邮编：100142
总编部电话：010-88191217　发行部电话：010-88191522
网址：www.esp.com.cn
电子邮箱：esp@esp.com.cn
天猫网店：经济科学出版社旗舰店
网址：http://jjkxcbs.tmall.com
北京季蜂印刷有限公司印装
710×1000　16 开　15.25 印张　260000 字
2025 年 6 月第 1 版　2025 年 6 月第 1 次印刷
ISBN 978-7-5218-7112-8　定价：78.00 元
(图书出现印装问题，本社负责调换。电话：010-88191545)
(版权所有　侵权必究　打击盗版　举报热线：010-88191661
QQ：2242791300　营销中心电话：010-88191537
电子邮箱：dbts@esp.com.cn)

前　　言

老龄社会的来临，挑战着劳动力市场的平衡，人工智能的快速发展使得人类在未来破解老龄社会难题成为可能。人工智能的飞速发展给劳动力市场带来冲击的同时也带来了机遇。利用人工智能这一技术手段助力劳动力市场改革，不仅可以在理论层面拓展研究视野，深入挖掘技术进步和劳动力市场运行背后所蕴含的历史规律，而且对于指导老龄社会未来的战略选择与公共政策制定具有重大的理论意义与实践价值。

联合国《2024年世界人口展望》数据显示，到2070年末，全球65岁及以上的人口数量预计将达到22亿人，超过18岁以下人口的数量。到21世纪30年代中期，预计将有2.65亿人年龄在80岁及以上，超过婴儿（1岁及以下）的数量。在这场不可逆转的银色浪潮中，中国作为世界上最大的发展中国家，正以超常规速度进入深度老龄化阶段。国家统计局数据显示，2025年中国60岁及以上人口已达3.1亿人，占总人口的22%，老年人口比重持续提升。在此背景下，劳动力市场面临供给收缩、代际更替失衡、产业结构适配困难等多重挑战，传统应对策略已难以适应指数级变化的老龄化进程。与此同时，以深度学习、机器视觉、自然语言处理为代表的人工智能技术突破性发展，促使我们必须以全新的视角重新审视人工智能与老龄社会劳动力市场的互动关系，探索技术革命背景下的劳动力市场再平衡路径。

本书立足于中国式现代化建设的现实需求，将人口老龄化与人工智能技术发展置于同一分析框架下，通过构建"问题发现—机制解析—路径探索"的三维研究体系，系统探讨劳动力市场再平衡的理论基础与实践策略。研究团队历时多年，运用多学科交叉研究方法，覆盖全国31个省级行政区的劳动力市场，形成713个样本的平衡面板数据，深入剖析老龄化对劳动力市场的多维影响机制，科学评估人工智能技术的替代效应与赋能效应，最终构建包含制度设计、技术应用、政策协同的立体化解决方案。

在理论建构层面，本书突破传统劳动力市场研究的线性思维定式，将人工智能技术视为动态变量，揭示其在人口结构变迁过程中产生的非线性调节作用：一方面，人工智能通过提高全要素生产率缓解劳动力供给压力，但可能加剧技能错配风险；另一方面，人口老龄化倒逼技术创新加速，形成"需求牵引供给"的特殊发展路径。这种双向互动关系的解构，为理解技术革命与人口转变的协同演化提供了新的理论视角。研究同时发现，在劳动力市场平衡指数的构建中，传统供需平衡指标的解释力较差，必须引入技术适配度、代际转移率、人力资本转化效率等新维度，才能准确刻画智能时代的市场均衡状态。

在实证研究方面，本书构建包含省际面板数据的数据库，量化分析2000—2022年人口老龄化对劳动力市场平衡性的影响。在实践价值维度，本书形成具有中国特色的解决方案体系。针对"未富先老"的基本国情，提出智能技术应用的优先原则：优先满足基本养老服务需求，优先保障关键产业劳动力供给，优先培育银发人力资源。在政策建议层面，构建包含智能技术标准体系、适老化改造补贴制度、人机协作安全规范的制度框架。

本书的结构安排遵循"理论奠基—实证检验—对策创新"的逻辑脉络。第1章系统梳理全球老龄化趋势与中国特殊国情，阐明研究的现实紧迫性；第2章构建理论分析框架，重新界定智能时代劳动力市场平衡性的内涵与外延；第3章揭示老龄化影响劳动力市场平衡性的传导机制；第4章围绕人口老龄化对劳动力市场的影响展开实证研究，分析劳动力供给、劳动生产率以及劳动力流动等方面的特征；第5章建立劳动力市场平衡指数，开展动态监测与预警；第6章论证人工智能技术助力劳动力市场再平衡的可行性；第7章总结提炼典型行业应用案例；第8章最终形成系统性解决方案。这种层层递进的研究设计，既保证理论深度，又强化实践导向。

展望未来，智能技术与人口老龄化的协同演进将持续深化。研究认为，人工智能的快速发展有望助力劳动力市场再平衡，但需要同步解决技能重塑、收入分配、社会保障等系统性问题。这要求我们建立前瞻性政策框架，在技术研发、教育培训、社会保障之间形成良性互动。本书提出的"1＋2＋3＋5"治理框架，即一中心、两原则、三主体及五维分析，强调政府引导、市场主导、社会参与、技术支撑等，正是应对这些挑战的中国方案。

前　言

　　本书的出版得到了河北省哲学社会科学学术著作出版资助项目的支持，特此致谢。本书亦是河北省高等学校人文社会科学研究项目"人工智能助力劳动力供给侧改革研究"的研究成果。本书的完成得益于跨学科研究团队的协同创新，感谢研究团队的全部成员：牛淼、王柳静、崔嘉鑫、张万顺、申孟让、任雨琼、夏一诺、闫梦铁。我们期待本书能够为政策制定者提供决策参考，让我们携手迎接智能时代的银色挑战，共同构建更具包容性、可持续性的人力资源新生态。

　　本书在撰写过程中参考了国内外诸多专家的成果，有的已经在参考文献中列出，但难免有所疏忽、遗漏，在此对已列出的和未列出的专家一并表示感谢。

　　本书对人工智能助力老龄社会劳动力市场再平衡的理论和实践的探索，尚属于初步成果，后续研究仍有待于深化，存在的不足之处，恳请各位读者批评指正。

目录

第1章 绪论 ·· 1
　1.1 研究背景和研究意义 ··· 1
　1.2 研究内容和研究方法 ··· 5
　1.3 相关研究综述 ··· 7

第2章 相关概念界定和理论基础 ··· 16
　2.1 相关概念界定 ·· 16
　2.2 理论基础 ··· 19

第3章 老龄化背景下劳动力市场不平衡的理论分析 ···················· 27
　3.1 中国劳动力市场不平衡的多元表征 ·································· 27
　3.2 劳动力市场不平衡的深层动因 ··· 31
　3.3 人工智能驱动劳动力市场再平衡的逻辑 ··························· 36
　3.4 本章小结 ··· 39

第4章 老龄化背景下劳动力市场的实证分析 ······························ 40
　4.1 老龄化背景下劳动力供给数量变化的实证分析 ················· 40
　4.2 老龄化背景下劳动生产率增长的实证分析 ······················· 62
　4.3 老龄化背景下劳动力流动的实证分析 ······························ 78
　4.4 本章小结 ··· 96

第5章 老龄化背景下中国劳动力市场发展平衡情况的
　　　实证分析 ··· 98
　5.1 中国劳动力市场平衡指数的构建 ····································· 98
　5.2 中国劳动力市场平衡指数指标的计算 ···························· 101
　5.3 人口老龄化程度对劳动力市场发展平衡水平影响的
　　　实证分析 ··· 110

— 1 —

5.4 本章小结 ·· 126

第6章 老龄化背景下人工智能助力劳动力市场再平衡的可行性分析 ······· 128
6.1 破解劳动力供给的相关问题 ································ 128
6.2 弥补无法满足的劳动力需求 ································ 131
6.3 推动劳动力供需匹配 ······································ 136
6.4 构建更加和谐的劳动关系 ·································· 140
6.5 改造不适宜的劳动环境 ···································· 144
6.6 促进劳动方式的转变 ······································ 146
6.7 本章小结 ·· 149

第7章 老龄化背景下人工智能助力劳动力市场再平衡的现实应用 ······· 151
7.1 人工智能助力农业劳动力市场再平衡 ························ 151
7.2 人工智能助力养老服务业劳动力市场再平衡 ·················· 159
7.3 人工智能助力汽车制造业劳动力市场再平衡 ·················· 167
7.4 人工智能助力物流业劳动力市场再平衡 ······················ 176
7.5 人工智能助力医疗产业劳动力市场再平衡 ···················· 184
7.6 人工智能助力化工产业劳动力市场再平衡 ···················· 191
7.7 本章小结 ·· 200

第8章 老龄化背景下人工智能助力劳动力市场再平衡的有效路径 ······· 202
8.1 一个中心 ·· 202
8.2 两项原则 ·· 204
8.3 三方主体 ·· 205
8.4 五维分析 ·· 214
8.5 本章小结 ·· 221

结语 ·· 222

参考文献 ·· 224

第1章 绪　　论

1.1　研究背景和研究意义

1.1.1　研究背景

老龄化现象已成为21世纪全球范围内的重要议题之一，其产生的影响具有广泛性、深远性和持久性，不仅改变了全球经济发展轨迹，重塑了养老保障体系，还在政治、社会和文化等多领域引发了深刻的连锁反应。根据联合国2024年7月发布的《世界人口展望》，截至2023年，进入老龄社会（65岁及以上老年人口占总人口比例超过7%）的国家已超过100个，涵盖了大多数高收入和中等收入国家。[①] 此外，不少发展中国家正逐步迈入这一转变阶段，面对老龄化带来的多重挑战。作为快速进入老龄化社会的典型，中国的人口老龄化问题尤其特殊且复杂，未富先老、未备先老的双重困境给劳动力市场及社会经济发展带来了前所未有的冲击。

中国自1999年迈入老龄社会以来，人口年龄结构发生了深刻变化。在经济社会发展的推动和计划生育政策的作用下，中国老龄化速度显著加快，老年人口的绝对数量和相对比例持续攀升。国家统计局数据显示，2000年第五次全国人口普查显示中国65岁及以上人口占比为7.10%，[②] 2010年第六次全国人口普查显示中国65岁及以上人口占比为8.92%，[③] 而到2021年末，65岁及

[①] 联合国《2024年世界人口展望》（https://population.un.org/wpp/）.
[②] 《中国人口统计年鉴》第五次全国人口普查数据（https://www.stats.gov.cn/sj/pcsj/rkpc/5rp/index.htm）.
[③] 《中国人口统计年鉴》第六次全国人口普查数据（http://www.stats.gov.cn/sj/pcsj/rkpc/6rp/indexch.htm）.

以上人口占比增至 13.52%，① 表明中国从轻度老龄化（占比 7%）到中度老龄化（占比 14%）的过渡仅用了约 20 年时间。这一转变的速度极为罕见，使得劳动力市场迅速面临诸多挑战，如劳动力供给收缩与需求结构变化、经济增长动能减弱，以及社会福利体系承受的压力骤增等。

与发达国家相比，中国的老龄化进程伴随着明显的"未富先老"特征。1999 年进入轻度老龄社会时，中国的人均 GDP 仅为 873.3 美元，虽然略高于当时中等收入国家的最低门槛，但相对处于同一阶段的发达国家，经济基础明显薄弱。② 例如，法国早在 1865 年进入轻度老龄社会时，人均 GDP 就已达到较高水平。尽管中国在 2000 年后人均 GDP 稳步提升，但进入中度老龄社会时，整体经济水平仍与发达国家存在较大差距。这种经济水平与老龄化速度的错位不仅加大了社会保障与服务的压力，还对劳动力市场的稳定性构成了直接威胁。中国老龄化的"未备先老"特征则进一步加剧了应对难度，在相关政策准备、资源配置与技术支持方面尚存在较多薄弱环节，对劳动力市场的供需平衡与社会经济发展带来巨大挑战。

面对这一局面，党和政府高度重视，制定了一系列积极应对人口老龄化的国家战略。党的二十大报告明确提出"实施积极应对人口老龄化国家战略"，强调发展养老事业和产业、优化孤寡老人服务，确保所有老年人享有基本养老服务。这些政策和举措不仅直面老龄化问题的紧迫性，也为社会和谐与经济可持续发展注入了动力。然而，随着老龄化程度的不断加深，劳动力市场的不平衡问题日益明显，表现为劳动力供给萎缩与结构性错配日趋严重。在此背景下，如何通过技术进步尤其是人工智能技术的应用来缓解老龄化对劳动力市场的冲击，已成为亟须解决的重要课题。

人工智能技术的快速发展为助力劳动力市场再平衡提供了全新的契机。作为现代科技的前沿领域，人工智能在识别、理解、预测与优化方面展现出了强大的能力。近年来，中国政府密集出台政策，推动人工智能技术发展，如《新一代人工智能发展规划》明确提出，坚持人工智能研发攻关、产品应用和产业培育"三位一体"推进。适应人工智能发展特点和趋势，强化创新链和产业链深度融合、技术供给和市场需求互动演进，以技术突破推动领域应用和

---

① 《中国人口统计年鉴》第七次全国人口普查数据（http://www.stats.gov.cn/sj/pcsj/rkpc/7rp/indexch.htm）。
② 世界银行数据库（https://data360.worldbank.org/en/search）。

产业升级，以应用示范推动技术和系统优化。

从劳动力市场的角度看，人工智能不仅能够通过大数据、算法分析精准匹配供需关系，推动职业技能培训智能化与个性化发展，还能优化养老服务体系，满足老年人口日益多样化的需求。通过促进就业结构优化，人工智能为劳动力市场稳定与产业升级注入了新动能。尤其是在老龄社会，对于智能服务、健康管理等领域的需求不断上升，人工智能技术在生产力提升与服务水平优化中的作用进一步凸显。

此外，人工智能的应用还为改善社会福利体系提供了技术支持。例如，通过开发智能化养老照护产品、远程医疗服务与健康管理系统，可以有效缓解养老资源紧张问题，提高老年人的生活质量和幸福感。与此同时，人工智能技术在职业技能培训中的推广，不仅让劳动力能够更灵活地适应市场需求，还提高了劳动力市场的效率与稳定性。伴随着相关政策的支持与科技的不断进步，人工智能不仅是应对人口老龄化的重要技术工具，也有望成为推动社会创新与文化升级的重要力量。

综上所述，中国在人口老龄化领域面临的未富先老、未备先老挑战，对劳动力市场的稳健运行与社会经济的可持续发展产生了深远影响。在此背景下，利用人工智能技术助力劳动力市场的再平衡，不仅能够促进劳动力结构优化与社会资源的高效配置，还能缓解老龄化压力，推动社会和谐与经济转型。作为一个结合技术驱动与社会需求的跨学科议题，本书旨在探讨人工智能在劳动力市场平衡中的应用路径与实践方案，不仅具有重要的理论价值，还能够为中国乃至全球的老龄社会提供重要的经验与借鉴意义。

1.1.2 研究意义

中国人口老龄化问题，作为关乎国家长远发展与社会全面进步的重大议题，其影响深远且复杂，不仅触及经济、政治、文化等多个维度，还直接关联到劳动力市场的平衡与社会的可持续发展。党中央的高度重视与一系列应对举措，彰显了解决这一问题的紧迫性和重要性。随着老龄化程度的不断加深，中国正面临人口结构转型的严峻挑战，同时也孕育着转型发展的新机遇。因此，深入系统地研究人口老龄化特征、劳动力市场发展趋势及人工智能背景下的应对策略，对于促进经济社会全面协调可持续发展具有重要价值。

在理论层面，老龄化不仅影响社会保障体系的可持续性，挑战公共服务资源的分配效率，还深刻改变着人口红利格局，对经济增长潜力、创新动力产生深远影响。通过实证分析，我们能够分析未来一段时间内老龄化背景下劳动力供给与劳动力需求的变化及其矛盾，这些数据为政策制定者提供了宝贵的理论依据与数据支撑。在此基础上，深入挖掘技术进步和劳动力市场运行背后所蕴含的规律，围绕延缓老龄化进程、优化劳动力市场供需结构、实现社会资源高效配置等问题展开理论研究。特别是人工智能在劳动力市场平衡方面的应用，通过数据分析与预测，可以辅助政府和企业更精准地把握劳动力市场动态，制定针对性的劳动力政策与就业策略，从而有效缓解因老龄化带来的劳动力短缺问题，促进经济社会的平稳运行。

在实践层面，面对老龄化背景下劳动力市场不平衡的现状，制定并实施有效的应对策略已刻不容缓。人工智能技术的引入，不仅有助于推进劳动力市场改革，更对于指导老龄社会未来的战略选择与公共政策制定具有重大的实践价值。基于研究结论，我们可以预见性地调整产业结构，鼓励技术创新与产业升级，以科技力量驱动经济发展，减少对劳动力数量的依赖，转向提升劳动力质量与效率。同时，人工智能在养老服务领域的应用，如智能照护、远程医疗、健康管理等，能够显著提升养老服务的智能化、个性化水平，有效缓解养老资源紧张的问题，提升老年人的生活品质与幸福感。此外，通过智能匹配劳动力供需、优化人力资源配置，人工智能还能助力解决老龄化背景下劳动力市场的不平衡问题，促进就业结构的优化与升级，为经济社会的持续健康发展提供坚实支撑。

更重要的是，人工智能的广泛应用，还能够激发社会创新活力，推动形成适应老龄社会的文化与价值观。通过教育与宣传，增强全社会对老龄化的正确认识，倡导积极老龄化的理念，鼓励老年人继续参与社会活动、贡献智慧，同时激发年轻一代对老年人的关爱与尊重，构建代际和谐的社会氛围。这不仅有助于缓解老龄化带来的社会压力，更能促进文化的传承与创新，为社会的全面进步注入新的活力。

综上所述，对中国劳动力供给与需求发展趋势的研究，不仅具有深远的理论意义，更在实践中为应对老龄化挑战、促进劳动力市场平衡、推动经济社会可持续发展提供了宝贵的思路与策略。通过人工智能技术的赋能，我们能够更加科学、精准地分析老龄化背景下劳动力的供需矛盾，制定并实施有效的应对策略，为构建老龄友好型社会、实现中华民族伟大复兴贡献力量。

1.2 研究内容和研究方法

1.2.1 研究内容

本书主要包括以下研究内容。

第1章为绪论。主要介绍研究背景、研究意义、研究内容、研究方法，并对相关研究文献进行梳理。

第2章为相关概念界定与理论基础。对核心概念进行了界定，如人口老龄化、老龄社会、劳动力市场、劳动力供给、劳动力需求、劳动关系等；介绍了劳动力市场非均衡理论、马克思人的自由全面发展理论和协同治理理论，以期为后续研究提供理论依据。

第3章为老龄化背景下劳动力市场不平衡的理论分析。对老龄化背景下中国劳动力市场不平衡的多元表征进行分析；探讨劳动力市场不平衡的深层动因；人工智能驱动劳动力市场再平衡的逻辑。

第4章为老龄化背景下劳动力市场的实证分析。对人口老龄化影响劳动力供给数量、劳动生产率、劳动力流动等情况进行实证分析。

第5章为老龄化背景下中国劳动力市场发展平衡情况的实证分析。构建中国劳动力市场平衡指数，并针对人口老龄化程度对劳动力市场发展平衡水平的影响情况进行实证分析。

第6章为老龄化背景下人工智能助力劳动力市场再平衡的可行性分析。人工智能在破解劳动力供给问题、弥补养老产业劳动力需求、推动劳动力供需匹配、构建更加和谐的劳动关系、改造不适宜的劳动环境、形成崭新的劳动方式等方面发挥着重要的作用。科学合理地应用人工智能技术，将有助于缓解老龄化持续加深背景下劳动力市场不平衡的问题。

第7章为老龄化背景下人工智能助力劳动力市场再平衡的现实应用。围绕农业、养老服务、汽车制造、物流、医疗与化工等产业，分析人工智能技术在各产业中的应用现状；列举了智慧果园、智慧养老、智能制造、智慧物流等发展案例，为探索人工智能助力劳动力市场再平衡的可行路径提供了实践参考。

第8章探讨老龄化背景下人工智能助力劳动力市场再平衡的有效路径。揭示了老龄化背景下劳动力市场的未来发展方向、演进规律与趋势，提出了人工

老龄化背景下人工智能助力劳动力市场再平衡研究

智能助力劳动力市场再平衡的有效路径。

本书的技术路线如图 1-1 所示。

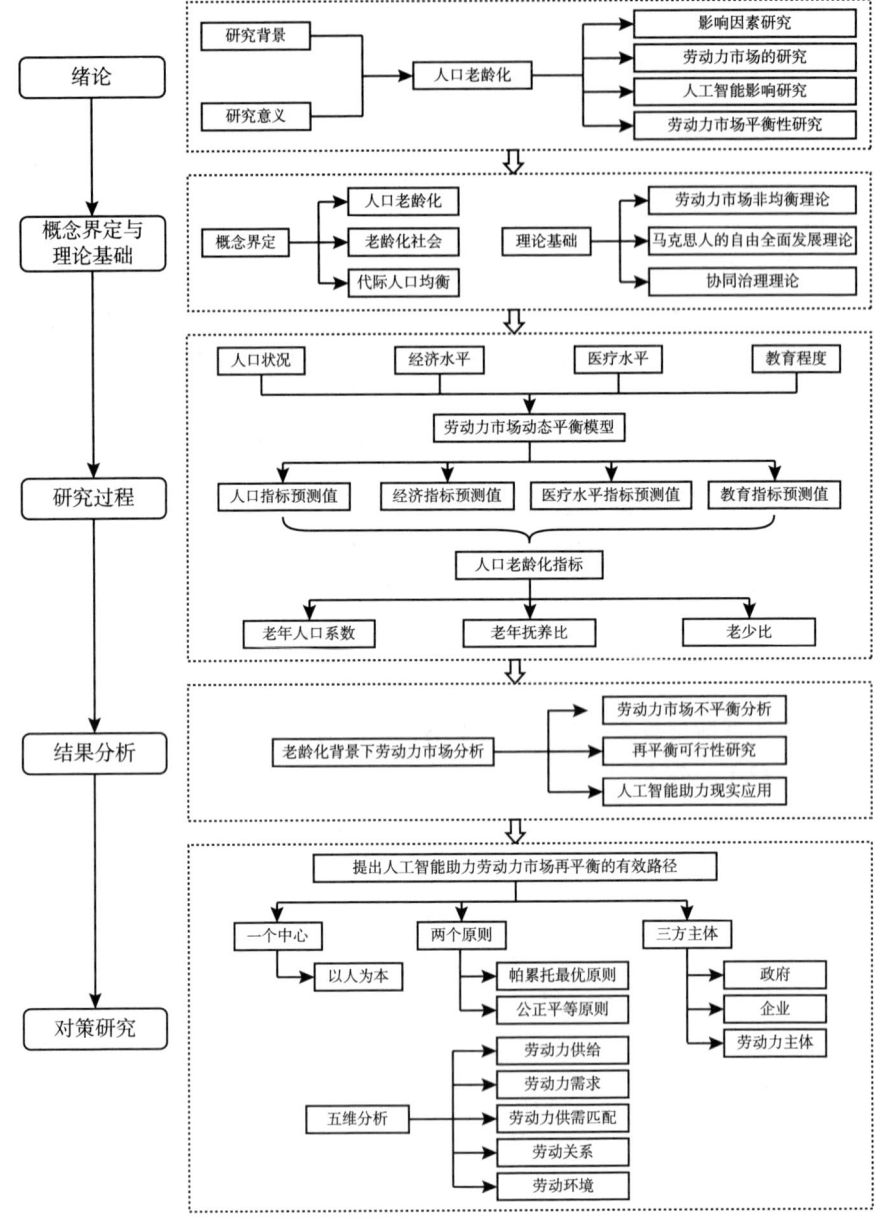

图 1-1 技术路线

1.2.2 研究方法

1. 文献研究

通过系统查阅和分析国内外相关领域的学术文献、研究报告及政策文件，归纳现有研究成果。同时，聚焦于人工智能在劳动力市场中的应用效应及其对老龄化引发问题的应对能力，梳理学界围绕该主题的争议与共识。

2. 比较研究

比较研究是一种基于既定标准，对两个或多个相关事物进行系统考察，分析其异同，以探索普遍规律与特殊规律的方法。本书以老龄化背景下人工智能助力劳动力市场再平衡为核心议题，综合比较了人工智能技术在农业、养老服务、汽车制造、物流、医疗和化工等产业的应用现状和典型案例，提炼了其在不同领域发挥作用的共性与差异，为人工智能推动劳动力市场再平衡提供实践参考。

3. 计量分析

利用计量分析方法，深入剖析老龄化对劳动力市场的多维影响，科学评估人工智能对于劳动力市场的赋能效应。

1.3 相关研究综述

当前全球人口老龄化与人工智能技术变革正深刻重塑劳动力市场的底层逻辑。学界对人口老龄化的研究既关注生育率、死亡率等基础驱动因素，也重视经济梯度、城乡迁移等空间重构效应，认为老龄化不仅是人口转变的必然结果，更会影响社会经济发展。在此背景下，劳动力市场平衡性面临冲击，一方面，老龄化背景下劳动力供给收缩、人力资本老化、成本刚性上升等弱化传统增长动能；另一方面，人工智能通过技能替代、岗位重构、效率提升等方式构建新的生产范式，既加剧了劳动力市场供需的结构性失衡，也为劳动力市场再平衡提供了技术解决方案。面对复杂变局，研究者开始聚焦劳动力市场平衡性的动态调节机制，试图在技术进步与制度创新间构建适配政策措施框架，通过协同治理路径，促进解决劳动力供需匹配、劳动关系改善、劳动力市场失衡规避等问题，这为理解老龄化与人工智能的协同作用机制提供了新的理论视角。

1.3.1 关于人口老龄化影响因素的研究

一些研究认为生育率下降和死亡率下降（表现为预期寿命延长）是驱动人口老龄化的两大核心因素，这在工业化国家尤为显著。[1] 具体而言，生育率下降是导致人口结构年轻人口比例减少、老年人口比例相对上升的直接原因。例如，生育率低下被视为中国县域人口老龄化的主要驱动因素。[2] 死亡率下降是导致老年人口绝对数量及占总人口比例持续增长的关键原因。这一过程受到医疗卫生条件改善、城镇化进程等社会经济因素的影响。[3] 值得注意的是，生育率下降与老龄化加深之间存在相互强化的关系，可能形成恶性循环。[4] 英国和波兰等国家的老龄化历程，正是低生育率与低死亡率共同作用的结果。[5]

随着对于老龄化的深入研究，一些学者发现当出生率和死亡率降低到一定水平后，人口老龄化的时空格局演变是影响人口老龄化发展的重要因素。经济发展较为落后的地区的人口会向经济较为发达的地区迁移，从而导致经济发展较为落后的地区的人口老龄化程度加深。[6] 基于2000年、2010年和2020年3次人口普查分县数据，通过采用分数响应模型，识别县域尺度人口老龄化程度空间分布的主要影响因子，发现人口老龄化呈现"均质化""逆核心—边缘""核心—边缘"等多样的空间结构特征，得出自然环境奠定人口老龄化分布的

---

[1] Anderson G F, Hussey P S. Population aging: A comparison among industrialized countries [J]. Health Affairs, 2000, 19 (3): 191-203.
[2] 武荣伟, 王垭盎, 王远鑫, 等. 2000—2020年中国县域人口老龄化分布格局及其影响因素 [J]. 热带地理, 2024, 44 (8): 1500-1512.
[3] 韩鹏, 宋晓晓. 基于灰色理论的内蒙古人口老龄化趋势预测及其影响因素研究 [J]. 干旱区资源与环境, 2023, 37 (1): 44-51.
[4] 徐升艳, 夏海勇. 人口老龄化机制研究：基于生育率持续下降视角 [J]. 人口学刊, 2011 (4): 54-60.
[5] Walford S N, Kurek S. A comparative analysis of population ageing in urban and rural areas of England and Wales, and Poland over the last three census intervals [J]. Population, Space and Place, 2008, 14 (5): 365-386.
[6] Moore E G, Pacey M A. Geographic dimensions of aging in Canada, 1991-2001 [J]. Canadian Journal on Aging, 2004, 23 (5): 5-21.

宏观格局、社会经济要素是老龄化进程的主要推动力的结论。[1] 以 1960—2014 年保加利亚人口年龄结构的变化为例，由于生育率下降、预期寿命延长和外来移民的共同影响，保加利亚老龄化程度进一步加深。[2]

随着经济社会的发展，学者们研究发现，人口老龄化的影响因素错综复杂起来，不再单纯只受到生育率、死亡率和迁移率的影响，还受到其他如经济水平、生活环境、城镇化水平等因素的影响。有学者利用中国 335 个地级及以上城市 2000—2020 年的统计数据，通过空间计量回归模型分析了影响中国老龄化的主要因素，认为除老年人口惯性和人口流动外，人口密度、前期人口生育率和育龄妇女占比等因素也成为中国人口老龄化空间分布差异的重要原因。[3] 有学者采用 2000 年和 2010 年全国人口普查数据，结合空间回归模型研究人口老龄化的影响因素，结果表明自然地理环境、经济发展水平和人口年龄结构等因素会综合影响人口老龄化。[4] 以广东省为例，自然环境、人户分离人口、人口自然增长率和平均预期寿命是影响广东省老龄化的主要因素，广东省人口老龄化是多种因素循环反馈的结果。[5] 而以内蒙古为例，基于灰色理论对内蒙古的人口老龄化发展趋势及其影响因素进行研究，发现人均 GDP、生育率、死亡率、城镇化率、年末市镇人口、每万人拥有卫生技术人员数、每万人拥有医疗卫生机构床位数是影响内蒙古老年人口数量及其占比的重要因素。[6] 有学者采用队列要素法对人口结构进行分析后发现，放开二孩、刺激生育的政策能在一定程度上刺激中国的人口增长，且生育政策的改变在短期内对劳动人口不产生影响，但长期放开二孩的政策可以起到增加劳动人口、改善人口结构的积极作用。[7] 有学者认为人口生育率、死亡率、人口迁移率、户籍制度改革、经济发

---

[1] 武荣伟，王堞凼，王远鑫，等. 2000—2020 年中国县域人口老龄化分布格局及其影响因素 [J]. 热带地理，2024，44（8）：1500-1512.

[2] Mourgova Mariana. Demographic ageing of the population in Bulgaria [J]. *European Journal of Social Sciences Education and Research*，2016，6（2）：216-216.

[3] 郭郡郡，刘玉萍，郭方方. 中国城市人口老龄化的时空演变与影响因素——基于全国人口普查数据的分析 [J]. 地域研究与开发，2024，43（3）：50-55，69.

[4] 曾通刚，赵媛，许昕. 中国人口高龄化空间格局演化及影响因素研究 [J]. 地理与地理信息科学，2017，33（6）：72-79.

[5] 杨雅瑜，尹发能. 2000—2020 年广东省人口老龄化时空格局演变及其影响因素 [J]. 天津师范大学学报（自然科学版），2024，44（6）：65-74.

[6] 韩鹏，宋晓晓. 基于灰色理论的内蒙古人口老龄化趋势预测及其影响因素研究 [J]. 干旱区资源与环境，2023，37（1）：44-51.

[7] 洪雅芳. 全面二孩政策对中国人口结构的影响研究 [J]. 鄂州大学学报，2019，26（5）：19-24.

展水平导致了中国农村的人口老龄化。① 人口老龄化是人口转变过程的必然结果，具有很大的区域差异性，社会、经济等因素都会对人口老龄化产生影响。②

1.3.2 人口老龄化对劳动力市场的影响

从劳动力流动角度来说，老年父母对子女的劳动力流动具有一定的牵制作用。老年父母健在的情况下子女远距离流动性就会较低，出现这种状况的原因是当前养老需求较大且养老供给不足，因此，在老龄化程度不断加深的背景下，为了解放劳动力和实现劳动力自由流动，必须要加快社会养老体系的建设，构建以和谐为主的养老制度。③ 有学者基于农村劳动力回流与人口老龄化的现象构建分析框架，发现农村剩余劳动力中回流劳动力的比例在不断提升，老龄化趋势越发明显，这样的结果导致了大量农业剩余劳动力难以转移，这种情形暴露出一个问题，那就是中国经济未来的发展将面临劳动力供给短缺和农村剩余劳动力负担过重的压力。④

从劳动力供给的角度来看，一方面，老年人的身体素质不如年轻人，老年人对于劳动的精神集中和持续性都较差，严重影响了劳动生产效率的提升；另一方面，技术的改革创新对于老年人劳动也产生了影响，老年劳动力接受新鲜事物和知识的能力不够强。⑤ 伴随着老龄人口健康状况的下降，劳动力供给问题将会恶化，劳动力如果存在不良的健康状况，就会导致劳动力供给不足，进一步导致就业率的降低，所以地方政府应该多关注劳动力的健康状况，注重劳动力的健康水平，提高地方的劳动力参与率。⑥ 劳动力参与率同样也会受到人口老龄化的影响，经研究表明人口老龄化与劳动力参与率存在着明显的负相关的关系，想要缓解人口老龄化对劳动力参与率的不利影响，可以从教育、经

---

① 谢飞，王宏民. 关于中国农村人口老龄化问题的思考 [J]. 山西农经，2018 (1)：38-41.
② Jitender S. Ageing of population: A contemporary issue [J]. *International Journal of Research in Social Sciences*, 2019, 8 (1)：273-294.
③ 张安全，李星皓，方行明，等. 父母在，不远游——人口老龄化对劳动力流动的影响 [J]. 经济研究参考，2022 (10)：116-133.
④ 王亚楠，向晶，钟甫宁. 劳动力回流、老龄化与"刘易斯转折点" [J]. 农业经济问题，2020 (12)：4-16.
⑤ 陈璇. 人口老龄化对中国劳动力供给的影响 [J]. 经济师，2022 (7)：37-38.
⑥ 朱超，王戎. 健康冲击下的劳动力供给——基于人口老龄化视角 [J]. 现代经济探讨，2022 (3)：1-13.

济、劳动等方面制定多方面的政策，从而维持较高的劳动力参与率。①

1.3.3 人工智能对劳动力市场的影响

人工智能技术的飞速发展对劳动力市场产生了多方面的深远影响，既带来了就业结构和技能需求的显著变化，也对不同行业、区域和劳动力供需模式产生了重要影响。现有研究从就业结构调整、行业和区域差异，以及劳动力市场优化路径等角度，探讨了人工智能对劳动力市场再平衡的作用机理和应对策略。

人工智能对就业结构和技能需求的影响。人工智能会为高技术劳动力创造更多的就业机会，而中低技术劳动力则会受到一定的负面冲击，从而加剧高技术与低技术工作岗位之间的就业差距。② 人工智能对就业的影响主要取决于需求的性质，在某种程度上，自动化在短期内仍然是部分的，而不是完全的，需求将是关键。③ 当前研究并没有发现任何证据表明自动化会造成迫在眉睫的大规模失业，劳动力市场的趋势显示，人们对技能水平的需求正在转变，但新技术的出现并不只是让人变得多余，它减少了一定生产水平需要的劳动力，这意味着可以生产更多相同的产品，但是可以将劳动力重新部署到原本可能无法开发的领域。④ 人工智能不仅影响劳动力需求，还影响劳动力供给，特别是未来人力资本投资和职业流动的模式将对均衡就业和工资产生重要影响。⑤ 企业利用自动化促使成本下降，将导致处于中间位置的工人不断被取代，低技能工作的增长越来越主导高技能工作的增长，同时随着时间的推移，随着机器进入越来越复杂、培训密集型的任务，工人的技能越来越高。⑥ 经过研究发现，总的来说是无法评估人工智能对整个劳动力市场的净影响，即使是在短期内。相反，大多数人工智能应用都有多种影响就业的力量，既增加了劳动力需求，同

---

① 周祝平，刘海斌. 人口老龄化对劳动力参与率的影响 [J]. 人口研究，2016，40 (3)：58-70.
② 陈明艺，胡美龄. 技术创新对中国劳动力市场的影响研究——以人工智能技术为例 [J]. 新金融，2020 (8)：25-33.
③ Bessen J. *AI and Jobs：The Role of Demand* [R]. National Bureau of Economic Research，2018.
④ Oschinski M，Wyonch R. Future shock? The impact of automation on Canada's labour market [J]. *CD Howe Institute Commentary*，2017 (472).
⑤ Webb M. *The Impact of Artificial Intelligence on the Labor Market* [EB/OL]. (2019-11-06) [2025-01-20]. https：//papers. ssrn. com/sol3/papers. cfm? abstract_id = 3482150.
⑥ Feng A，Graetz G. *Rise of the Machines：The Effects of Labor-saving Innovations on Jobs and Wages* [R]. IZA Discussion Papers，2015.

时又可能减少了劳动力需求。① 人工智能的出现对就业既有替代性也有补偿性，总的来说是存在不确定性的。所以，对于人工智能需要辩证地进行看待，扩大其带来的正面就业效应，回避其带来的负面效应，最大限度地降低失业风险，确保人工智能向安全可控的方向发展。②

学者们通过对不同省份数据的研究发现，人工智能对于不同地区的劳动力市场存在不同程度的影响。通过选取江苏、浙江和广东作为典型地区，利用2000—2016 年的数据对中国劳动力成本及其变化规律进行测度发现，人工智能的出现可以有效降低劳动力成本，提升产业的核心竞争力，促进国内产业的进一步发展；③ 通过分区域考察发现，北部沿海、黄河中游和东北地区的工业智能化发展将会使得这些地区出现就业"两极化"现象，东部沿海和南部沿海地区则在过高生活成本的作用下呈现出"单极极化"趋势，工业智能化加剧了这两个地区机器设备对小学及以下教育程度劳动力的替代。④

人工智能技术的迅猛发展，对各个行业的劳动力市场都产生了一定的影响。在工程造价行业，人工智能被逐步应用于建筑工程造价和施工中，人工智能技术对工程造价行业劳动力有一定替代性，对造价从业者而言，简单、重复、程序化的工作更容易被人工智能所替代，而对于综合型、决策型的造价从业者而言不是很容易被替代，人工智能在工程造价行业的应用会使工作岗位发生两极分化的现象。⑤ 在物流行业，人工智能的出现减少了对低技能劳动力的需求，常规体力劳动岗位例如分拣、包装、运输配送等工作被人工智能替代的可能性很大。⑥ 在人工智能的影响下，新零售业企业的劳动力需求结构也会发生改变，企业对于低技能劳动力的需求逐渐下降，更倾向于使用高技能劳动力；并且企业对于单一型劳动力的需求也将降低，取而代之的是需要复合型的

---

① Agrawal A, Gans J S, Goldfarb A. Artificial intelligence: The ambiguous labor market impact of automating prediction [J]. *Journal of Economic Perspectives*, 2019, 33 (2): 31 – 50.
② 刘晓莉，许艳丽. 技能偏好型技术进步视阈下人工智能对技能劳动力就业的影响 [J]. 中国职业技术教育，2018 (15): 41 – 46.
③ 吴芸芸，封红旗. 人工智能背景下中国劳动力成本研究——以典型地区数据为例 [J]. 经济师，2019 (2): 248 – 250.
④ 孙早，侯玉琳. 工业智能化如何重塑劳动力就业结构 [J]. 中国工业经济，2019 (5): 61 – 79.
⑤ 王琼，黄建功. 人工智能背景下工程造价行业劳动力的影响效应研究 [J]. 工程造价管理，2020 (3): 47 – 52.
⑥ 李宁. 人工智能背景下物流业劳动力供求影响研究 [J]. 现代商贸工业，2020, 41 (8): 67 – 68.

劳动力，将会出现中技能和低技能的劳动力挤出效应。[1] 而对于服务业而言，通过以阿里巴巴的智能化服务为例进行研究，发现人工智能对服务业劳动力需求的影响主要表现在两个方面，一方面是智能化的替代效应，另一方面是劳动力结构的转变。在智能化替代方面，传统岗位和重复性的工作更容易被替代；在劳动力结构转变方面，智力劳动力和高技能型劳动力都在增加，同时出现了新兴岗位。[2]

1.3.4 关于劳动力市场平衡性的研究

劳动力市场的演进是由多种因素共同塑造的，其中体制改革、人口变动、科技进步、产业升级和对外开放等因素起到了关键作用。[3] 在构建全国统一大市场的背景下，劳动力市场的平衡性成为关注焦点。劳动力市场的不平衡性主要体现在供需结构、劳动要素相对价格、流动性以及政策干预等方面。[4] 通过构建劳动力市场平衡性指数，研究发现中国劳动力市场平衡性呈上升趋势，但区域差异显著，且存在"高技岗难求"与"金饭碗不金"等并存现象。

劳动力市场灵活性与安全性的平衡是保障就业水平、劳动力权益和企业绩效的重要选择。以荷兰为例，探讨了如何通过引入部分工时工作、放松劳务派遣等非典型雇佣促进劳动力市场的灵活化，同时改革劳动力市场政策和社会保障体系，实现灵活性与安全性的新平衡。[5] 针对中国劳动力市场分割及过度灵活和过度安全并存的问题，提出应选择劳动力市场边缘灵活化的政策，逐步实现内外部劳动力市场的统一。[6] 有的学者构建了研究中国劳动力市场灵活性与安全性的理论模型和指标体系，分析灵活性与安全性以及宏观、微观绩效之间的相关性。研究发现，中国劳动力市场存在局部灵活性偏高和安全性不足的现

---

[1] 孔微巍,刘晓熹,孙涛. 智能化对新零售业劳动力需求的影响——基于劳动力需求理论[J]. 商业经济, 2020 (1): 12-18.
[2] 孔微巍,于凡钠. 智能化对服务行业的劳动力需求的影响——以阿里巴巴智能化服务为例[J]. 商业经济, 2021 (3): 132-135.
[3] 赖德胜. 增进劳动力市场发展的平衡性[J]. 劳动经济研究, 2023, 11 (5): 3-8.
[4] 赖德胜,高春雷,孟大虎,等. 中国劳动力市场平衡性特征分析[J]. 中国劳动, 2019 (2): 5-19.
[5] 王章佩,展黛. 平衡劳动力市场的灵活性与安全性：荷兰的政策实践[J]. 中国劳动关系学院学报, 2015, 29 (6): 79-84.
[6] 孙乐. 中国劳动力市场灵活性与安全性平衡探讨[J]. 人口与经济, 2010 (3): 40-45.

象，且体制内外、产业、地区和不同劳动力群体之间的差异较大。① 而有的学者则从法制平衡的角度探讨了中国劳动力市场灵活性与安全性的合理平衡问题，指出中国劳动力市场制度偏重正规就业保护，需要顺应灵活化趋势，实现灵活性与安全性的合理平衡。②

人工智能技术的就业替代效应和就业创造效应将共同影响劳动力需求的结构和总量。如果劳动力供给维持不变，人工智能技术发展将进一步导致劳动力市场在结构和总量上的双重失衡。③ 因此，要实现劳动力市场的再平衡，关键在于劳动力供给的适应性调整，重点是结构再平衡，同时也不能忽视对劳动力需求的调节与总量再平衡。

实现劳动力市场再平衡的路径与建议。人工智能推动了劳动力供给侧结构性改革，为劳动力市场提供了优化和再平衡的契机。通过利用人工智能提高生产效率，可通过再分配反哺被替代劳动力，如创造公益性岗位，帮助其继续参与劳动力市场，共享经济和技术发展的成果。④ 工业智能化推动劳动力技能结构升级主要发生在中国的发达地区，目前中国的智能化水平还处于初级阶段，所以劳动力技能结构的升级会随着中国的智能化水平发展和中国的国情得到改变。⑤ 在优化劳动力市场结构方面，现有研究从政府、企业和劳动力三个方面提出了针对性建议：对于政府而言，政府应鼓励各界帮助低技能劳动力学习，提高其劳动水平和知识，进行教育投资的同时完善劳动力的权益，推动劳动力结构优化和升级；对于企业而言，企业应重视劳动力的整体素质的优化与提高，重视员工的培训，同时制定有效的劳动力发展战略，主动促进劳动力结构转型；对于劳动力自身而言，他们需要通过主动提升自己的劳动技能，主动学习知识提升自己，激发自己的创造力和自己解决问题的能力，以快速适应当前发展的人工智能时代。⑥

---

① 张原，沈琴琴. 平衡中国劳动力市场的灵活安全性——理论指标、实证研究及政策选择 [J]. 经济评论，2012（4）：53–67.
② 谭金可. 中国劳动力市场灵活性与安全性的法制平衡 [J]. 中州学刊，2013（6）：53–59.
③ 郑佳慧. 人工智能影响下劳动力市场研究 [J]. 党政论坛，2019（5）：33–36.
④ 蒋南平，邹宇. 人工智能与中国劳动力供给侧结构性改革 [J]. 四川大学学报（哲学社会科学版），2018（1）：130–138.
⑤ 惠树鹏，单锦荣. 基于工业智能化的中国劳动力技能结构升级路径研究 [J]. 软科学，2022，36（7）：16–22，30.
⑥ 朱巧玲，李敏. 人工智能、技术进步与劳动力结构优化对策研究 [J]. 科技进步与对策，2018，35（6）：36–41.

1.3.5 研究述评

既有研究从多种视角对老龄化、人工智能与劳动力市场之间的关系进行了较为深入的探讨，国内外学者系统分析了老龄化对劳动力市场的影响，以及人工智能对就业结构、技能需求及劳动力市场的深刻作用。这些研究为理解老龄化背景下劳动力市场的动态变化和人工智能带来的技术调整效应奠定了重要的理论基础。然而，目前的研究大多聚焦于老龄化与人工智能影响劳动力市场的单一维度，较少从动态、综合的角度系统分析两者叠加背景下劳动力市场平衡性的发展态势及变迁规律。

特别是在当前技术进步与经济转型加速的背景下，老龄化、人工智能等要素对劳动力市场的复合性影响呈现出新的特征，例如劳动供求结构的不协调、就业形态的多元化以及技能错配的持续加剧。这些新问题表明，劳动力市场的平衡性在双重背景下正在面临多方面的挑战。然而，现有研究对于劳动力市场平衡性的衡量标准、影响机制及实现路径的深入探讨仍显不足，尤其是在回答如何通过人工智能等技术手段助力劳动力市场实现动态平衡方面，尚需进一步深化研究。

针对上述研究现状，未来的研究应更加聚焦于老龄化与人工智能相互作用对劳动力市场平衡性的新变化及其长期趋势，重点探讨基于科技发展与人口结构变化如何构建劳动力市场高效、灵活与安全并重的动态平衡模式。同时，应在理论和实践层面系统分析劳动力市场的结构性不平衡及其深层成因，并探索完善的政策工具和技术路径，以实现劳动力市场的适应性调节与可持续优化。

基于此，本书在系统梳理既有研究的基础上，提出老龄化背景下劳动力市场平衡性的衡量标准，深入分析人口老龄化对劳动力市场平衡性影响的多元表征及深层驱动因素，进一步探讨人工智能在助力劳动力市场再平衡中的具体机制与实践路径。本书旨在深化对技术进步与人口结构变化对劳动力市场平衡性影响的认识，并为政府优化劳动力市场政策和推动经济社会协调发展提供科学依据和实践指导。

第 2 章 相关概念界定和理论基础

2.1 相关概念界定

2.1.1 人口老龄化

人类对人口老龄化的认识始于 20 世纪中叶,"国际老年学学会"于 1950 年成立,人口学第一本人口老龄化学术著作——《人口老龄化的经济社会后果》出版于 1956 年。[1] 1990 年,桑德巴(Sunndbarg)在《人口年龄分类与死亡率研究》一书中将人口按年龄划分为不同的类型,首次将 50 岁以上的人口定义为老年人口,将 50 岁作为老年年龄的下限。《人口学词典》指出,人口老龄化是指人口中老年人比重日益上升的现象,尤其是指在已经达到老年状态的人口中,老年人口比重继续提高的过程。该定义包括两层含义:一是人口老龄化是一个老年人口比重不断提高的动态过程;二是特指人口年龄结构已经进入老年型人口状态。老年型人口和人口老龄化是既有区别又有联系的两个概念,老年型人口是人口老龄化发展的结果,是人口中老年人口比重超过一定界限的状态;而人口老龄化是人口总体在向老年型人口演变或者在老年型人口基础上进一步发展的过程。[2]

人口老龄化用于描述一个国家或地区的人口结构中老年人口占比逐渐增加

---

[1] 甄令德,程上哲. 国际老年学学会简介 [J]. 中国老年学杂志,1988 (1):29-30.
[2] 人口老龄化及其衡量标准是什么 [EB/OL]. https://www.stats.gov.cn/zs/tjws/tjbz/202301/t20230101_1903949.html.

的趋势。这一趋势通常表现为65岁及以上年龄段人口的增长,且老年年龄段的人口相对于总人口的比例逐渐上升。中国已进入"深度老龄化"社会,老龄化程度在全球属于中上水平,少子化和长寿趋势使得老龄化持续加深。中国人口老龄化呈现五个趋势特征:规模大,全球每4个老年人就有1个中国人;速度快,未来30多年处于老龄化快速深化期;高龄化趋势明显,预计2050年左右高龄老人占比超10%;未富先老;城乡倒置、东高西低。

人口老龄化通常用老年人口系数、老年抚养比、老少比等指标进行衡量。

国际上通常用老年人口系数作为衡量人口老龄化的标准,老年人口系数越高人口老龄化程度也越高。老年人口系数也称为老年人口比重或老年人口比例,用于反映人口中老年人口所占比重,也用于衡量人口是否老化及人口老龄化程度,是划分人口年龄结构类型的指标之一。老年人口比重是衡量人口老龄化最重要、最直观的一个指标。

老年抚养比是指65岁及以上的老年人口数量与15~64岁的劳动年龄人口数量之间的比值,是用来衡量人口老龄化程度的重要指标之一。老年抚养比不仅反映了老年人口与劳动年龄人口的比例,还揭示了老年人口对劳动力和社会保障体系的经济依赖程度。当老年抚养比增加时,说明老年人口的比重增大,这通常是人口老龄化的明显标志。这可能会对国家的社会保障体系、医疗服务、长期护理和退休金系统产生压力。

老少比是指老年人口数与少年儿童人口数的比值,用于衡量一个国家或地区的人口年龄结构,该指标说明每100名少年儿童所对应的老年人数量。老少比可以反映出一个地方的人口老龄化程度和人口更替情况。如果老少比增大,这通常意味着该地区的人口正在老龄化;反之,如果老少比减小,这可能意味着该地区的人口年龄结构在向年轻化转变。

以上三个指标都可以在一定程度上反映人口老龄化的状况。

2.1.2 老龄社会

老龄社会这一概念通常是基于人口学和社会学的角度,强调老年人口比例的增长和人口年龄结构的变化。老龄社会是指在一个国家或地区,65岁及以上的老年人口因为医疗技术进步、卫生条件改善等因素而使寿命得以显著延长,同时又伴随着新生儿的出生率下降,从而导致该国家或地区的人口年龄结构中65岁及以上的老年人口数量占总人口数量的比例超过一定阈值,并对经济、社会、文化等各个领域产生广泛影响的现象。

国际上一般认为,当65岁及以上年龄段人口占总人口的比例达到或超过7%时,可以将一个国家或地区定义为老龄社会。这个标准最早由联合国在1950年提出。该标准得到了广泛的认可和应用,它能够相对客观地反映出一个国家或地区老年人口的规模和比例,以评估其老龄化程度。由于老龄人口占总人口的比重不同,老龄社会的程度也不同,联合国对于老龄社会的不同程度进行了划分:当一个国家或地区60岁以上人口占总人口的比重超过10%或65岁以上人口比重超过7%,表示该国家或地区进入轻度老龄社会;当一个国家或地区60岁以上人口占总人口的比重超过20%或65岁以上人口比重超过14%,表示该国家或地区进入中度老龄社会;当一个国家或地区60岁以上人口占总人口的比重超过30%或65岁以上人口比重超过21%,表示该国家或地区进入重度老龄社会。本书将采用65岁及以上老年人口占总人口的比重作为划分标准来衡量中国的老龄化程度。

目前全世界约有30个国家或地区进入了老龄社会,如日本、德国、意大利、芬兰、瑞典、韩国、澳大利亚、加拿大、美国等。其中,日本是世界上老龄化程度最高的国家之一,65岁及以上人口比例超过了30%;意大利的老龄化程度也相当高,65岁及以上人口比例超过了24%;德国也面临着严重的老龄化问题,65岁及以上人口比例约为23%。[①]

老龄社会的主要特征包括:老年人口比例增加,特别是65岁及以上年龄段人口占总人口的比例持续上升;平均寿命延长,人口普遍享有更长的寿命,导致老年人口占比增加;低生育率导致新生儿数量减少,从而导致劳动力供给不足,劳动力市场可能面临压力;老年人在医疗保健、养老服务、福利支出等方面的需求增加,给一个国家或地区带来了一定程度的财政压力。

2.1.3 代际人口均衡

代际人口均衡是指各代人口之间保持一种相对均衡的状态,即每一代人在数量和结构上与前一代或后一代人口相适应,不会出现严重的代际失衡。这一

---

① 世界银行数据库(https://data.worldbank.org/).

概念通常与出生率、死亡率和人口增长率密切相关，旨在确保不同代际群体之间的比例在社会经济和资源分配层面能够和谐发展，不会因某一代的急剧变化而导致社会问题。代际人口均衡是人口学和社会学等领域研究的重要课题，它关注不同年龄群体的人口分布及其相互关系，对于了解人口结构、社会变迁以及社会政策的制定与规划具有重要意义。代际人口均衡的概念与人口金字塔密切相关，人口金字塔是一种图形表达方式，通过将人口按年龄和性别分组而呈现的不同年龄段的人口数量分布。典型的人口金字塔形态是底部较宽、逐渐向上收缩的三角形，其中年轻人口占比较高，随着年龄增长，人口数量逐渐减少。这种典型的人口金字塔形态反映出了生育率高、死亡率低及老年人口相对较少的状态，即代际人口较为均衡的状态。

代际人口均衡和总和生育率也紧密相关，总和生育率是衡量特定人口群体中女性在其整个生育年龄期间平均生育的孩子数量的指标。当总和生育率等于2.1或接近2.1时则为正常的更替水平，即为代际人口均衡的状态。然而，在全球范围内老年人口寿命延长、总和生育率下降等多种因素的作用下，许多国家和地区正在经历代际人口失衡的状况，即老龄化问题。

2.2 理论基础

2.2.1 劳动力市场的非均衡理论

劳动力市场的非均衡性指在现实经济中，劳动力供给与需求无法通过价格机制（工资率的上下波动）自发实现均衡的状态。但劳动力市场的非均衡状态在各种力量的作用下并不容易被打破，而是具有一定的稳定性，因此，劳动力市场的非均衡状态不仅仅是一种过渡状态。[①] 通过分析有效需求和成交额的关系，可以考察在需求和供给达不到数量相等的情况时，市场是如何通过经济行为人的行为达到与"均衡"状态不同的另一种稳定的状态，即非均衡状态。劳动力市场的非均衡主要表现为：数量失衡——劳动力短缺与劳动力过剩；结

---

① 袁伦渠. 劳动经济学 [M]. 6 版. 大连：东北财经大学出版社，2021：99.

构失衡——技能错配、地域错配与时间错配并存；制度刚性——工资黏性、户籍壁垒、社会保障分割等阻碍市场出清。[①]

劳动力供给与需求之间的关系有以下三种类型：供大于求、供不应求以及供求均衡。

劳动力供大于求是指劳动力供给大于劳动力需求的状态。劳动力供大于求的主要表现为劳动力过剩，存在相当数量的失业或潜在失业人口，造成社会劳动力资源的浪费。劳动力供大于求的原因有很多，例如物质资源的供给数量不足，人口、劳动力资源数量增长过快以及经济运行中的其他问题。

劳动力供不应求是指劳动力供给不能满足劳动力需求的状态。劳动力供不应求主要表现为劳动力出现供给总量或结构性的缺乏。当社会生产增加、产业规模扩大，劳动力需求增加，但劳动力供给总量不足或劳动力供给结构与劳动力需求结构不匹配，都会造成劳动力的供不应求。劳动力供不应求的原因主要有：一是适龄劳动人口不断下降，劳动力供给规模进一步减少；二是劳动力需求持续增长，市场监测求人倍率长期保持在 1 以上；三是中等、高等教育扩张延缓推迟了适龄劳动人口进入就业市场，青年劳动力参与率有所降低；四是劳动力供给与劳动力需求在结构上不匹配。

供求均衡是指劳动力供给等于劳动力需求，即达到均衡的状态。从宏观角度来看，劳动力供求均衡实际上还包括质量、职业类型、地区分布等在内的多方面的均衡。劳动力供求均衡，可以达到良好的就业状态，可以使劳动力得到充分的利用，并有利于劳动自身的良性再生产。

劳动力的供给和需求是因时而变的，两者运动的方向、速度往往是不同的，其变化对劳动力的供求关系也会产生进一步的影响，存在多种可能性，可能进一步扩大原有的不均衡状态，也可能减轻供求之间存在的矛盾，处于均衡的临界状态或者趋近于均衡，还有可能由供不应求变为供大于求，或者由供大于求变为供不应求，出现超过均衡点向不均衡转化的状况，甚至基本维持原有的均衡或不均衡状态。因此，必须对劳动力供求进行静态和动态分析，必须对劳动力供求的短期和长期状况作出科学的估量，准确、合理、适时地进行调节，来平衡供求间的矛盾以达到这两者之间的均衡。

---

① 曾湘泉．劳动经济学［M］．3 版．上海：复旦大学出版社，2021：87-91．

2.2.2 马克思人的自由全面发展理论

马克思关于人的自由全面发展的理论建立在对资本主义异化劳动的批判基础上,其核心逻辑体现于历史唯物主义框架中。马克思指出,资本主义社会"使生产力获得了巨大的发展",但同时也导致"工人生产的财富越多,他的产品的力量和数量越大,他就越贫穷"。① 这种异化劳动的本质在于,劳动不再是劳动力本质力量的对象化,反而成为"一种异己的、不属于他的活动"。②

在资本主义分工制度下,"个人被分割开来,成为某种局部劳动的自动工具"③,人的发展呈现"畸形化、片面化"特征。这种批判在当代数字资本主义中获得了新的印证:平台算法通过数据监控将劳动力束缚于"数字流水线",零工经济中的"灵活就业"实质是劳动碎片化与保障缺失。福克斯(Christian Fuchs)在《数字劳动与卡尔·马克思》中指出,互联网平台正在制造"新型数字无产阶级",其劳动时间被算法切割为分钟级任务单元,形成"24 小时待命"的隐性剥削。④ 马克思提出,唯有通过"废除资本主义私有制"和建立"自由人联合体",才能实现"每个人的自由发展是一切人的自由发展的条件"。⑤ 这种社会形态下,"劳动不仅仅是谋生的手段,而且本身就成了生活的第一需要"⑥,为人的本质力量的全面释放提供了制度基础。

马克思不同于之前的哲学家以抽象的人为出发点来阐述人的发展,而是站在实践的基础上从生产力和生产关系这两方面来寻找路径以实现人的全面发展。

第一,生产力的发展创造物质基础。生产力的发展既影响着人类经济、政

---

① 马克思.1844 年经济学哲学手稿[M]//马克思恩格斯全集:第3卷(中文第二版).北京:人民出版社,2002:511.
② 马克思,恩格斯.德意志意识形态[M]//马克思恩格斯全集:第1卷(中文第二版).北京:人民出版社,1995:33.
③ 马克思.资本论(第1卷)[M]//马克思恩格斯全集:第44卷(中文第二版).北京:人民出版社,2001:381.
④ Fuchs C. *Digital Labour and Karl Marx*[M]. New York: Routledge, 2014.
⑤ 马克思,恩格斯.共产党宣言[M]//马克思恩格斯全集:第2卷(中文第二版).北京:人民出版社,2005:482.
⑥ 马克思.哥达纲领批判[M]//马克思恩格斯全集:第25卷(中文第二版).北京:人民出版社,2001:21.

治、文化的发展，也影响着人的发展，是其发展的物质基础。马克思指出："当人们还不能使自己的吃喝住穿在物质和量方面得到充分供应的时候，人们就根本不能获得解放。"① 因此人们要满足物质生活的需要，保证生活水平的质与量是人的解放和自由全面发展的前提。人的发展总是历史的、具体的，人的发展程度归根到底是由生产力发展水平所决定的。当生产力发展到一定程度人们的物质基础得到保证，与此同时，人们会获得更多的闲暇时间来发展人的劳动能力、社会关系和个性。在生产力落后的古代，为了保证生存，人们必须花费更多的时间来生产出满足需要的产品，没有多余的时间来提升和发展自己。在生产力大幅度提高的近代，随着工厂手工业和机器化大生产的出现和广泛普及，生产效率的提高使人们有空闲的时间来发展自身。到共产主义时期，生产力达到了前所未有的高度，人在此时就会具备自由全面发展的条件。

第二，教育事业的综合发展奠定文化基础。马克思强调"生产劳动同智育和体育相结合"是"造就全面发展的人的唯一方法"。② 智能时代的教育应超越技能培训，培养"数字素养与批判思维的复合能力"。联合国教科文组织《人工智能与教育》白皮书指出，未来教育需构建"人机协同的知识创造体系"。③ 人并不是生来就已经具备所有技能的，是靠后天的教育获得发展的能力和开发潜力、创造力，从而塑造有个性的人。教育又分为技术教育和素质教育，技术教育能使人把握先进的生产技术，提高人们的生产效率进而提高生产力；而素质教育不仅提高了人的精神境界，使人们不再把目光集中在短小的利益，而是注重人的文化素养的提升，文化素养使人们在交往中保持道德伦理底线，提高了交往的质量，同时也为人的全面发展奠定了基础。所以我们在探索实现人的自由全面发展的路径时，从根本上设立立足点，不但要促进生产力的发展，同时也要通过教育的方式促进人、社会的进步。

第三，先进制度的制定奠定政治保证。消除旧式分工和私有制，才能使人从畸形发展变为全面发展，为实现人的全面发展提供政治保障。在旧式分工的

---

① 马克思恩格斯全集：第四十二卷［M］.北京：人民出版社，1979：390.
② 马克思.资本论（第 1 卷）［M］//马克思恩格斯全集：第 44 卷（中文第二版）.北京：人民出版社，2001：508.
③ 联合国教科文组织.人工智能与教育［R］.2021.

生产活动过程中，工人受资本家的压迫，如同机器一样从事单调而乏味的工作，导致人对于工作劳动缺乏自主意识，从而限制全面发展。随着生产力的发展，生产关系与旧式分工的矛盾日益显现，当生产力发展无法适应生产关系时，这种生产关系一定会被新的生产关系所取代，消除旧式分工也是社会发展的必然结果。

总而言之，人工智能既可能成为新的剥削形式，也可能成为解放的潜在工具，关键取决于技术的所有权归属：当算法控制权掌握在资本手中时，会导致"数字泰勒主义"；若实现技术民主化，则能推动认知资本主义向共享经济转型。深刻学习马克思人的发展理论的内涵和实现条件对理解马克思主义思想具有重要的指导作用，也为数字时代下实现人的自由全面发展指明了方向。这种理想状态并不是不切实际的，而是能通过人们努力所能达到的。当然实现人的全面的发展并不是一蹴而就的，而是一个长期日益复杂的过程，应坚持"以人为本"，努力为人的发展创造良好的社会条件，为实现人的自由全面发展而努力奋斗。

2.2.3 协同治理理论

20世纪70年代德国物理学家哈肯创立了协同理论，认为如果大系统内各子系统及各子系统内各要素间紧密协调并彼此配合，且这种状态在内外因素的共同作用下接近临界值时，将产生协同效应并使大系统的作用发挥至最佳。协同理论与20世纪末期产生的治理理论相融合，形成协同治理理论，该理论的核心议题是讨论多元主体如何有效参与社会治理。

在风险社会中，无论是个人、组织乃至国家都无法作为单一主体应对物理空间、社会空间、信息空间交叉重叠导致复杂性跃升而带来的挑战。因此，"自上而下""自下而上""上下互动"相结合的多主体协同共治成为了应急治理的首要选择。协同治理理论作为系统科学与治理理论的交叉产物，其核心关切聚焦于如何通过多元主体的有效协作应对现代社会日益复杂的治理挑战。该理论为推演老龄化背景下人工智能助力劳动力市场再平衡的实现路径提供了理论依据。

1. 协同治理理论框架

从基本理论模型的阐述出发，构建协同治理的理论框架如图2-1所示。

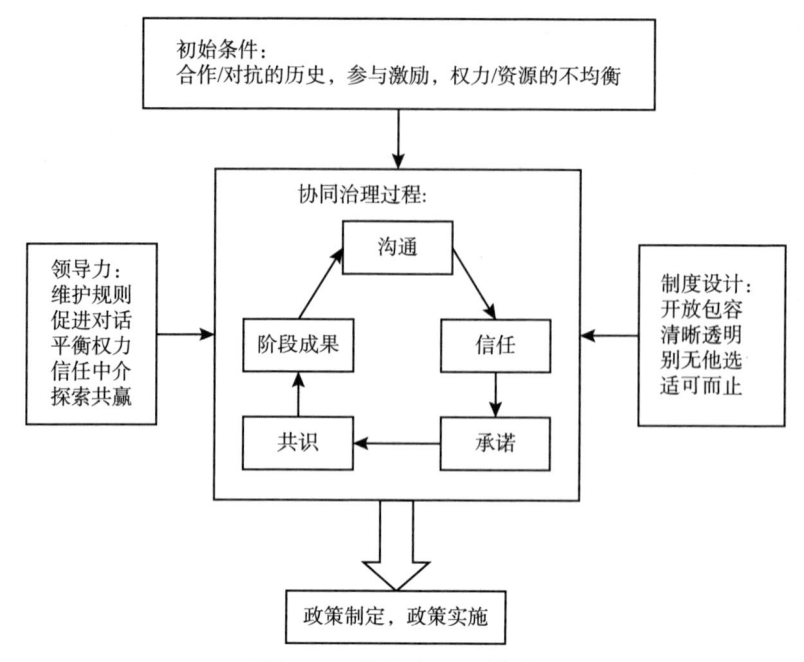

```
                    ┌─────────────────────────────┐
                    │ 初始条件：                   │
                    │ 合作/对抗的历史，参与激励，   │
                    │ 权力/资源的不均衡             │
                    └──────────────┬──────────────┘
                                   ↓
┌──────────┐      ┌──────────────────────────────┐      ┌──────────┐
│ 领导力：  │      │ 协同治理过程：                │      │ 制度设计：│
│ 维护规则  │      │         沟通                  │      │ 开放包容 │
│ 促进对话  │ →   │       ↗    ↘                 │  ←   │ 清晰透明 │
│ 平衡权力  │      │  阶段成果   信任              │      │ 别无他选 │
│ 信任中介  │      │    ↑        ↓                │      │ 适可而止 │
│ 探索共赢  │      │   共识  ←  承诺              │      │          │
└──────────┘      └──────────────┬──────────────┘      └──────────┘
                                   ↓
                    ┌─────────────────────────────┐
                    │ 政策制定，政策实施           │
                    └─────────────────────────────┘
```

图 2-1　协同治理理论框架

协同治理模型由初始条件、领导力、制度设计、协同治理过程、政策结果五个变量组成。其中，初始条件设定了社会资本、经济和政治资源的初始水平；领导力为协同治理提供必要的调节和信任中介；制度设计规定了基本规则；协同治理过程则可以被视为一个非线性的迭代过程，即简化为一个循环，这个循环有可能成为良性循环，也可能在某些环节出现断裂，甚至走向恶性循环；政策结果是指针对某项公共事务，是否能够顺利发起、并完成协同治理最终制定出有效的政策，或者顺利地落实某项之前遭遇问题的政策。可以看出，协同治理的成功与否起码应当取决于两个方面：发起和过程。因此，该模型的三个外部变量就可以被视为能否发起的条件变量，即初始条件、领导力、制度设计。而协作过程则被描述为能否顺利达成合作的变量即过程变量。

2. 协同治理理论的特征

协同治理理论具有以下特征。

第一，治理主体多元化。可以说，协同治理的前提就是治理主体的多元化。这些治理主体，不仅指的是政府组织，而且包括民间组织、企业、家庭以及公民个人在内的社会组织和行为主体都可以参与社会公共事务治理。由于这些组织和行为主体具有不同的价值判断和利益需求，也拥有不同的社会资源，在社会系统中，它们之间保持着竞争和合作两种关系。因为在现代社会没有任何一个组织或者行为体具有能够单独实现目标的知识和资源。同时，随之而来的是治理权威的多元化。协同治理需要权威，但是打破了以政府为核心的权威，其他社会主体在一定范围内都可以在社会公共事务治理中发挥和体现其权威性。

第二，各子系统的协同性。在现代社会系统中，由于知识和资源被不同组织掌握，采取集体行动的组织必须要依靠其他组织，而且这些组织之间存在着谈判协商和资源的交换，这种交换和谈判是否能够顺利进行，除了各个参与者的资源之外，还取决于参与者之间共同遵守的规则以及交换的环境。因此，在协同治理过程中，强调各主体之间的自愿平等与协作。在协同治理关系中，有的组织可能在某一个特定的交换过程中处于主导地位，但是这种主导并不是以单方面发号施令的形式。所以说，协同治理就是强调政府不再仅仅依靠强制力，而更多的是通过政府与民间组织、企业等社会组织之间的协商对话、相互合作等方式建立伙伴关系来管理社会公共事务。社会系统的复杂性、动态性和多样性，要求各个子系统的协同性，只有这样才能实现整个社会系统的良好发展。

第三，自组织是协同治理过程中的重要行为体。由于政府能力受到了诸多的限制，其中既有缺乏合法性的、政策过程的复杂性，也有相关制度的多样性和复杂性等诸多原因。政府成为影响社会系统中事情进程的行动者之一。在某种程度上说，它缺乏足够的能力将自己的意志加诸在其他行动者身上。而其他社会组织则试图摆脱政府的金字塔式的控制，要求实现自主控制。这不仅意味着自由，而且意味着对自己负责。同时这也是自组织的重要特性，这样自主的体系就有更大程度上自我治理的自由。自组织体系的建立也就要求削弱政府管制、减少控制甚至在某些社会领域的政府撤出。这样一来，社会系统功能的发挥就需要自组织间的协同。

虽然如此，政府的作用并不是无足轻重的，相反，政府的作用会越来越重要。因为，在协同治理过程中，强调的是各个组织之间的协同，政府作为嵌入社会的重要行为体，它在集体行动的规则、目标的制定方面起着不可替代的作用。也就是说，协同治理过程是权力和资源的互动过程，自组织间的协同离不开政府组织。

第四，共同规则的制定。协同治理是一种集体行为，在某种程度上说，协同治理过程也就是各种行为主体都认可的行动规则的制定过程。在协同治理过程中，信任与合作是良好治理的基础，这种规则决定着治理成果的好坏，也影响着平衡治理结构的形成。在这一过程中，政府组织也有可能不处于主导地位，但是作为规则的最终决定者，政府组织的意向在很大程度上影响着规则的制定。在规则制定的过程中，各个组织之间的竞争与协作是促成规则最后形成的关键。

最后需要指出的是，协同治理的基本逻辑是建立在对理性世界的信仰之上，相信理性的力量可以化解冲突和分歧。但是当人的不理性导致冲突各方的根本利益和原则立场不可调和的时候，协同治理的理念也就失去了它的作用。

协同治理理论的核心特征就是"协同"，也就是竞争与协作，"协同治理"这个词正好能够反映治理理论的核心特质。总而言之，协同治理就是寻求有效治理结构的过程。在这一过程中虽然也强调各个组织的竞争，但更多的是强调各个组织行为体之间的协作，以实现整体大于部分之和的效果。

第3章 老龄化背景下劳动力市场不平衡的理论分析

人口老龄化已成为中国经济社会发展面临的核心挑战之一。第七次全国人口普查数据显示，中国60岁及以上人口达2.6亿人，占总人口的18.73%，其中65岁及以上人口占比13.52%，标志着中国正从"轻度老龄化"向"中度老龄化"阶段过渡。[①] 这一结构性转变对劳动力市场的影响尤为显著。一方面，老龄化通过劳动力供给收缩、抚养比上升、人力资本积累减缓等路径，直接冲击劳动力市场的供需平衡；[②] 另一方面，老龄化亦催生了养老服务业、智能康养产业等新兴业态，为劳动力市场注入新动能。[③] 本章系统分析老龄化背景下劳动力市场不平衡的多元表征、深层动因，以及人工智能驱动劳动力市场再平衡的逻辑。

3.1 中国劳动力市场不平衡的多元表征

3.1.1 劳动力供给的"数量—质量"双重萎缩

劳动力供给的核心指标包含经济活动人口规模与劳动生产率。如图3-1

[①] 《中国人口统计年鉴》第七次全国人口普查数据（http://www.stats.gov.cn/sj/pcsj/rkpc/7rp/indexch.htm）。
[②] Bloom D E, Luca D L. The global demography of aging: Facts, explanations, future [J]. *PGDA Working Papers*, 2016 (1): 3–56.
[③] Bloom D E, Chatterji S. Economic consequences of population aging: A global perspective [J]. *Journal of Economic Perspectives*, 2020, 34 (1): 128–151.

所示,从数量维度看,2015—2023 年,中国 15~64 岁适龄劳动人口由 10.10 亿人降至 9.62 亿人,年均减少 0.6%,而 65 岁及以上人口占比从 10.5% 升至 15.4%。① 这一趋势与刘易斯的"人口红利"消散理论高度契合,即劳动力无限供给时代终结,市场转向"刘易斯拐点"后的结构性短缺。②

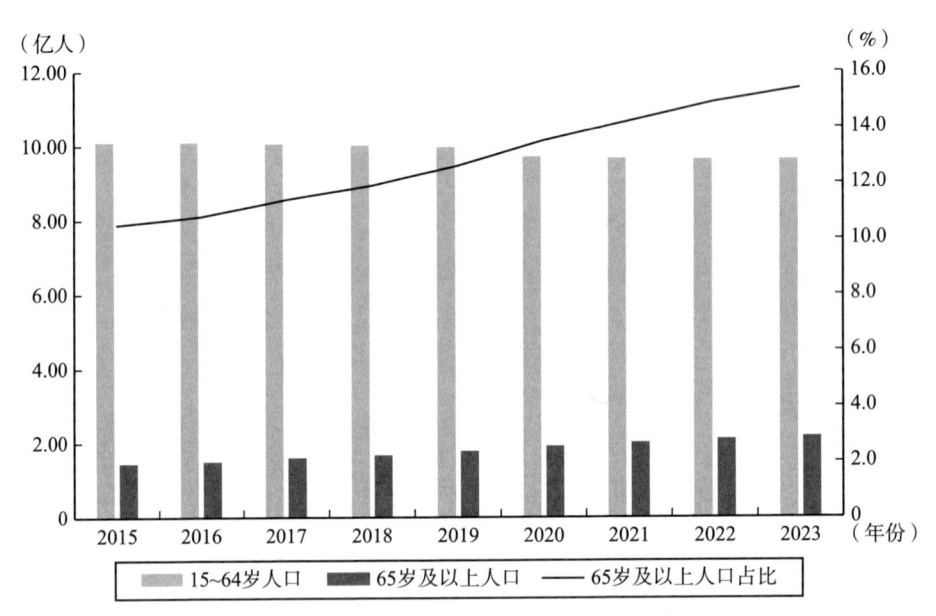

图 3-1　2015—2023 年中国不同年龄人口变化

资料来源:《2024 年中国统计年鉴》(https://www.stats.gov.cn/sj/ndsj/2024/indexch.htm)。

从质量维度看,老龄化通过"人力资本折旧效应"降低劳动生产率。相关领域学者分析了制造业年龄结构对生产率的影响,指出原本依靠丰富的劳动力资源发展的制造业,在人口老龄化趋势增强的背景下,发展速度将停滞不前。③

---

① 国家统计局(https://www.stats.gov.cn/)。
② Lewis A. Economic development with unlimited supplies of labour [J]. The Manchester School of Economic and Social Studies, 1954, 22 (2): 139–191.
③ 吴星星. 我国人口老龄化对制造业结构升级的影响研究 [J]. 现代商贸工业, 2024, 45 (10): 4-6.

3.1.2 劳动力需求的"结构性扩张"

传统观点认为,老年抚养比上升直接抑制消费与投资需求,导致总需求萎缩。[①] 然而,近年研究揭示,老龄化通过以下路径创造新型需求。

1. 长期照护服务需求的刚性增长

目前我国失能老年人约3500万,占全体老年人的11.6%,但我国护理服务人员仅有33.1万人,存在较大缺口。[②] 这种供需缺口在医疗护理、康复辅具、适老化改造等领域尤为突出。日本的经验表明,进入深度老龄社会(老龄化率超过29.1%),有57.4%的男性与65.0%的女性受访者强调获得医疗和长期护理的机会,需要进一步发展健康服务业。[③]

2. 银发经济的产业链延伸

工业和信息化部、民政部、国家卫生健康委发布2023年老年用品产品推广目录,遴选推广263家企业的332项优质老年产品,开展孝老爱老购物节活动,上线上万款适老化产品。[④] 老龄化推动养老产业从单一照料向"医养结合—智慧养老—老年教育"多元生态转型。以智能养老设备为例,结合未来中国人口老龄化的趋势,前瞻预测未来一段时间内智能养老设备制造行业市场规模将持续增长,老年教育市场的兴起催生"银发讲帅""适老化产品设计师"等新兴职业。

3. 代际岗位更替效应显著

退休高峰释放的岗位空缺为青年就业提供空间。据人社部预计,"十四五"时期(2021—2025年)新退休人员数将超过4000万,劳动年龄人口净减少

---

① Modigliani F. Life Cycle, Individual thrift, and the wealth of nations [J]. *American Economic Review*, 1986, 76 (3): 297-313.
② 中华人民共和国民政部 (https://www.mca.gov.cn/).
③ Cabinet Office, Annual Report on the Ageing Society [Summary] FY2024 [R/OL]. Tokyo: Cabinet Office, 2024.
④ 民政部《2023年度国家老龄事业发展公报》(https://www.mca.gov.cn/n152/n165/c1662004999980001752/part/19820.pdf).

3500万，腾挪出制造业、公共服务等领域的基础岗位。① 然而，这种更替存在显著的技能错配，例如传统产业退休者多集中于低技能岗位，而新兴产业需求偏向高技能劳动力。②

3.1.3 劳动力供需的"三维失衡"

劳动力市场均衡需满足数量匹配、技能适配与空间协调，老龄化背景下三维失衡的综合作用，使得传统劳动力市场调节机制在应对人口结构转型时呈现出系统性失灵风险。

在劳动力数量方面，区域劳动力"虹吸效应"加剧。东部发达省份凭借高工资与完善的福利，持续吸引中西部劳动力流入。第七次全国人口普查数据显示，广东外来人口总规模高达2962.21万人，占全省常住人口的1/4左右。而黑龙江、吉林等老龄化严重省份出现"劳动力空心化"。这种区域分化导致欠发达地区养老负担进一步加重，形成"老龄化—劳动力流失—经济衰退"的恶性循环。

在劳动力技能方面，教育供给与产业需求脱节。尽管中国劳动力人口的平均受教育年限从1985年的6.14年上升到了2022年的10.88年，③ 但职业教育与产业升级的协同度仍不足。麦肯锡全球研究院（2022）的调研显示，无论是以重复性体力劳动为代表的制造业岗位，还是需要数据输入和验证等基本认知技能的服务业岗位，其需求虽在减少，但人工智能、机器人操作等前沿领域缺口较大。④ "教育滞后"现象在老年劳动力中更为突出，接受技能培训的人群占比小于青年劳动力。

在制度方面，户籍制度、社保双轨制等壁垒限制劳动力自由流动，导致劳动力市场分割固化。以农民工为例，2023年全国2.97亿农民工中，实现户籍城镇化的占比较低，未落户群体在长三角、珠三角区域的制造业集聚区占比超

---

① 人力资源社会保障部关于印发人力资源和社会保障事业发展"十四五"规划的通知（https://www.mohrss.gov.cn/xxgk2020/fdzdgknr/ghtj/fzgh/202107/W020210728368284387709.pdf）.

② Autor D H, Levy F, Murnane R J. The skill content of recent technological change: An empirical exploration [J]. *Nber Working Papers*, 2003, 118 (4): 1279 - 1333.

③ 2024年中国人力资本报告（https://humancapital.cufe.edu.cn/info/1146/2113.htm）.

④ 中国的技能转型：推动全球规模最大的劳动者队伍成为终身学习者（https://www.mckinsey.com.cn/wp-content/uploads/2021/03/MGI_Reskilling-China_-Full-CN-report.pdf）.

过一半。这种"半城市化"状态导致劳动力要素呈现"候鸟式"迁徙特征，社会保障接续成本使其实际定居意愿不高，退休后多被迫返回农村，加剧乡村老龄化。这种制度性分割削弱了劳动力市场的调节弹性。

3.1.4 劳动关系与劳动环境的"代际冲突"

人口老龄化的深入发展正在重塑职场权力格局，代际矛盾从潜在的文化差异升级为制度性冲突。当前劳动力市场中，50岁以上劳动力占比逐年增长，这种结构性变化打破了传统以青年群体为主导的劳动关系模式。

中国计划用15年时间，逐步将男职工的法定退休年龄从原60周岁延迟至63周岁，将女职工的法定退休年龄从原50周岁、55周岁分别延迟至55周岁、58周岁。[①] 支持者援引OECD国家的经验，指出延迟退休可使劳动力供给增加，并缓解养老金缺口。但反对者担忧，该政策会挤压青年就业空间。2024年我国高校毕业生达1179万，全国城镇不包含在校生的16~24岁劳动力失业率也攀升至15.7%，与55~64岁劳动力就业率上升形成鲜明对比。[②]

尽管《中华人民共和国就业促进法》禁止年龄歧视，但35岁以上的"职场中年危机"普遍存在。这种歧视会加剧老年劳动力的非正规就业倾向，进一步削弱社会保障体系的可持续性。

3.2 劳动力市场不平衡的深层动因

3.2.1 人口转型的"双重挤压"

中国正经历"低生育—高寿命"叠加的人口转型，其影响远超单纯的数量减少。2022年中国总和生育率（TFR）降至1.07，低于维持人口总量不变

---

① 全国人民代表大会常务委员会关于实施渐进式延迟法定退休年龄的决定（https://www.gov.cn/yaowen/liebiao/202409/content_6974294.htm）。

② 国家统计局（https://www.stats.gov.cn/）。

的世代更替水平（2.1）。① 教育成本攀升、性别平等意识普及及生育观念转变，使得生育意愿回升面临结构性障碍，需要社会多元主体协同行动，提高政策宣传、提供物质保障、生育友好氛围引导和情感支持。②

"长寿风险"可能会削弱家庭储蓄能力，间接抑制人力资本投资。中国劳动年龄人口比重的下降早于规模的缩减，15~64岁劳动年龄人口比重在2010年达到峰值（74.53%）后就开始逐渐下降，2020年进一步降至68.55%，首次跌破70%。③ 与日本、德国等"先富后老"国家不同，中国在人均GDP不足1万美元时即面临深度老龄化，加剧了劳动力市场的调整难度。④

3.2.2 人力资本积累的"代际断层"

老龄化不仅通过劳动力供给数量的减少而影响劳动力市场，还通过削弱人力资本积累的路径对劳动力市场的长期发展产生深远影响。人力资本作为经济增长的核心驱动力之一，其积累过程在老龄化背景下受到多重制约，主要表现为教育投入减少、知识更新放缓以及技能折旧加速等方面。这些因素共同导致了人力资本积累的"代际断层"，即不同年龄段劳动力在知识、技能和创新能力上的差距不断扩大，进而加剧劳动力市场的不平衡。

1. 家庭教育投资的"挤出效应"

老龄化背景下，老年抚养比的上升对家庭资源的分配产生了显著影响，尤其是在教育投资方面。随着老年人口比例的上升，家庭不得不将更多的资源用于老年人的医疗、养老和日常照料，这直接挤占了子女的教育支出。根据中国家庭金融调查（CHFS）的数据显示，有老年抚养负担的家庭，对于子女课外教育的投入会有所降低。⑤ 这种资源分配的"挤出效应"不仅限制了年轻一代的教育机会，还可能导致人力资本积累的"马太效应"，即教育资源向高收入

---

① 中国人口与发展研究中心（https://www.cpdrc.org.cn/）。
② 梁思雨，纪颖，李怡然，等. 基于扎根理论研究分析育龄妇女及家属生育意愿的影响因素 [J]. 中国健康教育，2025，41（3）：233-237.
③ 童玉芬，刘志丽，宫倩楠. 从七普数据看中国劳动力人口的变动 [J]. 人口研究，2021，45（3）：65-74.
④ *Global Economic Prospects: Subdued Recovery, Rising Inflation* [R]. Washington, DC: World Bank, 2021.
⑤ 甘犁. 中国家庭金融调查报告 [M]. 成都：西南财经大学出版社，2012：45-50.

家庭集中，低收入家庭的教育投资进一步减少，从而加剧社会不平等。

医疗养老支出对教育投资的挤压。随着老年人口的健康问题日益突出，家庭在医疗和养老方面的支出显著增加。根据国家统计局的数据，2024年中国居民人均医疗保健消费支出为2547元，占消费支出的比重为9.0%。① 对于医疗养老等的支出可能会压缩家庭对子女教育的投资空间，尤其是在农村地区和低收入家庭中，这种挤压效应更为明显。研究表明，中国养老保障制度通过降低生育率和增加家庭收入两个途径，能够促进农村家庭教育投资。农村家庭教育投资增加对提高中国劳动力整体人力资本水平，缩小城乡收入差距具有重要意义。②

代际资源转移的长期影响。家庭资源的代际转移不仅影响当前的教育投资，还可能对未来的劳动力市场产生深远影响。教育投资的减少直接导致年轻一代的人力资本积累不足，进而影响其未来的就业能力和收入水平。根据人力资本理论，教育是提升劳动力技能和生产率的关键因素。③ 教育投资的减少将导致未来劳动力市场的技能供给不足，尤其是在高技能岗位需求不断增加的背景下，这种供需失衡将进一步加剧。

2. 在职培训的"年龄歧视"

在职培训是提升劳动力技能、适应技术变革的重要途径。然而，在老龄化背景下，企业在职培训资源的分配存在显著的"年龄歧视"，即企业更倾向于为年轻员工提供培训机会，而忽视老年劳动力的技能提升需求。根据人力资源和社会保障部的数据，全国职业技能培训总人次中，45岁以上劳动力占比较低，培训主要集中在企业职工（804万人次）。④ 这种培训差距导致老年劳动力难以适应快速变化的技术环境，加速其退出正规劳动力市场。

企业培训资源的分配不均。企业在职培训资源的分配往往基于成本收益的考量。由于青年员工具有更长的职业发展周期，其技能投资的边际效用往往被

---

① 2024年居民收入和消费支出情况（https：//www.stats.gov.cn/sj/zxfb/202501/t20250117_1958325.html）.
② 申小菊，吕学静.农村养老保障制度对家庭教育投资影响研究［J］.中国劳动，2015（18）：69-72.
③ Becker G S. Human Capital：A Theoretical and Empirical Analysis ［M］. 3rd ed. Chicago：University of Chicago Press，1993.
④ 2023年度人力资源和社会保障事业发展统计公报？（https：//www.mohrss.gov.cn/SYrlzyhshbzb/zwgk/szrs/tjgb/202406/W020240617617024381518.pdf）.

高估,近职业晚期的员工则面临系统性投入不足。这种短视行为一方面会使得资深员工的技术经验因缺乏持续更新而加速贬值;另一方面还会使组织内部形成隐性的知识断层,致使技术传承不畅。

老年劳动力面临技能退化风险。随着技术的快速发展,劳动力的技能折旧速度加快。老年劳动力缺乏系统的在职培训,其技能水平难以跟上技术变革的步伐,导致其在劳动力市场中的竞争力下降。这种技能退化风险不仅影响老年劳动力的就业稳定性,还加剧了劳动力市场的结构性失业问题。

知识折旧加速。数字技术的快速发展使得知识和技能的折旧速度显著加快。根据世界经济论坛的数据,当前技能的半衰期已从20世纪的30年缩短至5年。[①] 这种知识折旧的加速对老年劳动力尤为不利,因其学习能力下降,难以完成从"经验驱动"向"数据驱动"的转型,进而加剧结构性失业风险。

随着人工智能、大数据等技术的广泛应用,劳动力市场对高技能劳动力的需求不断增加,而对低技能劳动力的需求逐渐减少。老年劳动力由于技能更新滞后,难以适应这种技术驱动的岗位需求变化。此外,老年劳动力在学习新技术时面临多重障碍,包括认知能力下降、学习动机不足以及培训资源匮乏等。研究表明,中老年劳动力在学习新技术时的效率比年轻劳动力低。[②] 这种学习障碍导致老年劳动力在技术变革中处于不利地位,难以通过技能提升实现职业转型。

3.2.3 制度惯性与政策协同不足

在老龄化背景下,制度框架的僵化与政策协同不足是制约劳动力市场平衡的重要因素,主要表现为社会保障体系以及创新激励机制等方面的滞后,难以适应老龄社会的动态需求。这种制度性障碍不仅加剧了劳动力市场的结构性矛盾,还抑制了人力资本的优化配置和技术创新的推进。

1. 社会保障体系碎片化

中国社会保障体系存在区域间社保统筹不足以及行业间覆盖不均的现象,

---

① World Economic Forum. The Future of Jobs Report 2020 [R/OL]. [2023 - 12 - 01]. https://www.weforum.org/reports/the - future - of - jobs - report - 2020.

② Acemoglu D, Restrepo P. Secular stagnation? The effect of aging on economic growth in the age of automation [J]. *American Economic Review*, 2017, 107 (5): 174 - 179.

这种不平等直接影响了老年劳动力的就业选择与劳动力市场的代际流动。

中国社会保障体系的区域分割现象依然严重，尤其是跨省流动劳动力的社保转移接续问题尚未得到有效解决。以养老保险为例，尽管国家推行了省级统筹，但跨省转移仍面临缴费年限折算、待遇计算复杂等问题。这种制度性障碍限制了劳动力的跨区域流动，导致经济发达地区劳动力供给过剩，而欠发达地区则面临劳动力短缺。

目前，中国不同行业间的社保覆盖率以及待遇水平仍存在显著差异，主要受到经济、行业特性以及地方政策制度等的影响。以灵活就业人员为例，灵活就业人员是指依托互联网平台就业且未与新业态平台企业建立劳动关系的新就业形态劳动力、无雇工的个体工商户、未在用人单位参加职工基本医疗保险的非全日制就业人员、自谋（自由）职业者和国家及各地规定的其他灵活就业人员等。该群体劳动不稳定性、灵活性以及失业风险性都较高，养老保险参保率较低，不足1/3，远低于其他类型就业人员。这种覆盖不均导致大量灵活就业老年劳动力缺乏基本保障，尤其是养老保险以及医疗保险等，抗风险能力差，因此被迫延长工作年限，进一步加剧了劳动力市场的供需失衡。

2. 创新激励机制缺位

老龄社会的可持续发展离不开技术创新，尤其是老年福祉科技的发展。然而，现行科研评价体系和创新激励机制存在显著缺陷，如科研评价体系的短期导向、老年福祉科技研发投入不足以及创新资源的配置失衡等问题，抑制了面向老龄社会的技术创新。

中国现有科研评估机制呈现显著的短期绩效导向特征，过度聚焦于学术论文产出量、课题经费规模等可量化指标。这种评估模式引发科研资源配置的逆向选择效应，致使研究者普遍向研究周期短、成果可视化程度高的应用型课题聚集。以智慧康养技术研发为例，包括老龄友好型服务机器人、智能健康监测系统等跨学科创新领域，虽具有显著的社会需求价值，却因技术成熟周期普遍超过5~8年、市场转化路径复杂等特点，在现行评估体系下常面临研发资金匮乏与人才持续投入不足的双重困境。这种制度性偏差客观上制约了应对老龄社会关键技术储备的积累速度，导致基础研究投入强度长期低于发达国家平均水平。

与发达国家相比，中国在老年福祉科技领域的研究投入明显不足。日本通过《超智能社会推进法案》，将老年福祉科技研发投入提高至 GDP 的 1.2%，而中国相关投入不足 0.3%。[①] 这种投入差距直接制约了中国在智能养老、康复辅具等领域的技术创新能力。

当前科技创新体系存在"研—产"鸿沟，高校及科研院所吸纳的纵向科研经费占比较高，而企业在老年福祉科技领域的研发投入占比很低。这种结构性错配一方面体现在科研机构的专利转化率低，智能护理设备、无障碍辅助器具等领域大量成果滞留实验室阶段；另一方面企业受制于创新积累薄弱，在适老化产品研发中呈现出明显的技术路径依赖，老年科技专利申请量中企业主体非常少。更为严峻的是，产学研协同机制的断裂致使基础研究到应用开发的周期延长，直接导致中国老年健康技术市场成熟度指数落后于日本、德国等老龄化国家。

3.3 人工智能驱动劳动力市场再平衡的逻辑

3.3.1 劳动力替代：从"人口红利"到"技术红利"

人工智能技术通过自动化替代低效劳动环节，成为缓解老龄化背景下劳动力短缺的核心驱动力。这一过程不仅体现在传统制造业的智能化转型，还渗透至服务业、农业等多元领域，形成技术对劳动力的系统性替代。

制造业的智能化转型。工业机器人密度的提升是制造业智能化转型的直观体现。我国制造业机器人密度持续提升，由 2013 年的 25 台/万人升至 2023 年的 470 台/万人，是全球平均水平的近 3 倍，排名从 2013 年的全球第 30 位跃升至全球第 3 位，仅次于韩国和新加坡。[②] 工业机器人应用于产业转型不仅缓解了劳动力短缺，还通过提升生产效率和产品质量增强了国际竞争力。然而，自动化替代的分布呈现显著的行业异质性。汽车制造、电子装配等技术密集型行业的机器人渗透率超过一半，而纺织、食品加工等劳动密集型行业仍依赖人工操作。

---

① 科技部 2022 年《中国科技统计年鉴》（https：//inds.cnki.net/knavi/yearbook/Detail/GOBY/YB-VCX）。
② 中国机械工业联合会机器人分会（http：//cria.mei.net.cn/）。

服务业的机器协同。服务业的自动化替代集中于标准化、重复性高的岗位。发展中国家由于以中低成本劳动力为竞争优势、处于产业价值链中低端、人才体系尚不健全,其就业受到的技术冲击会更加明显。根据联合国贸发会议(UNCTAD)数据(2017),印度尼西亚和菲律宾将有超过85%的零售工人被自动化销售替代。[1] AI技术的应用不仅限于零售业,还扩展至风险评估、信贷审批等领域。例如,蚂蚁集团的"智能风控系统"通过机器学习算法处理90%的信贷申请,人工干预率降至10%以下。

3.3.2 劳动力升级:技能重塑与终身学习

人工智能在替代低技能劳动的同时,催生出对新型技能的需求,推动劳动力从"体能依赖"向"技能驱动"转型,这一过程依赖于教育体系的适应性改革与终身学习机制的完善。

技能培训的数字化转型。在线教育平台的崛起为技能重塑提供了技术支撑。2024年中国在线教育市场总规模达到了5000亿元以上,相比之前年度增长了约10%,这种趋势与全球劳动力市场技能需求的变化同步。[2] 世界经济论坛预测,到2025年,全球50%的劳动力需接受数字技能再培训。[3] 新加坡的"技能创前程"计划是新加坡为适应经济转型而发起的一项全民培训工程,政府在计划的设计、组织和实施中扮演了推动者的角色,使各类培训和奖励计划结构化,相互支持,并注重能力至上社会文化氛围的营造。

人机协作的岗位设计。老年劳动力与人工智能的协同成为劳动力升级的重要方向。日本作为全球老龄化最严重的国家之一(65岁以上人口占比达到30%[4]),劳动力短缺问题突出,政府推动"Society 5.0"计划,明确要求机器人技术与老龄社会需求相结合。日本发那科公司(FANUC)设计的"协作机器人",通过AI算法优化任务分配,使员工的生产率得到提升的同时,降低肌肉骨骼损伤风险。人机协作不仅延长了老年劳动力的职业生命周期,还促进了隐性知识的代际传递。

---

[1] 数字经济的就业创造效应与就业替代效应探究[EB/OL]. https://www.ndrc.gov.cn/wsdwhfz/202206/t20220602_1326795_ext.html.
[2] 中国产业研究院(https://www.chinairn.com/yjbg/).
[3] 世界经济论坛(https://www.weforum.org/).
[4] 世界银行数据库(https://data.worldbank.org.cn/).

3.3.3 制度创新：构建年龄友好的劳动力市场

人工智能驱动的劳动力市场再平衡需以制度创新为保障，突破传统政策框架的刚性约束，构建适应老龄社会的弹性制度体系。

弹性退休与阶梯式福利。冰岛的"渐进退休"制度允许劳动力在 60～70 岁自主选择退休时点，养老金给付随工作年限延长而递增。如图 3-2 所示，2023 年冰岛 55～64 岁劳动力的劳动力参与率为 82.2%，远高于欧盟平均水平 67.0%。这种制度设计既缓解了养老金支付压力，同时也释放了老年人力资源潜力。相比之下，中国"一刀切"的退休年龄制度导致大量经验丰富的劳动力被迫退出关键岗位。以高校为例，60 岁退休的教授中，大部分在退休后仍以返聘形式参与科研，但其贡献未被纳入正式绩效考核体系。

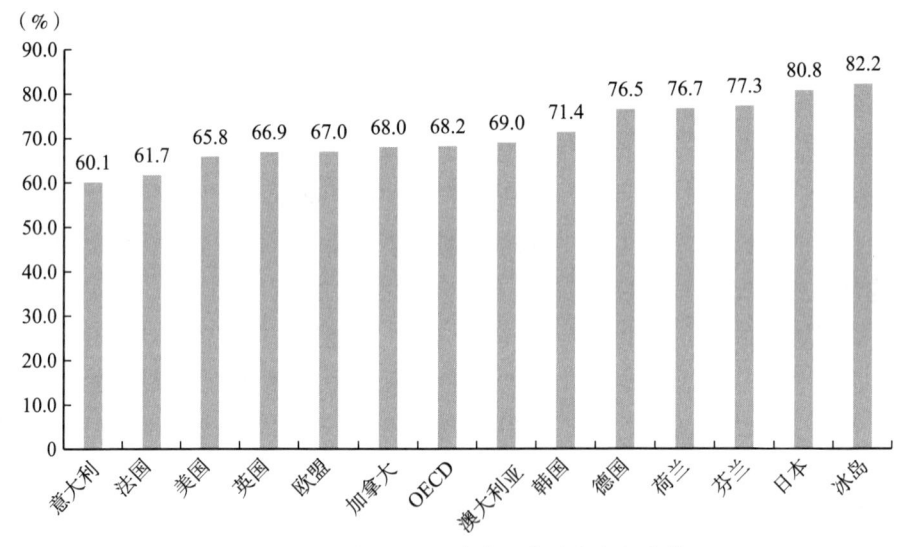

图 3-2　2023 年 55～64 岁人口劳动力参与率情况

国家/地区	参与率(%)
意大利	60.1
法国	61.7
美国	65.8
英国	66.9
欧盟	67.0
加拿大	68.0
OECD	68.2
澳大利亚	69.0
韩国	71.4
德国	76.5
荷兰	76.7
芬兰	77.3
日本	80.8
冰岛	82.2

资料来源：经济合作与发展组织（https://www.oecd.org/en/publications/oecd-employment-outlook_19991266.html）。

反年龄歧视立法强化。美国的《就业年龄歧视法》（ADEA）明确禁止对 40 岁以上劳动力的歧视，违者需支付 3 倍赔偿金。而中国虽在《中华人民共和国就业促进法》中提出禁止年龄歧视，但缺乏具体罚则与执行细则。智联招聘的调查显示,在智联平台投递简历的 35 岁及以上求职者同比增长 14.9%,增速为 35 岁以下求职者(7.3%)的两倍以上,而在其问卷调查的受访者中,有 20.6% 的 51~55 岁中高龄求职者被正常经营的公司因年龄因素裁员,明显高于 46~50 岁(11.5%)、41~45 岁(7.6%)和 35~40 岁(4.8%)等其他年龄段。[①] 立法细化和执法力度的提升是破除年龄歧视的关键。

跨代际就业促进计划。德国的"经验共享"项目通过政策激励企业组建跨年龄团队,青年员工与老年员工结对完成项目。拜耳公司的实践表明,跨代际团队的知识转移效率提升,专利产出量增加。此类机制不仅缓解了技能断层,还增强了组织的创新能力。中国部分科技企业已尝试类似模式,华为的"导师制"要求资深工程师每年至少指导两名青年员工,其效果评估显示,青年员工的技能掌握速度有效提升。

3.4 本章小结

老龄化背景下的劳动力市场失衡,本质是人口转型、技术革命与制度变迁的多重张力作用。人工智能作为"创造性破坏"力量,既可能加剧技能极化与代际冲突,也能通过效率提升与岗位创造推动劳动力市场再平衡。政策制定需兼顾效率与公平,构建"年龄包容—技能适配—制度弹性"的新型劳动力生态系统。

---

① 智联招聘:2021 中高龄求职者就业问题研究报告(https://m.sgpjbg.com/baogao/74933.html).

第4章 老龄化背景下劳动力市场的实证分析

本章以老龄化背景下劳动力市场的动态特征为切入点,系统性实证分析老龄化对劳动力市场供需结构、劳动生产率与劳动力流动的多维影响。通过量化研究,本章旨在揭示老龄化背景下劳动力市场失衡的核心症结,并探索智能技术驱动下的再平衡机制,为科学制定劳动力市场政策和应对超老龄社会挑战提供科学依据。

4.1 老龄化背景下劳动力供给数量变化的实证分析

随着人口老龄化进程的加速,劳动年龄人口逐渐减少,劳动力供给数量呈现出显著的下降趋势。一方面,劳动力随着年龄增长进入老年阶段,逐步退出劳动力市场;另一方面,出生率的持续下降进一步压缩了劳动年龄人口的规模,导致劳动力参与率下降幅度不断扩大。这一系列变化不仅对劳动力市场的供需平衡产生深远影响,也对经济社会的可持续发展提出了严峻挑战。为深入探讨人口老龄化对劳动力供给数量的具体影响,本节将选取合适的指标和数据,对劳动力供给数量的变化规律进行系统研究。

4.1.1 变量说明

为了兼顾数据的有效性和可获得性,选取2000—2022年中国31个省级行政区(不包括港澳台地区)面板数据作为样本,对于个别缺失数据,采用线性插值法进行补齐,最终形成713个样本的平衡面板数据。为消除各指标单位差异，采用归一化的方法对数据进行处理。为处理异方差问题，经济发展水平取自然对数。主要变量及定义见表4-1。

表4-1　　　　　　　　　　主要变量及定义

变量	名称		定义与测度
被解释变量	*lfq*	劳动力供给	15~64岁人口数占总人口比重
解释变量	*old*	人口老龄化程度	65岁以上人口数占15~64岁人口数比重
控制变量	*pgdp*	经济发展水平	各省人均实际GDP
	hdl	人力资本水平	普通高等学校在校学生数占总人口比重
	dop	人口密度	年末常住人口占总人口比重
	is$_{23}$	产业结构	第三产业产值占第二产业产值比重
	ul	城镇化水平	城镇人口占年末总人口比重
	govr	政府干预程度	地方政府一般公共预算支出占地区生产总值比重
	dopen	对外开放程度	货物进出口金额占地区生产总值比重

资料来源：《中国统计年鉴》《中国人口和就业统计年鉴》和各地方统计年鉴以及国家、各地方统计局网站。

4.1.2　变量选取

1. 被解释变量

被解释变量为中国各省的劳动力供给（*lfq*），用15~64岁人口数占总人口的比重来衡量。

2. 解释变量

解释变量为中国各省人口老龄化程度（*old*），参考宋佳莹和高传胜（2022）的研究，用老年抚养比来衡量。

3. 控制变量

劳动力供给会受到多种影响因素的共同作用，因此，有必要引入控制变量使模型估计结果更加精准、稳健。参考已有研究，选取以下控制变量。

(1) 经济发展水平（pgdp）：使用各省人均实际 GDP 衡量，以 2000 年为基期对各省的人均地区生产总值进行平减处理。

(2) 人力资本水平（hdl）：以普通高等学校在校学生数占总人口的比重表征。

(3) 人口密度（dop）：以年末常住人口占总人口的比重表征。

(4) 产业结构（is_{23}）：以第三产业产值占第二产业产值的比重表征。

(5) 城镇化水平（ul）：以城镇人口占年末总人口的比重表征。

(6) 政府干预程度（govr）：以地方政府一般公共预算支出占地区生产总值的比重表征。

(7) 对外开放程度（dopen）：以货物进出口金额占地区生产总值的比重表征。

4.1.3 描述性统计

在进行相关数据检验之前，先对数据的全样本以及对数化处理的数据进行一个描述性的统计，结果见表 4-2。

表 4-2　　　　　　　　主要变量描述性统计

变量	样本量	平均值	标准差	最小值	中位数	最大值
lfq	713	0.722	0.038	0.634	0.719	0.838
old	713	0.136	0.041	0.061	0.127	0.288
pgdp	713	9.180	0.520	7.887	9.109	10.806
hdl	713	0.016	0.008	0.002	0.017	0.044
dop	713	0.108	0.161	-0.000	0.068	1.000
is_{23}	713	1.103	0.612	0.494	0.914	5.297
ul	713	0.515	0.162	0.139	0.515	0.896
govr	713	0.240	0.194	0.069	0.195	1.334
dopen	713	0.290	0.355	0.008	0.132	1.721

根据描述性统计结果可以看出，研究变量的样本量为713，变量间有一定差异。劳动力供给最小值为0.634，最大值为0.838，标准差为0.038，说明不同地区劳动力供给存在差异。不同地区的人口年龄结构、性别结构、城乡结构等都有所不同，这些因素影响着劳动力供给和人口老龄化的程度。例如，适龄劳动人口比例较高的地区，劳动力供给相对充足，而老年人口比例较高的地区，人口老龄化问题可能更加严重，劳动力供给不足。

4.1.4 相关性分析

相关性分析是一种统计分析方法，用于衡量两个或多个变量之间的关系强度和方向。相关性分析可以帮助我们了解两个变量之间是否存在某种关系，以及这种关系的性质，如正相关、负相关或者无关。这种关系可以用相关系数来量化，本书采用的是皮尔逊相关系数，见表4-3，可初步判断中国人口老龄化对劳动力供给为负相关关系。

表4-3　　　　　　　　　　变量间相关系数

变量	lfq	old	pgdp	hdl	dop	is_{23}	ul	govr
lfq	1							
old	-0.227***	1						
pgdp	0.589***	0.282***	1					
hdl	0.341***	0.618***	0.588***	1				
dop	0.332***	0.279***	0.692***	0.310***	1			
is_{23}	0.091**	0.233***	0.422***	0.348***	0.337***	1		
ul	-0.158***	-0.222***	-0.227***	-0.129***	-0.214***	0.238***	1	
govr	0.440***	0.094**	0.777***	0.295***	0.695***	0.313***	-0.250***	1

注：*、**、***分别表示在10%、5%、1%水平上显著。

4.1.5 模型设定

本书建立以下计量回归模型来分析人口老龄化程度对劳动力供给数量占比的影响：

$$lfq_{i,t} = \gamma_0 + \gamma_1 old_{i,t} + \gamma_2 Control_{i,t} + \xi_i + \mu_t + \varepsilon_{i,t}$$

其中，i 为地区，t 为时间，$lfq_{i,t}$ 代表 i 省在第 t 年的劳动力供给，$old_{i,t}$ 代表 i 省在第 t 年的人口老龄化程度，$Control_{i,t}$ 代表其他控制变量。γ_0 为方程常数项，γ_1 和 γ_2 分别表示方程中各变量对劳动力供给的影响系数。另外，本模型用 ξ_i、μ_t、$\varepsilon_{i,t}$ 分别代表个体固定效应、时间固定效应和随机误差项。本书将在后面引入经济发展水平、人力资本水平、人口密度、产业结构、城镇化水平、政府干预程度、对外开放程度等作为模型的控制变量。

4.1.6 多重共线性检验

考虑到模型所用数据可能受到样本限制和变量的共同趋势影响，从而造成多重共线性。为了避免这种情况，在回归分析前，先用方差膨胀因子（VIF）对模型中的解释变量和控制变量分别进行了多重共线性检验，结果显示 VIF 均远小于10，因此模型中的变量都不存在多重共线性，见表4-4。

表4-4　　　　　　　　变量多重共线性检验

变量	VIF	1/VIF
pgdp	5.51	0.181590
ul	3.88	0.257407
hdl	3.38	0.295816
dopen	3.26	0.306610
dop	2.41	0.414319
old	1.93	0.519157
is_{23}	1.56	0.639368
govr	1.39	0.721715
Mean VIF	2.92	

4.1.7 人口老龄化对劳动力供给的影响的实证分析

首先采用混合横截面模型对人口老龄化影响劳动力供给的程度进行分析，

探索不区分个体和时间的情况下人口老龄化以及其他控制变量对劳动力供给的影响。进一步地，还在混合横截面模型的基础上考虑个体和时间的差异条件下人口老龄化对劳动力供给的具体影响，详细对比固定效应模型背景下人口老龄化对劳动力供给的影响，具体的回归结果见表4-5。

表4-5　模型回归结果

变量	双向固定效应模型 lfq	混合横截面模型 lfq	双向固定效应模型 lfq
old	-0.617*** (-20.37)	-0.632*** (-21.81)	-0.703*** (-27.75)
is_{23}	0.806*** (198.70)	-0.009*** (-5.12)	0.006*** (3.31)
ul		0.052*** (4.93)	0.045*** (5.10)
hdl		1.786*** (8.82)	1.464*** (6.40)
$dopen$		-0.012*** (-2.68)	-0.011*** (-2.64)
$govr$		-0.017*** (-3.18)	0.039*** (3.47)
dop		0.021** (2.46)	-0.152*** (-5.97)
$pgdp$		0.034*** (8.82)	0.016*** (3.73)
$Constant$		0.451*** (13.78)	0.630*** (15.06)
样本量	713	713	713
R^2	0.927	0.642	0.947
Adj R^2	0.921	0.637	0.942
F	415.1	157.5	113.7
个体控制	YES	NO	YES
时间控制	YES	NO	YES

注：*、**、***分别表示在10%、5%、1%水平上显著，括号内为 t 值。

实证分析结果显示,双向固定效应模型调整后的拟合优度为0.942,拟合优度符合要求。关于人口老龄化对劳动力供给的影响,当模型不纳入控制变量时,回归估计结果显示,人口老龄化对劳动力供给的影响系数为-0.617,且在1%的水平上显著,这说明人口老龄化负向影响地区劳动力供给。加入经济发展水平、人力资本水平、人口密度、产业结构、城镇化水平、政府干预程度、对外开放程度作为控制变量后,回归结果显示,人口老龄化仍在1%显著水平上负向影响劳动力供给,影响系数为-0.703。随着人口老龄化程度的加剧,老年人口数量持续增长,劳动年龄人口比例下降,劳动力供给数量规模缩小,劳动力市场供应压力增大,劳动力供给减少。此外,人口老龄化还会对劳动力参与率产生负面影响。随着劳动力年龄的不断增长,体力和健康状况随之下降,工作能力无法及时与不断变化的劳动力市场需求相匹配,老龄人口退出劳动力市场的可能性增加,劳动力参与率下降。

产业结构、城镇化水平、人力资本水平、政府干预程度、经济发展水平均在1%显著水平上正向影响劳动力供给。

在信息技术和自动化智能化技术快速发展的背景下,产业结构的转型升级推动了职业能力结构的同步调整。具体而言,职业技能需求正在从传统以体力劳动和机械操作为主的模式,逐步转向以数字化、信息化和综合性信息技能为核心的模式。这种转型使劳动力市场对复合型、高技能人才的需求大幅增加,从而激励更多劳动力通过职业教育、技能培训等方式提升自身能力,以适应新兴产业的需求,进而提高了劳动力供给的整体质量和数量,使劳动力市场更加契合经济发展的方向。此外,随着产业结构的不断优化升级,第三产业(如服务业、零售业、教育和医疗等)的快速发展给劳动力市场创造了大量新的就业机会。尤其是第三产业中的许多行业往往需要雇用大量临时工、合同工等非正式员工,这种灵活的用工模式进一步拓宽了劳动力市场的吸纳空间。同时,第三产业的快速扩张也降低了一部分行业进入门槛,为更多劳动力尤其是低技能劳动力提供了就业机会,从而增加了劳动力供给。

城镇化水平的提高对劳动力供给的正向影响主要体现在促进劳动力流动和优化资源配置两个方面。一方面,城镇化的推进伴随着城市经济的发展和基础设施的不断完善,这不仅为城乡之间的劳动力流动提供了便利条件,还加快了农村剩余劳动力向城镇的转移过程。通过这一过程,大量处于隐性失业状态的农村劳动力得以转化为城镇经济中的有效劳动力供给，从而为城市经济的增长提供充足的人力资源支持。另一方面，城镇化的提升还带动了城市产业结构的升级和扩容。随着第三产业和制造业在城镇中不断发展，更多就业岗位被创造出来，进一步吸引农村劳动力进入城镇就业市场。与此同时，城镇的教育资源和技能培训机会也显著增强，为劳动力技能的提升提供了重要保障，这既满足了城市经济对多层次劳动力的需求，也扩大了整体劳动力供给的质量和规模。

人力资本水平的提高对劳动力供给的正向影响主要体现在提升劳动力的知识技能储备和就业适应能力两个方面。更高的人力资本水平意味着劳动力具备更丰富的知识储备、更强的专业技能以及更高的学习能力，这直接优化了劳动力的素质和技能结构，使劳动力能够更加灵活地适应跨行业、跨区域的就业需求，从而显著提升了劳动力的市场适应性和供给能力。同时，人力资本水平的提高不仅提升了劳动力自身参与经济活动的能力，还增强了整体劳动力的供给质量。具体而言，高素质劳动力能够更迅速地应对复杂的生产任务，适应新技术和新产业的要求，有效满足不断变化的市场需求。这种能力的增强不仅优化了劳动力市场资源配置效率，还显著提高了劳动生产率，从根本上扩大了劳动力供给的规模与效率。此外，更高的人力资本水平还为劳动力提供了更加多元化的就业选择，提高了他们在劳动力市场中的流动性和可持续就业能力，从而提高了劳动力供给的质量和效率。

政府通过政策引导和制度保障对劳动力供给产生正向影响。一方面，政府实行宏观经济政策，通过提供创业补贴、税收优惠、加大基础设施投资等激励措施，激发创新创业活力，扶持新兴产业，推动产业结构转型升级，创造更多的就业岗位，吸引更多劳动力进入市场。另一方面，政府完善技能支持体系，增强劳动力技能匹配度，提高就业竞争力，缓解结构性失业，将闲置的人力资源转化为有效的劳动力供给，进而提高劳动力供给。

经济发展水平的提高对劳动力供给产生显著的正向影响。首先，经济发展水平的提升通常催生一系列新兴业态，推动传统产业向高附加值方向转型升级。这种产业结构的优化不仅创造了更多元化和多层次的就业岗位，还提升了劳动力市场对人才的吸纳能力，从而吸引更多的劳动力进入市场，直接扩大了劳动力供给的规模。其次，经济发展水平的提高通常伴随着国内生产总值的增长和各行业创造价值能力的增强。这一过程中，工薪报酬和劳动力收入水平随之上升，显著提高了劳动力参与经济活动的积极性，尤其是对于那些低收入或非正式就业的劳动群体而言，较高的经济回报成为促进劳动参与的重要动力。这种激励效应直接推动了劳动力参与率的提升，从而进一步扩大了劳动力的有效供给。此外，随着经济发展水平的上升，政府和企业通常能够投入更多的资源用于教育和技能培训，为劳动力提供更优质的职业教育和技能提升机会。在提升劳动力综合素质和职业能力的同时，也增强了他们在劳动力市场中的竞争力和适应性。这种能力的增强不仅满足了市场对高技能劳动力的需求，还进一步助推了劳动力供给的整体优化。

而人口密度、对外开放程度在1%显著水平上负向影响劳动力供给。人口密集区域资源分配压力较大，劳动力市场竞争加剧，对劳动力的技能和经验要求更高，部分低技能劳动力因岗位饱和或技能错配难以有效就业，对劳动力供给产生负面影响。

随着对外开放程度的提高，国际资本与技术加速涌入，推动产业结构转型升级，逐渐从劳动密集型产业向技术密集型产业转变，导致传统产业岗位减少，部分低技能劳动力无法适应新形态，被迫退出劳动力市场，劳动力参与率降低。此外，对外开放程度的提高可能会引起高素质劳动力外流，尤其是科研、金融等领域的高端人才可能会流向跨国企业或海外市场，国内劳动力供给总量下降。

4.1.8 基础模型检验及确定

从统计分析的数据结构看，由于混合横截面模型是将所有样本都不加区分综合在一起进行分析和探索，并未从数据上讨论分析变量之间的个体和时间差异，这与本书设计分析个体和时间差异的理念存在一定的偏离，在混合横截面模型与面板模型回归结果不一致的背景下，根据设计目的和数据结构的特征，认为选择面板模型更加适合分析和研究。在分析面板模型的基础上，有必要对固定效应模型和随机效应模型进行分析和探索，以讨论核心解释变量与控制变量的回归系数是否在个体和时间背景下存在稳定的关系。据此，进一步采用Hausman检验对模型进行分析和探索，以具体分析是否选择固定效应模型或者随机效应模型，具体的回归结果见表4-6。

表 4-6　　　　　随机效应和固定效应选择的 Hausman 检验

原假设	卡方统计量	p 值	结论
选择随机效应模型	18.78	0.0161	拒绝

人口老龄化影响劳动力供给实证模型 Hausman 检验的卡方值为 18.78，其伴随概率为 0.0161，小于常规 0.05 的水平。这表明人口老龄化对劳动力供给的影响应该选择个体时间双固定效应模型，而不是采用控制个体和时间的双随机效应模型。

4.1.9　异质性分析

在个体时间双固定模型的基础上，进一步对当前样本进行深入的分析和探索，以分析不同子样本情况下人口老龄化对劳动力供给的具体影响。在对子样本进行分类时，根据中国各省地理位置特征和具体经济意义特征对省份进行划分和分类，详细分析不同子样本情况下人口老龄化程度对于劳动力供给的影响。

第一，中国人口老龄化程度对劳动力供给影响的规律还受到省份所处的地域位置影响。省份的人口规模、经济规模、基础设施规模和财政规模随着地域的不同会呈现出不同的特征，这些不同的特征会对人口老龄化影响劳动力供给的机理和程度产生不同的影响。因此将全国 31 个省份分为东部、中部和西部三个地区①，分别进行三个地区的回归分析，得出的回归结果见表 4-7。

表 4-7　　　　　　　省份地域属性异质性分析

变量	东部地区 lfq	中部地区 lfq	西部地区 lfq
old	-0.787 *** (-21.77)	-0.918 *** (-8.85)	-0.580 *** (-10.96)

---

① 参照国家统计局从地区经济和政策角度出发的分类标准。东部地区：北京、天津、河北、辽宁、山东、江苏、上海、浙江、福建、广东、海南；中部地区：山西、吉林、黑龙江、安徽、江西、河南、湖北、湖南；西部地区：内蒙古、广西、重庆、四川、贵州、云南、陕西、甘肃、青海、宁夏、新疆、西藏。

续表

变量	东部地区 lfq	中部地区 lfq	西部地区 lfq
is_{23}	-0.001 (-0.46)	0.023*** (5.07)	0.008** (2.15)
ul	0.042*** (2.80)	-0.068* (-1.82)	0.034** (2.34)
hdl	0.507* (1.84)	1.437** (2.09)	0.907* (1.93)
$dopen$	-0.019*** (-4.04)	-0.072* (-1.91)	-0.031 (-1.63)
$govr$	0.065*** (2.96)	0.178*** (3.94)	-0.006 (-0.40)
dop	-0.161*** (-4.38)	-0.856 (-1.55)	1.110* (1.97)
$pgdp$	0.005 (0.60)	0.054*** (3.08)	0.016* (1.92)
Constant	0.812*** (10.21)	0.389** (2.43)	0.571*** (7.77)
样本量	253	184	276
R^2	0.961	0.968	0.914
Adj R^2	0.953	0.960	0.899
个体控制	YES	YES	YES
年份控制	YES	YES	YES

注：*、**、*** 分别表示在10%、5%、1%水平上显著，括号内为 t 值。

实证分析结果显示，人口老龄化程度在东部、中部、西部地区均对劳动力供给产生显著的负向影响，并在1%的显著性水平上通过检验。回归系数分别为 -0.787、-0.918 和 -0.580，表明在控制区域性差异的情况下，人口老龄化确实抑制了劳动力供给。进一步结合回归系数的差异可以看出，人口老龄化对劳动力供给的抑制作用在中部地区最为显著，其次是东部地区，而西部地区受影响最小。

形成这种差异的主要原因在于中部地区作为传统的劳动力输出地，其劳动力流失问题尤为严重。大量青壮年劳动力向经济更发达的东部地区迁移，导致中部地区的劳动力供给持续减少。同时，由于传统观念等因素，中部地区的老龄人口大多留在本地，形成了老年人口占比高、青年人口占比低的局面。这种人口结构的失衡进一步加剧了人口老龄化对劳动力供给的负面影响。相比之下，东部地区虽然同样面临人口老龄化的压力，但由于经济发展水平较高、产业结构多元化以及劳动力市场的灵活性和适应性较强，其对人口老龄化的承受能力相对较高，因此劳动力供给受影响的程度小于中部地区。而西部地区因其地理位置偏远、经济发展水平相对较低、人口基数较小以及城镇化进程较为缓慢，劳动力市场的开放程度和跨区域流动规模均有限。这种相对封闭的劳动力市场环境使得西部地区受人口老龄化的影响最小。

第二，人口老龄化根据经济发展水平的差异而呈现出显著的不同特征，还会产生异质性。因此，按照经济发展水平的中位数进行分组，对不同经济发展水平的人口老龄化程度对劳动力供给的影响进行异质性分析，具体的分析结果见表4-8。

表4-8　　　　　　　　　经济发展水平异质性分析

变量	低经济发展水平	高经济发展水平
old	-0.683*** (-13.46)	-0.718*** (-22.56)
is_{23}	0.014*** (4.31)	-0.001 (-0.60)
ul	0.023 (1.56)	0.036*** (2.74)
hdl	1.265*** (2.99)	0.994*** (3.53)
$dopen$	-0.037 (-1.56)	-0.015*** (-3.25)
$govr$	0.037** (2.31)	0.021 (1.01)

续表

变量	低经济发展水平	高经济发展水平
dop	-0.465 (-0.87)	-0.127*** (-3.85)
pgdp	0.028*** (3.09)	0.011 (1.54)
Constant	0.525*** (6.50)	0.720*** (10.00)
样本量	345	368
R^2	0.917	0.956
Adj R^2	0.903	0.950
个体控制	YES	YES
时间控制	YES	YES

注：*、**、***分别表示在10%、5%、1%水平上显著，括号内为 t 值。

实证分析结果显示，对于低经济发展水平的省份，人口老龄化程度、产业结构和人力资本水平对劳动力供给具有显著影响；而对于高经济发展水平的省份，人口老龄化程度、城镇化水平、对外开放水平、人力资本水平以及人口密度均对劳动力供给产生显著影响。此外，高经济发展水平省份的劳动力供给受人口老龄化程度的影响更为显著。这一差异的主要原因在于，高经济发展水平的省份通常具备更加完善的医疗保障体系和公共卫生服务，这不仅延长了人均寿命，还显著降低了人口死亡率，从而推动老年人口比例上升，劳动年龄人口比例相应下降。同时，随着经济发展水平的提高，女性受教育水平显著提升，个人观念逐渐转变，职业发展需求与婚育意愿之间的冲突日益加剧，晚婚晚育以及少子化趋势在高经济发展水平地区更为普遍。此外，高经济发展水平地区经济发展和城镇化程度较高，生活成本普遍较高，尤其是住房、教育和医疗等方面的支出压力较大。这种高生活成本对家庭生育意愿形成了较大的抑制作用，导致生育率长期低于人口更替水平，新生人口增长乏力，劳动年龄人口数量持续减少。多重因素的叠加效应导致高经济发展水平地区的劳动力供给更容易受到人口老龄化的负面影响。

第三，人口老龄化根据产业结构的差异而呈现出不同的特征，也会产生异质性。因此，按照产业结构的中位数进行分组，对不同产业结构状况的人口老龄化程度影响劳动力供给进行异质性分析，具体的分析结果见表4-9。

表4-9　　　　　　　　　产业结构异质性分析

变量	低产业结构	高产业结构
old	-0.705*** (-14.06)	-0.638*** (-22.80)
is_{23}	0.010 (1.35)	0.004** (2.05)
ul	0.030 (1.59)	0.029*** (3.88)
hdl	0.524 (1.04)	1.455*** (4.98)
$dopen$	-0.017* (-1.72)	0.001 (0.19)
$govr$	0.056*** (3.19)	0.002 (0.13)
dop	-0.183 (-1.17)	-0.110*** (-4.34)
$pgdp$	0.044*** (6.41)	0.007 (1.17)
$Constant$	0.387*** (5.63)	0.715*** (11.60)
样本量	357	355
R^2	0.954	0.965
Adj R^2	0.945	0.959
F	34.90	78.85
个体控制	YES	YES
时间控制	YES	YES

注：*、**、*** 分别表示在10%、5%、1%水平上显著，括号内为t值。

实证分析结果显示,对于低产业结构地区,人口老龄化程度、对外开放水平、政府干预水平和经济发展水平对劳动力供给具有显著影响;而对于高产业结构地区,人口老龄化程度、城镇化水平、人力资本水平和人口密度对劳动力供给的影响更为显著。

进一步分析发现,低产业结构地区的经济结构通常以制造业、建筑业等劳动密集型产业为主导。这类产业对劳动力的体力和年龄依赖性较高,劳动力市场对劳动力年龄人口的需求较为刚性。然而,随着人口老龄化程度的加深,这些地区的劳动力年龄人口数量逐步减少,而老龄劳动力由于无法满足高强度的体力劳动需求,难以弥补劳动力供给的缺口,导致这些地区的劳动力市场面临更为突出的供给不足问题。

相比之下,高产业结构地区的经济结构以服务业等知识密集型和技术密集型产业为主。这类产业对劳动力的体力和年龄限制相对较小,更加注重劳动力的知识、技能和经验。因此,老年劳动力在服务业领域仍具有一定的就业能力,这在一定程度上缓解了人口老龄化对劳动力供给的冲击。此外,高产业结构地区的产业灵活性和多元化特征也为老龄劳动力提供了更多的就业机会,从而降低了人口老龄化对劳动力供给的负面影响。

第四,人口老龄化还根据城镇化水平的差异而呈现出显著不同的特征,也会产生异质性。因此,按照城镇化水平的中位数进行分组,对不同城镇化水平的人口老龄化程度影响劳动力供给进行异质性分析,具体的分析结果见表4-10。

表4-10　　　　　　　　　城镇化水平异质性分析

变量	高城镇化水平 hul	低城镇化水平 lul
old	-0.680 *** (-18.50)	-0.710 *** (-16.41)
is_{23}	-0.000 (-0.12)	0.011 *** (3.38)
ul	0.002 (0.12)	0.013 (0.42)

续表

变量	高城镇化水平 hul	低城镇化水平 lul
hdl	1.233*** (4.03)	1.369*** (3.21)
$dopen$	−0.001 (−0.30)	0.020 (1.26)
$govr$	0.089*** (3.57)	0.030* (1.92)
dop	−0.128*** (−3.82)	−0.366*** (−2.94)
$pgdp$	0.015*** (2.95)	0.051*** (6.99)
Constant	0.671*** (11.87)	0.317*** (4.68)
样本量	357	355
R^2	0.964	0.905
Adj R^2	0.958	0.890
F	52.06	58.13
控制个体	YES	YES
控制时间	YES	YES

注：*、**、*** 分别表示在 10%、5%、1% 水平上显著，括号内为 t 值。

实证分析结果显示，人口老龄化程度在 1% 的显著性水平上对不同城镇化水平地区的劳动力供给均产生显著的负向影响，回归系数分别为 −0.680 和 −0.710。这表明，低城镇化水平的省份劳动力供给受人口老龄化程度的影响比高城镇化水平的省份更为显著。低城镇化水平的省份经济结构相对单一，劳动力主要集中于农业和传统手工业等劳动密集型行业。这些行业对劳动年龄人口的依赖性较高。同时由于经济发展水平较低，就业机会有限，难以为本地劳动力提供足够的就业岗位。在人口老龄化加剧的背景下，年轻劳动力往往选择迁往城镇化水平较高且经济更为发达的地区寻求更好的就业机会，导致劳动年龄人口的大量外流。这种人口流失进一步加剧了低城镇化水平地区劳动力供给的不足，使得人口老龄化对劳动力市场的负面影响更加显著。相比之下，高城镇化水平的省份经济结构更加多元化，第二产业和第三产业占比较高，就业机会更加丰富，能够为不同类型的劳动力提供更广泛的就业选择。此外，高城镇化水平地区通常具备更完善的基础设施和公共服务体系，对外来劳动力具有较强的吸引力。这不仅能够弥补因人口老龄化导致的劳动力供给减少，还能在一定程度上缓解老龄化对劳动力市场的压力。

第五，人口老龄化还根据对外开放水平的差异而呈现出显著的不同特征，也会产生异质性。因此，按照对外开放水平的中位数进行分组，对不同对外开放水平的人口老龄化程度影响劳动力供给进行异质性分析，具体的分析结果见表 4-11。

表 4-11　　　　　　　　　对外开放水平异质性分析

变量	高对外开放水平 lfq	低对外开放水平 lfq
old	-0.710 *** (-21.52)	-0.820 *** (-17.30)
is_{23}	-0.000 (-0.16)	0.015 *** (5.06)
ul	0.047 *** (3.22)	0.003 (0.23)
hdl	0.945 *** (3.90)	2.521 *** (6.35)
dopen	-0.010 ** (-2.30)	-0.102 *** (-3.89)
govr	0.035 (1.62)	0.054 *** (3.76)
dop	-0.149 *** (-4.28)	-0.473 (-1.07)
pgdp	0.011 (1.63)	0.020 *** (3.32)

续表

变量	高对外开放水平 lfq	低对外开放水平 lfq
Constant	0.707*** (10.61)	0.603*** (10.72)
样本量	358	353
R^2	0.969	0.936
Adj R^2	0.963	0.926
F	75.60	53.23
控制个体	YES	YES
控制时间	NO	NO

注：*、**、***分别表示在10%、5%、1%水平上显著，括号内为 t 值。

实证分析结果显示，人口老龄化程度在1%的显著性水平上对不同对外开放水平地区的劳动力供给均产生显著的负向影响，回归系数分别为 -0.710 和 -0.820。这表明，低对外开放水平的省份劳动力供给受人口老龄化程度的影响比高对外开放水平的省份更为显著。低对外开放水平的省份通常以传统的劳动密集型产业为主，产业结构较为单一。这些企业对劳动力的体力和年龄依赖性较高，劳动密集型行业对劳动年龄人口的需求刚性较强。然而，随着人口老龄化程度的加深，劳动力年龄人口数量持续减少，老龄劳动力因难以满足高强度体力劳动的要求，进一步加剧了劳动力供给的不足。此外，由于对外开放水平较低，这些省份在引进外资、技术和管理经验方面存在一定的局限性，导致产业升级和经济结构转型的能力较弱，缺乏应对人口老龄化冲击的灵活性和适应能力。因此，低对外开放水平地区的劳动力市场更容易受到人口老龄化的显著负面影响。

相比之下，高对外开放水平的省份在经济发展中更多依赖外贸和外资，通过引入先进的技术、管理经验和资本，推动了产业结构的转型升级。这些地区的产业结构更加多元化，从劳动密集型逐步向资本密集型和技术密集型转变，对劳动力的体力和年龄依赖性显著降低。同时，高对外开放水平的省份更容易吸引外来劳动力流入，通过国际和区域劳动力市场的流动性缓解本地劳动力供给的压力。此外，多元化和灵活的经济结构使得这些地区能够更好地适应因人口老龄化导致的劳动力减少的挑战。

4.1.10 稳健性和内生性

1. 替换核心解释变量

为了进一步检验上述结论的稳健性,将 65 岁以上人口数占总人口数的比重作为核心解释变量,再次进行基准回归,检验结果见表 4 – 12。结果显示,尽管人口老龄化程度的测算方法发生改变,但其系数的方向和显著性均未发生改变,表明人口老龄化程度对劳动力供给的抑制作用并未受人口老龄化程度测算方法的影响。

表 4 – 12　　　　　　替换核心解释变量的检验结果

变量	(1) lfq	(2) lfq
old	-0.810*** (-16.74)	-0.890*** (-20.37)
Constant	0.801*** (171.46)	0.512*** (11.13)
控制变量	否	是
样本量	713	713
R^2	0.909	0.926
Adj R^2	0.901	0.920
F	280.2	73.26
控制个体	YES	YES
控制时间	YES	YES

注:*、**、*** 分别表示在 10%、5%、1% 水平上显著,括号内为 t 值。

2. 对解释变量进行滞后

考虑变量同期相关问题,由于影响劳动力供给的因素诸多,并不能穷尽,可能会导致人口老龄化与误差项同期相关。将人口老龄化滞后一期、滞后二期和滞后三期分别作为当期核心解释变量,以处理当期项与残差项可能存在的同期相关问题。回归结果见表4-13,滞后一期、滞后二期和滞后三期的估计系数符号都显著为负,再次证明所选模型的稳健性,说明人口老龄化程度对劳动力供给的影响有滞后。

表4-13　　　　　　　　解释变量滞后的检验结果

变量	滞后一期 lfq	滞后二期 lfq	滞后三期 lfq
old	-0.725*** (-11.14)	-0.534*** (-7.04)	-0.399*** (-5.23)
is_{23}	0.003 (1.48)	0.003 (1.00)	0.001 (0.44)
ul	0.064*** (4.61)	0.073*** (4.67)	0.077*** (3.30)
hdl	1.357*** (4.59)	1.185*** (3.41)	1.134*** (2.91)
dopen	-0.013** (-2.16)	-0.011 (-1.57)	-0.009 (-1.06)
govr	0.041*** (2.73)	0.036** (2.03)	0.035* (1.80)
dop	-0.109** (-2.35)	-0.083 (-1.57)	-0.035 (-0.58)
pgdp	0.028*** (4.87)	0.035*** (5.38)	0.040*** (5.62)
Constant	0.485*** (8.48)	0.394*** (5.94)	0.328*** (4.52)
样本量	682	651	620
R^2	0.908	0.898	0.898
Adj R^2	0.899	0.889	0.887

续表

变量	滞后一期 *lfq*	滞后二期 *lfq*	滞后三期 *lfq*
F	30.97	21.04	15.88
控制个体	YES	YES	YES
控制时间	YES	YES	YES

注：*、**、*** 分别表示在10%、5%、1%水平上显著，括号内为 *t* 值。

3. 替换被解释变量

本书将15~64岁人口数的对数值作为核心解释变量，再次进行基准回归，检验结果见表4-14。结果显示，尽管劳动力供给的测算方法发生改变，但其系数的方向和显著性均未发生改变，表明人口老龄化程度对劳动力供给的抑制作用并未受劳动力供给测算方法的影响。

表4-14   替换被解释变量的检验结果

变量	(1) *lfq*	(2) *lfq*
old	-3.439*** (-25.34)	-2.835*** (-24.21)
Constant	8.235*** (450.15)	-2.835*** (-24.21)
控制变量	否	是
样本量	713	713
R^2	0.997	0.998
Adj R^2	0.997	0.998
F	642.0	129.1
控制个体	YES	YES
控制时间	YES	YES

注：*、**、*** 分别表示在10%、5%、1%水平上显著，括号内为 *t* 值。

4.1.11 小结

本章以中国 31 个省级行政区（不包括港澳台地区）为研究对象，基于中国人口老龄化程度构建了 2000—2022 年的面板数据，并采用双向固定效应模型对人口老龄化程度与劳动力供给之间的关系进行了线性回归分析。研究结论可归纳为以下六点。

1. 人口老龄化对劳动力供给的总体影响

研究表明，中国人口老龄化程度对劳动力供给总体上具有显著的负向影响。随着老龄化程度的加深，生育率下降，老年人口比例不断上升，劳动年龄人口持续减少，导致劳动力数量和就业人员数量逐步下降，劳动力参与率降低，劳动力供给面临显著不足。

2. 区域差异：中部地区受影响最深

从区域视角分析，人口老龄化对劳动力供给的抑制作用在中部地区最为显著，其次是东部地区，西部地区受影响最小。中部地区因大量青壮年劳动力向东部地区流出，导致适龄劳动人口减少，同时老龄人口因传统观念等原因多留在本地，形成"老年人口多、青年人口少"的局面，加剧了人口老龄化对劳动力供给的负面影响。相比之下，东部地区虽然同样面临人口老龄化压力，但其多元化的产业结构和灵活的劳动力市场缓解了部分影响；而西部地区由于人口基数较小、经济发展水平较低，劳动力市场相对封闭，受人口老龄化的冲击较轻。

3. 经济发展水平差异：高经济发展水平省份受影响更大

从经济发展水平来看，高经济发展水平的省份劳动力供给受人口老龄化的负向影响更为显著。这些省份医疗保障体系和公共卫生服务更为完善，人均寿命延长、死亡率降低，推动老年人口比例上升，劳动年龄人口比例下降。同时，经济发展水平的提升伴随着生育率长期低于更替水平，新生人口增长乏力，劳动年龄人口持续减少。

4. 产业结构差异：低产业结构的省份受影响更大

从产业结构角度分析，低产业结构的省份劳动力供给受人口老龄化的负向影响更为显著。这些省份以劳动密集型产业为主，对劳动力的体力和年龄依赖性较高。随着人口老龄化加剧，老龄劳动力难以满足高强度的工作需求，导致劳动力供给缺口明显。而高产业结构的省份以服务业为主，对劳动力的年龄和体力要求较低，更注重知识技能和经验，能够在一定程度上缓解人口老龄化的负面影响。

5. 城镇化水平差异：低城镇化水平省份受影响更大

从城镇化水平来看，低城镇化水平的省份劳动力供给受人口老龄化程度的负向影响更大。这些地区以农业和传统手工业为主，经济发展相对滞后，就业机会有限，年轻劳动力往往外流至城镇化水平较高的经济发达地区，从而进一步加剧了本地劳动年龄人口的减少，导致劳动力供给不足。相比之下，高城镇化水平地区经济结构多元化，就业机会丰富，能够吸引更多的劳动力流入，从而在一定程度上缓解人口老龄化带来的压力。

6. 对外开放水平差异：低对外开放水平省份受影响更大

从对外开放水平来看，低对外开放水平的省份劳动力供给受人口老龄化的负向影响更为显著。这些省份的产业结构以传统劳动密集型企业为主，对劳动力的体力和年龄要求较高，随着劳动年龄人口减少，劳动力供给问题更加突出。而高对外开放水平的省份通过引入外资、技术和管理经验，推动了产业结构转型升级，产业结构的多元化和灵活性使其更能适应劳动年龄人口减少的挑战，缓解了人口老龄化的冲击。

综上所述，本书从区域差异、经济发展水平、产业结构、城镇化水平和对外开放水平五个维度，系统分析了人口老龄化对劳动力供给的影响机制。研究结果为不同地区制定有针对性的政策以应对人口老龄化挑战提供了重要的理论依据和实践参考。

4.2 老龄化背景下劳动生产率增长的实证分析

基于以上分析，我们推测，随着人口老龄化程度的加深，可能会对劳动生产率的增长产生一定的抑制作用。为进一步验证这一假设并探讨其内在机制，本章选取了适当的指标和数据进行实证分析。

4.2.1 变量说明

为保证数据的有效性与可获得性，选取了2001—2022年中国31个省级行政区（不包括港澳台地区）的面板数据作为样本，最终形成包含682个观测值的平衡面板数据。为减少极端值和异常值对结果的影响，对人口密度变量进行了上下1%的缩尾处理。此外，为解决可能存在的异方差问题，对人口密度变量取自然对数。主要变量及其定义详见表4-15。

表4-15　　　　　　　　　　　主要变量及定义

变量		名称	定义与测度
被解释变量	dlp	劳动生产率增长率	（本期劳动生产率 - 上期劳动生产率）/上期劳动生产率
解释变量	old	人口老龄化程度	65岁以上人口数占15~64岁人口数比重
控制变量	ind	工业化水平	工业增加值占地区生产总值的比重
	cnf	社会消费水平	社会消费品零售总额占地区生产总值的比重
	iss	产业结构高级化	第三产业增加值占第二产业增加值的比重
	dop	人口密度	年末常住人口占总人口比重

资料来源：《中国统计年鉴》《中国人口和就业统计年鉴》和各地方统计年鉴以及国家、各地方统计局网站。

4.2.2 变量选取

1. 被解释变量

被解释变量为中国各省的劳动生产率增长率（dlp）。劳动生产率是指劳动力在一定时间内有目的的生产活动与所生产的产品数量之间的比率（阎存志，1991）。本书参考杨昕（2023）的做法，使用实际人均有效劳动产出衡量劳动生产率，即各地区实际GDP与就业人员总数的比值，其中各地区实际GDP以2000年为基期，利用GDP指数平减求得。而劳动生产率增长率用本期劳动生产率与上期劳动生产率的差值占上期劳动生产率的比重表示。

2. 解释变量

解释变量为中国各省人口老龄化程度（old），用老年抚养比来衡量。中国人口老龄化程度逐渐加深。

3. 控制变量

劳动生产率的增长会受到多种影响因素的共同作用，因此，在研究人口老龄化对劳动生产率增长率的基准模型中，有必要引入控制变量使模型估计结果更加精准、稳健。参考已有研究，选取以下控制变量。

（1）工业化水平（ind）：以工业增加值占地区生产总值的比重表征。

（2）社会消费水平（cnf）：以社会消费品零售总额占地区生产总值的比重表征。

（3）产业结构高级化（iss）：以第三产业增加值占第二产业增加值的比重表征。

（4）人口密度（dop）：以年末常住人口占总人口的比重表征。为了消除异方差的影响，对人口密度取对数处理。

4.2.3 描述性统计

在进行相关数据检验之前，先对数据的全样本以及对数化处理的数据进行一个描述性的统计，结果见表4-16。

表4-16　　　　　　　　主要变量描述性统计

变量	样本量	平均值	标准差	最小值	中位数	最大值
dlp	682	0.0873	0.0352	-0.0168	-0.0168	0.222
old	682	0.138	0.0412	0.0671	0.0671	0.288
ind	682	0.332	0.0952	0.0691	0.0691	0.559
cnf	682	0.361	0.0635	0.183	0.183	0.538
iss	682	1.224	0.653	0.527	0.527	5.283
dop	682	5.293	1.484	0.765	0.765	8.275

表 4-16 为 2001—2022 年全部样本劳动生产率增长率、人口老龄化程度以及控制变量的描述性统计报告，分别汇报了变量符号、样本量、平均值、标准差、最小值、中位数和最大值。依据描述性统计结果，研究变量的样本容量为 682，变量间有一定差异。样本期间，劳动生产率增长率最小值为 -0.0168，最大值为 0.222，标准差为 0.0352，说明不同地区劳动生产率增长率存在差异。而人口老龄化程度的最大值为 0.288，最小值为 0.0671，说明各地区人口老龄化程度也有差异。不同地区产业结构不同，一部分地区以高科技产业为主，一部分地区以传统产业为主，高科技产业具有更高的生产率，因此地区的产业结构会直接影响劳动生产率的增长。例如，经济发达地区往往拥有更先进的技术水平和生产工艺，技术的引进和应用更快，从而推动生产率的增长。

4.2.4　相关性分析

相关性分析可用来衡量两个或多个变量之间的关系强度和方向，这种关系可以用相关系数来量化，本书采用的是皮尔逊相关系数。见表 4-17，可初步判断中国人口老龄化对劳动生产率增长率为负相关关系。

表 4-17　　　　　　　　　　变量间相关系数

变量	dlp	old	ind	cnf	iss	dop
dlp	1					
old	-0.168***	1				
ind	0.205***	0.0480	1			
cnf	-0.108***	0.310***	-0.0550	1		
iss	-0.279***	0.136***	-0.700***	0.214***	1	
dop	-0.093**	0.435***	0.411***	0.316***	0.075*	1

注：*、**、*** 分别表示在 10%、5%、1% 水平上显著。

4.2.5　模型设定

本书建立以下计量回归模型来分析人口老龄化程度对劳动生产率增长率的

影响：

$$dlp_{i,t} = \gamma_0 + \gamma_1 old_{i,t} + \gamma_2 Control_{i,t} + \xi_i + \varepsilon_{i,t}$$

其中，i 为地区，t 为时间，$dlp_{i,t}$ 代表 i 省在第 t 年的劳动力供给，$old_{i,t}$ 代表 i 省在第 t 年的人口老龄化程度，$Control_{i,t}$ 代表其他控制变量。γ_0 为方程常数项，γ_1 和 γ_2 分别表示方程中各变量对劳动生产率增长率的影响系数。另外，本模型用 ξ_i、$\varepsilon_{i,t}$ 分别代表个体固定效应和随机误差项。本书将在后面引入工业化水平（ind）、社会消费水平（cnf）、产业结构高级化（iss）、人口密度（dop）作为模型的控制变量。

4.2.6 多重共线性检验

考虑到模型所用数据可能受到样本限制和变量的共同趋势影响，从而造成多重共线性。为了避免这种情况，在回归分析前，先用方差膨胀因子（VIF）对模型中的解释变量和控制变量分别进行了多重共线性检验，结果显示 VIF 均远小于 10，因此模型中的变量都不存在多重共线性，见表 4-18。

表 4-18　　　　　　　　　变量多重共线性检验

变量	VIF	1/VIF
ind	3.450	0.290
iss	2.850	0.351
dop	2.170	0.462
old	1.310	0.766
cnf	1.200	0.831
Mean VIF	2.190	

4.2.7 人口老龄化对劳动生产率增长率的影响的实证分析

为分析人口老龄化对劳动生产率增长率的影响，首先采用混合横截面模型对人口老龄化影响劳动力供给的程度进行分析，探索不区分个体情况下人口老龄化以及其他控制变量对劳动生产率增长率的影响。另外还在混合横截面模型的基础上考虑个体差异条件下人口老龄化对劳动生产率增长率的具体影响，详细对比固定效应模型背景下人口老龄化对劳动生产率增长率的影响，具体的回归结果见表4-19。

表4-19　　　　　　　　　　模型回归结果

变量	混合横截面模型 dlp	个体固定效应模型 dlp	个体固定效应模型 dlp
old	-0.097*** (-2.74)	-0.316*** (-7.66)	-0.255*** (-5.58)
ind	0.046* (1.85)		0.170*** (4.28)
cnf	-0.002 (-0.10)		-0.071*** (-2.74)
iss	-0.009*** (-2.75)		0.017** (2.36)
dop	-0.002 (-1.51)		-0.091*** (-4.80)
Constant	0.107*** (9.36)	0.131*** (22.99)	0.555*** (5.50)
样本量	682	682	682
R^2	0.100	0.236	0.318
Adj R^2	0.0935	0.199	0.281
控制个体	YES	YES	YES
控制变量	YES	NO	YES
F	15.05	58.63	34.08

注：*、**、***分别表示在10%、5%、1%水平上显著，括号内为t值。

实证分析结果显示，个体固定效应模型调整后的拟合优度为0.318，是三个模型中拟合最好的。关于人口老龄化对劳动生产率增长率的影响，当模型不纳入控制变量时，人口老龄化对劳动生产率增长率的影响系数为-0.316，且在1%的水平上显著，这说明人口老龄化负向影响地区劳动生产率的增长。加入工业化水平、社会消费水平、产业结构高级化、人口密度作为控制变量后，人口老龄化仍在1%显著水平上负向影响劳动生产率增长率，影响系数为-0.255。随着老龄人口占比的上升，劳动力市场中的适龄劳动人口比例逐渐下降，部分经验丰富且技能娴熟的劳动力因年龄原因退出劳动力市场，直接导致劳动力供给规模的缩小。这种变化不仅削弱了经济体的劳动力总量，还对生产效率的潜在增长形成制约，从而对劳动生产率的增长产生负面影响。此外，由于老年群体在接受新技术和适应创新方面相对较慢，其对技术进步的需求和推动力较低，这在一定程度上减缓了创新扩散的速度，抑制了技术进步对生产效率的拉动作用。同时，人口老龄化可能加剧经济资源向养老和医疗等非生产性领域的倾斜，进一步削弱了对生产性投资和创新活动的支持力度。以上因素共同作用，导致人口老龄化对地区劳动生产率增长产生负向影响。

工业化水平在1%显著水平上正向影响劳动生产率增长率。这表明随着工业化水平的提高，技术进步与创新的不断深化，企业能够持续引入先进的生产设备和工艺，为生产活动提供更加优越的外部条件。这种技术和设备的升级优化了生产流程，提高了资源的利用效率，使企业能够更加高效地组织生产活动。同时，通过减少单位产品生产所需的时间和人力投入，工业化进程显著提升了劳动生产率。此外，工业化还带动了相关配套产业的发展，进一步强化了技术扩散效应和规模经济效应，从而对劳动生产率的增长形成了有力支撑。

产业结构高级化在1%显著水平上正向影响劳动生产率增长率。这表明产业结构从低附加值的传统行业向高附加值的新兴产业转型，对劳动生产率的提升具有显著促进作用。具体而言，产业结构高级化通常伴随着经济活动向第三产业的逐步转移，而第三产业，特别是服务业、金融业和信息技术等领域，是推动创新和技术进步的重要驱动力。这些新兴领域的发展不仅能够加速技术创新的落地，还会推动企业更加重视自动化、智能化等新技术在生产经营中的广泛应用，从而实现生产效率的大幅提升。此外，产业结构优化还能够通过资源的有效配置和要素生产率的提升，为经济增长提供更加坚实的内在动力，进而推动劳动生产率的持续增长。

社会消费水平在1%显著水平上对劳动生产率增长率产生负向影响。这表明较高的社会消费水平可能会导致资源配置向满足即时需求的产品与服务领域倾斜，而这些产业通常对劳动生产率的提升贡献较为有限。相比之下，高技术、高附加值产业对劳动生产率的提升具有更显著的拉动作用，但由于资源被优先用于消费领域,可能导致对这些高效益产业的投资相对不足,从而挤压其发展空间。此外,这种资源错配削弱了推动劳动生产率增长的物质基础,并可能抑制技术进步和创新驱动对经济整体效率的提升效应,进而对劳动生产率产生负向影响。

人口密度在1%显著水平上对劳动生产率增长率产生负向影响。这表明高人口密度地区可能在一定程度上制约了劳动生产率的提升。首先,高人口密度通常伴随着土地、基础设施和公共服务资源的激烈竞争,这种资源稀缺性可能导致边际效益递减,并进一步推高企业的生产成本,从而削弱了经济效率的提高。其次,高人口密度地区的生活成本较高,同时个体面临来自住房、交通及社交竞争等多方面的社会压力。过大的社会压力可能对员工的心理健康和工作表现产生负面影响,降低劳动力的工作效率和生产力。此外,拥挤的生活环境还可能加剧交通拥堵和环境污染等问题,进一步影响工作效率和经济活动的顺畅运行。这些因素共同作用,最终导致高人口密度对劳动生产率增长产生负向影响。

4.2.8 基础模型检验及确定

从统计分析的数据结构看,由于混合横截面模型是将所有样本都不加区分综合在一起进行分析和探索,并未从数据上讨论分析变量之间的个体差异,这与研究设计分析个体差异和时间差异的理念存在一定的偏离,在混合横截面模型与面板模型回归结果不一致的背景下,根据设计目的和数据结构的特征,认为选择面板模型更加适合分析和研究。在分析面板模型的基础上,有必要对固定效应模型和随机效应模型进行分析和探索,以讨论核心解释变量与控制变量的回归系数是否在个体和时间背景下存在稳定的关系。据此,可以进一步采用Hausman检验对模型进行分析和探索,以具体分析是否选择固定效应模型或者随机效应模型。具体的回归结果见表4-20。

表4-20　　　随机效应和固定效应选择的Hausman检验

原假设	卡方统计量	p 值	结论
选择随机效应模型	61.22	0.0000	拒绝

人口老龄化影响劳动生产率增长率实证模型 Hausman 检验的卡方值为 61.22，其伴随概率为 0.0000，小于常规 0.05 的水平。这表明人口老龄化对劳动生产率增长率的影响应该选择个体固定效应模型，而不是采用控制个体的随机效应模型。

4.2.9 异质性分析

在个体固定模型的基础上，进一步对当前样本进行深入的分析和探索，以分析不同子样本情况下人口老龄化程度对劳动生产率增长率的具体影响。在对子样本进行分类时，根据中国各省地理位置特征和具体经济意义特征对省份进行分类，分析不同子样本情况下人口老龄化程度对于劳动生产率增长率的影响。

第一，中国人口老龄化程度对劳动生产率增长率的影响规律还受到省域地域因素的调节。不同地域的省份在人口规模、经济总量、基础设施建设及财政能力等方面存在显著差异，这些差异会改变人口老龄化对劳动生产率增长率的作用强度和方向。本书将全国 31 个省份分为东部、中部和西部三个地区，分别进行三个地区的回归分析，得出的回归结果见表 4-21。

表 4-21　　　　　　省份地域属性异质性分析

变量	东部地区 dlp	中部地区 dlp	西部地区 dlp
old	-0.106 (-1.59)	-0.125 (-1.05)	-0.521*** (-6.06)
ind	0.281*** (4.00)	-0.080 (-0.85)	0.272*** (3.21)
cnf	-0.075* (-1.69)	-0.047 (-0.99)	0.002 (0.03)
iss	0.023** (2.54)	-0.045* (-1.69)	0.014 (0.85)
dop	-0.082** (-2.25)	-0.235*** (-2.79)	-0.042 (-1.08)

续表

变量	东部地区 dlp	中部地区 dlp	西部地区 dlp
Constant	0.517** (2.12)	1.498*** (3.22)	0.233 (1.42)
样本量	242	176	264
R^2	0.376	0.239	0.336
Adj R^2	0.335	0.183	0.292
控制个体	YES	YES	YES
F	21.75	6.753	26.61

注：*、**、***分别表示在10%、5%、1%水平上显著，括号内为t值。

实证分析结果显示，各地区呈现出明显的异质性。人口老龄化程度在1%水平上负向影响西部地区的劳动生产率增长率，回归系数为-0.521，说明在控制了区域性差异后，人口老龄化主要显著负向影响西部地区的劳动生产率增长率。而人口老龄化程度对中部和东部地区的劳动生产率增长的负向影响不显著。西部地区传统产业占比较高，以劳动密集型产业为主，对年龄和体力要求较高，而人口老龄化导致老龄人口比例上升，老龄劳动力在体力和精力上相对较弱，难以适应高强度的工作需求，削弱了劳动密集型产业的产出效率，加大了劳动生产率的损失。相比之下，中部和东部地区产业结构相对高级化，产业升级带来的劳动生产率的增长弥补了人口老龄化对其的负向影响。

第二，人口老龄化可能由于劳动生产率增长率的不同而产生不同的影响。因此，按照劳动生产率增长率的中位数进行分组，对不同劳动生产率增长情况的地区受人口老龄化程度影响进行异质性分析，具体的分析结果见表4-22。

表4-22　　　　　劳动生产率增长率异质性分析

变量	低劳动生产率增长率 dlp	高劳动生产率增长率 dlp
old	-0.236*** (-4.42)	-0.299*** (-4.79)

续表

变量	低劳动生产率增长率 dlp	高劳动生产率增长率 dlp
ind	0.140 *** (2.94)	0.104 * (1.87)
cnf	0.004 (0.14)	-0.161 *** (-3.51)
iss	0.008 (1.16)	0.003 (0.47)
$logdop$	-0.054 *** (-3.11)	0.006 (0.13)
$Constant$	0.335 *** (3.53)	0.140 (0.65)
样本量	343	339
R^2	0.335	0.365
Adj R^2	0.259	0.292
控制个体	YES	YES
F	19.39	19.99

注：*、**、*** 分别表示在10%、5%、1%水平上显著，括号内为 t 值。

实证分析结果显示，对于低劳动生产率增长率的省份来说，人口老龄化程度对劳动生产率增长率的影响是负向显著的，并且系数为 -0.236；对于高劳动生产率增长率的省份而言，人口老龄化程度对劳动生产率增长率的影响也是负向显著的，但系数为 -0.299，影响程度略高于低劳动生产率增长率的省份。高劳动生产率的省份通常以技术密集型和知识密集型产业为主，更多依赖年轻化、高技能劳动力的持续输入与技术迭代，而随着人口老龄化程度的加深导致劳动年龄人口比例下降，加剧"技能断层"，尤其在高技术产业中，经验丰富的熟练员工退休后，知识传承中断，新技术运用效率下降，进而约束劳动生产率增长率的提高。

第三，人口老龄化根据产业结构高级化的差异而呈现出显著的不同特征，也会产生异质性。因此，按照产业结构高级化的中位数进行分组，对不同产业结构的人口老龄化程度影响劳动生产率的增长率进行异质性分析,具体的分析结果见表4-23。

表4-23　　　　　　　　　产业结构异质性分析

变量	低产业结构高级化 dlp	高产业结构高级化 dlp
old	-0.234*** (-3.62)	-0.304*** (-4.29)
ind	0.149** (2.37)	0.313*** (3.72)
cnf	-0.157*** (-4.11)	-0.035 (-0.83)
iss	0.023 (1.23)	0.020** (2.42)
logdop	-0.114*** (-3.75)	-0.061* (-1.85)
Constant	0.732*** (4.38)	0.328** (1.99)
样本量	340	342
R^2	0.423	0.358
Adj R^2	0.367	0.298
控制个体	YES	YES
F	36.48	13.21

注:*、**、***分别表示在10%、5%、1%水平上显著,括号内为t值。

实证分析结果显示,对于产业结构更高级的省份来说,人口老龄化程度对劳动生产率增长率影响是负向显著的,系数为-0.304;而对于产业结构较传统的省份而言,人口老龄化程度对劳动生产率增长率影响也是负向显著的,但系数为-0.234,说明产业结构更高级的省份劳动生产率增长率受人口老龄化程度的影响更大。产业结构更高级的地区往往以技术密集型和知识密集型产业为主导,对劳动力的素质、技能要求更高,更多依赖年轻化、高流动性的科研群体，而高附加值产业对高素质人才的需求难以通过老龄人口获得补充，使得技术进步对劳动生产率提高的带动效应趋缓。

第四，人口老龄化还根据工业化水平的差异而呈现出显著的不同特征，也会产生异质性。因此，按照各地区工业化水平的中位数进行分组，对不同工业化水平省份的人口老龄化程度影响劳动生产率的增长率进行异质性分析，具体的分析结果见表4-24。

表4-24　　　　　　　　　工业化水平异质性分析

变量	低工业化水平 dlp	高工业化水平 dlp
old	-0.234** (-2.02)	-0.320*** (-3.41)
ind	0.272*** (3.34)	0.400*** (2.75)
cnf	-0.024 (-0.45)	-0.243*** (-2.90)
dop	-0.000 (-0.10)	-0.000** (-2.46)
iss	0.012 (1.04)	0.080 (1.55)
Constant	0.037 (0.82)	0.050 (0.68)
样本量	337	343
R^2	0.232	0.363
Adj R^2	0.162	0.306
控制个体	YES	YES
F	6.265	33.32

注：*、**、***分别表示在10%、5%、1%水平上显著，括号内为t值。

实证分析结果显示，对于工业化水平更高的省份来说，人口老龄化程度对劳动生产率增长率的影响是负向显著的，系数为-0.320；对于工业化水平较低的省份而言，人口老龄化程度对劳动生产率增长率影响也是负向显著的，但系数为-0.234，说明工业化水平更高的省份劳动生产率增长率受人口老龄化程度的影响更大，工业化水平更高的省份通常产业结构以制造业、高新产业为主，这些产业对高素质、技术能力强的劳动力的需求更大，需要大量经验丰富的技术人才，但随着人口老龄化的加剧，适龄劳动人口不断减少，导致企业难以获得充足的高素质人才，进而限制了劳动生产率的提高。相比之下，工业化程度较低的省份产业结构较为简单，更多依赖于传统产业，对劳动力的要求相对较低，虽然人口老龄化可能导致一些技术和管理方面的短缺，但整体影响相对较为有限。

4.2.10 稳健性和内生性

1. 替换核心解释变量

为了进一步检验上述结论的稳健性，将65岁以上人口数占总人口数的比重作为核心解释变量，再次进行基准回归，检验结果见表4-25。结果显示，尽管人口老龄化程度的测算方法发生改变，但其系数的方向和显著性均未发生改变，表明人口老龄化程度对劳动生产率增长率的抑制作用并未受人口老龄化程度测算方法的影响。

表4-25　　　　　　　　替换核心解释变量的检验结果

变量	(1) dlp	(2) dlp
old	-0.332*** (-7.89)	-0.259*** (-5.76)
Constant	0.131*** (23.04)	0.533*** (5.35)
样本量	682	682
R^2	0.226	0.314
Adj R^2	0.189	0.277
控制个体	YES	YES

续表

变量	(1) dlp	(2) dlp
控制变量	NO	YES
F	62.23	33.16

注：*、**、*** 分别表示在10%、5%、1%水平上显著，括号内为 t 值。

2. 被解释变量滞后一期

人口老龄化仍处于快速发展阶段，因此其与劳动生产率增长率之间的作用效果可能存在时滞效应。为了探究人口老龄化是否具有持续性作用，也为了保证回归结果的稳健性，选取 $t+1$ 期的劳动生产率增长率，考察人口老龄化对滞后一期劳动生产率增长率的影响，检验结果见表4-26。可以看出，人口老龄化的系数仍显著为负，这表明人口老龄化对劳动生产率增长率的抑制作用具有持续性，进一步说明了原结论的稳定性。

表4-26　　　　　　被解释变量滞后一期的检验结果

变量	(1) dlp	(2) dlp
old	-0.244*** (-5.28)	-0.182*** (-3.42)
Constant	0.123*** (19.14)	0.535*** (4.71)
样本量	651	651
R^2	0.218	0.296
Adj R^2	0.179	0.256
控制个体	YES	YES
控制变量	NO	YES
F	27.87	24.80

注：*、**、*** 分别表示在10%、5%、1%水平上显著，括号内为 t 值。

4.2.11 小结

本章以中国 31 个省级行政区（不包括港澳台地区）作为研究对象，根据中国人口老龄化程度进行配对构建了 2001—2022 年的面板数据。通过双向固定效应模型对人口老龄化程度与劳动生产率增长率进行了线性回归分析，结论可以归结为以下五点。

第一，中国人口老龄化程度对劳动生产率增长率总体上呈现负向影响。随着人口老龄化的加剧，劳动年龄人口比重下降，劳动力供给数量减少，在劳动密集型产业中，劳动力供给的短缺会影响生产效率，进而影响劳动生产率的提高。此外，人口老龄化会导致社会保障负担加重，社会资源更多地流向养老、医疗等领域，减少对技术研发与创新的投入，从而抑制劳动生产率的提升。

第二，从不同地区角度考察人口老龄化程度对劳动生产率增长率的线性影响，人口老龄化在西部地区抑制劳动生产率增长率最深，在东部和中部地区影响则不显著。西部地区以劳动密集型产业为主，对劳动力的年龄和体力的要求较高，老龄劳动力在体力和精力上相对较弱，难以适应高强度的工作需求，进而影响劳动生产率的增长。相比之下，中部和东部地区产业结构以知识密集型和技术密集型产业为主，其劳动生产率的增长弥补了人口老龄化带来的负面影响。

第三，高劳动生产率增长率的省份受人口老龄化程度的负向影响比低劳动生产率增长率的地区更大。高劳动生产率的省份通常以技术密集型和知识密集型产业为主，更多依赖年轻化、高技能劳动力的持续输入与技术迭代，而随着人口老龄化程度的加深导致劳动年龄人口比例下降，加剧"技能断层"，尤其在高技术产业中，经验丰富的熟练员工退休后，知识传承中断，新技术运用效率下降，进而约束劳动生产率增长率的提高。

第四，产业结构更高级的省份劳动生产率增长率受人口老龄化程度的影响更大。产业结构更高级的省份对劳动力的素质、技能要求更高，更多依赖年轻化、高流动性的科研群体，而老龄人口的增加使得技术进步对劳动生产率提高的带动效应趋缓。

第五，工业化水平更高的省份劳动生产率增长率受人口老龄化程度的负向影响更大。工业化水平更高的省份产业结构更加复杂，这些产业对高素质、技术能力强的劳动力的需求更大，但随着人口老龄化的加剧，适龄劳动人口不断减少，企业难以获得充足的高素质人才，进而限制了劳动生产率的提高。

4.3 老龄化背景下劳动力流动的实证分析

根据以上分析，人口老龄化程度的加深可能会对劳动力流动性有一定的抑制作用。为了进一步深入研究，本章选择合适的指标和数据，运用 Stata 16.0 进行实证研究，然后得出结论。

4.3.1 变量说明

为集中调整一些极端值和异常值，对人力资本水平进行上下 1% 缩尾处理。主要变量及定义见表 4-27。

表 4-27　　　　　　　　　主要变量及定义

变量		名称	定义与测度
被解释变量	lm	劳动力流动	(年末人口数 - 年初人口数 - 年初人口数 × 人口自然增长率)/年末人口数
解释变量	old	人口老龄化程度	65 岁以上人口数占 15~64 岁人口数比重
控制变量	dopen	对外开放程度	货物进出口金额占地区生产总值比重
	ti	交通基础设施水平	对公路里程取对数
	hdl	人力资本水平	普通高等学校在校学生数占总人口比重
	tb	税负水平	税收收入占地区生产总值的比重
	theil	产业结构合理化	用泰尔指数来测度各地区的产业结构合理化程度

资料来源：《中国统计年鉴》《中国人口和就业统计年鉴》和各地方统计年鉴以及国家、各地统计局网站。

4.3.2 变量选取

1. 被解释变量

被解释变量为中国各省的劳动力流动（lm），参考李拓和李斌（2015）的研究，以人口流入速度来表现，计算公式为：(年末人口数 - 年初人口数 - 年初人口数×人口自然增长率)/年末人口数。劳动力流动是衡量劳动力在不同地区、行业或职业之间移动和流动的程度。它涉及人们从一个地区、一个行业或一个职业向另一个地区、行业或职业的转移和迁徙情况。

2. 解释变量

解释变量为中国各省人口老龄化程度（old），用老年抚养比来衡量。中国人口老龄化程度逐渐加深。

3. 控制变量

劳动力流动会受到多种影响因素的共同作用，因此，在研究人口老龄化影响劳动力流动的基准模型中，有必要引入控制变量使模型估计结果更加精准、稳健。参考已有研究，选取以下控制变量。

（1）对外开放程度（dopen）：以货物进出口金额占地区生产总值的比重表征。

（2）交通基础设施水平（ti）：对公路里程取对数来表征。

（3）人力资本水平（hdl）：以普通高等学校在校学生数占总人口的比重表征。

（4）税负水平（tb）：以税收收入占地区生产总值的比重表征。

（5）产业结构合理化（theil）：产业结构合理化是衡量一个国家或地区经济中不同产业部门的比重是否符合经济发展的需要和趋势。产业结构合理化关注要素资源在产业间的配置、协调和利用效率。本书借鉴祝瑜晗等（2023）的测算思路，以要素投入结构和产出结构的耦合程度度量产业结构合理化。区域 i 在第 t 年的产业结构合理化计算公式为

$$theil_{i,t} = -\sum_{\omega=1}^{n} \frac{Y_{i,t}^{\omega}}{Y_{i,t}} \left| \frac{Y_{i,t}^{\omega}/L_{i,t}^{\omega}}{Y_{i,t}/L_{i,t}} - 1 \right|$$

其中，$Y_{i,t}^{\omega}$ 和 $L_{i,t}^{\omega}$ 分别为区域 i 第 t 年行业 ω 的增加值和就业人口数量；$Y_{i,t}$ 和 $L_{i,t}$ 分别为总增加值和总就业人口数量。theil 的值越大，产业结构越合理。

4.3.3 描述性统计

在进行相关数据检验之前，先对数据的全样本以及对数化处理的数据进行

一个描述性的统计，结果见表4-28。

表4-28　　　　　　　　主要变量描述性统计

变量	样本量	平均值	标准差	最小值	中位数	最大值
lm	713	0.00142	0.0222	-0.178	-0.178	0.164
old	713	0.136	0.0414	0.0615	0.0615	0.288
dopen	713	0.290	0.355	0.00757	0.00757	1.721
ti	713	11.39	0.909	8.372	8.372	12.91
hdl	713	0.0165	0.00774	0.00278	0.00278	0.0356
tb	713	0.0757	0.0267	0.0342	0.0342	0.200
theil	713	-0.586	0.370	-2.053	-2.053	-0.0406

根据描述性统计结果可以看出，研究变量的样本量为713，变量间有一定差异。样本期间，劳动力流动性最小值为-0.178，最大值为0.164，标准差为0.0222，说明不同地区劳动力流动性存在差异。而人口老龄化程度的最大值为0.288，最小值为0.0615，说明各地区人口老龄化程度也有差异。

4.3.4　相关性分析

相关性分析可用来衡量两个或多个变量之间的关系强度和方向。这种关系可以用相关系数来量化，本书采用的是皮尔逊相关系数。见表4-29，可初步判断中国人口老龄化与劳动力流动性之间为负相关关系。

表4-29　　　　　　　　变量间相关系数

变量	lm	old	dopen	ti	hdl	tb	theil
lm	1						
old	-0.114***	1					
dopen	0.341***	0.094**	1				
ti	-0.194***	0.259***	-0.436***	1			
hdl	0.0600	0.618***	0.296***	0.0550	1		

续表

变量	lm	old	dopen	ti	hdl	tb	theil
tb	0.216***	0.0280	0.645***	-0.491***	0.279***	1	
theil	0.141***	0.342***	0.456***	-0.112***	0.513***	0.276***	1

注：*、**、***分别表示在10%、5%、1%水平上显著。

4.3.5 模型设定

本书建立以下计量回归模型来分析人口老龄化程度对劳动力流动的影响：

$$lm_{i,t} = \gamma_0 + \gamma_1 old_{i,t} + \gamma_2 Control_{i,t} + \xi_i + \mu_t + \varepsilon_{i,t}$$

其中，i 为地区，t 为时间，$lm_{i,t}$ 代表 i 省在第 t 年的劳动力流动，$old_{i,t}$ 代表 i 省在第 t 年的人口老龄化程度，$Control_{i,t}$ 代表其他控制变量。γ_0 为方程常数项，γ_1 和 γ_2 分别表示方程中各变量对劳动力流动的影响系数。另外，用 ξ_i、μ_t、$\varepsilon_{i,t}$ 分别代表个体固定效应、时间固定效应和随机误差项。本书将在后面引入对外开放程度、交通基础设施、人力资本水平、税负水平和产业结构合理化作为模型的控制变量。

4.3.6 多重共线性检验

考虑到模型所用数据可能受到样本限制和变量的共同趋势影响，从而造成多重共线性。为了避免这种情况，在回归分析前，先用方差膨胀因子（VIF）对模型中的解释变量和控制变量分别进行多重共线性检验，表4-30显示VIF均远小于10，因此模型中的变量都不存在多重共线性。

表4-30　　　　　　　　变量多重共线性检验

变量	VIF	1/VIF
dopen	2.09	0.478
hdl	2.08	0.480
tb	1.99	0.502
old	1.79	0.560

续表

变量	VIF	1/VIF
theil	1.60	0.625
ti	1.55	0.647
Mean VIF	1.85	

4.3.7 人口老龄化对劳动力流动的影响的实证分析

为分析人口老龄化对劳动力流动的影响，首先采用混合横截面模型对人口老龄化影响劳动力流动的程度进行分析，探索不区分个体和时间情况下人口老龄化以及其他控制变量对劳动力流动的影响。进一步，在混合横截面模型的基础上考虑个体和时间的差异条件下人口老龄化对劳动力流动的具体影响，详细对比固定效应模型背景下人口老龄化对劳动力流动的影响，具体的回归结果见表4-31。

表4-31　　　　　　　　模型回归结果

变量	混合横截面模型 lm	双向固定效应模型 lm	双向固定效应模型 lm
old	-0.109*** (-3.59)	-0.115* (-1.82)	-0.230*** (-3.10)
dopen	0.022*** (5.58)		0.026** (2.29)
ti	-0.000 (-0.22)		0.013** (2.57)
hdl	0.239* (1.66)		0.660 (1.43)
tb	-0.029 (-0.68)		-0.223** (-2.47)
theil	0.001 (0.62)		-0.005** (-2.17)

续表

变量	混合横截面模型 lm	双向固定效应模型 lm	双向固定效应模型 lm
$Constant$	0.012 (0.92)	0.017** (1.99)	-0.121** (-2.20)
样本量	713	713	713
R^2	0.143	0.179	0.229
Adj R^2	0.135	0.113	0.161
控制个体	NO	YES	YES
控制时间	NO	YES	YES
F	10.07	3.313	3.966

注：*、**、*** 分别表示在10%、5%、1%水平上显著，括号内为 t 值。

回归结果显示，双向固定效应模型调整后的拟合优度最优，为0.229。关于人口老龄化对劳动力流动的影响，当模型不纳入控制变量时，人口老龄化对劳动力流动的影响系数为-0.115，且在10%的水平上显著，这说明人口老龄化负向影响地区劳动力流动。加入对外开放程度、交通基础设施水平、人力资本水平、税负水平和产业结构合理化作为控制变量后，可以看出，人口老龄化仍在1%显著水平上负向影响劳动力流动，影响系数为-0.230。随着人口老龄化程度的加深和生育率的下降，老年人口比例不断上升，新出生人口持续减少，劳动力年龄人口数量减少，可参与流动的年轻劳动力随之减少，而年轻劳动力是进行区域流动的主力军，降低了劳动力市场上的竞争和流动性。此外，延迟退休政策使劳动力市场变得更为刚性，老年人就业相对稳定，不易流动，增加了整体劳动力的不流动性。

对外开放程度、交通基础设施水平均在5%显著水平上正向影响劳动力流动。对外开放程度的提高有助于促进国际贸易、投资和合作，促进劳动力在产业、地区、职业之间的流动。交通基础设施水平的提高也促进了劳动力跨地区和产业流动。

发达的交通基础设施能够降低人们的交通成本，包括经济成本和时间成本，使得劳动力能到更远的地区寻求发展机会，促使更多劳动力在不同地区之间流动，推动了流动的提高。

而税负水平和产业结构合理化在 5% 显著水平上负向影响劳动力流动。较高的税负水平会直接影响劳动力的实际收入水平，降低劳动力的储蓄意愿，从而影响劳动力在不同地区之间的流动意愿。此外，较高的税负水平增加企业的经营成本，降低企业的盈利能力，使得企业可能会减少雇用劳动力的数量，从而降低劳动力需求。这会对劳动力的流动造成一定程度的限制，使得劳动力流动的规模和范围变小。

一个地区的产业结构趋于合理化意味着各产业之间实现了平衡发展，使得不同产业之间能够更好地共享资源和市场，减少因产业结构不均衡导致的劳动力供需错配问题，进而减少了劳动力在不同产业之间的流动。

4.3.8 基础模型检验及确定

从统计分析的数据结构看，由于混合横截面模型是将所有样本都不加区分综合在一起进行分析和探索，并未从数据上讨论分析变量之间的个体和时间差异，这与设计分析个体和时间差异的理念存在一定的偏离，在混合横截面模型与面板模型回归结果不一致的背景下，根据设计目的和数据结构的特征，认为选择面板模型更加适合本研究。在分析面板模型的基础上，有必要对固定效应模型和随机效应模型进行分析和探索，以讨论核心解释变量与控制变量的回归系数是否在个体和时间背景下存在稳定的关系。据此，进一步采用 Hausman 检验对模型进行分析和探索，以具体分析是否选择固定效应模型或者随机效应模型，具体的回归结果见表 4 - 32。

表 4 - 32　　　　　　随机效应和固定效应选择的 Hausman 检验

原假设	卡方统计量	p 值	结论
选择随机效应模型	16.43	0.0116	拒绝

人口老龄化影响劳动力流动实证模型 Hausman 检验的卡方值为 16.43，其伴随概率为 0.0116，小于常规 0.05 的水平。这表明人口老龄化对劳动力流动的影响应该选择个体固定效应模型，而不是采用控制个体的随机效应模型。

4.3.9 区域异质性分析

在个体固定模型的基础上，进一步对当前样本进行深入的分析和探索，以分析不同子样本情况下人口老龄化程度对劳动力流动的具体影响。在对子样本进行分类时，根据中国各省地理位置特征和具体经济意义特征对省份进行划分和分类，详细分析不同子样本情况下人口老龄化程度对于劳动力流动的影响。

第一，中国人口老龄化程度对劳动力流动的影响还受到省份所处的地域位置的影响。省份的人口规模、经济规模、基础设施规模和财政规模随着地域的不同会呈现出不同的特征，这些不同的特征会对人口老龄化影响劳动力流动的程度产生不同的影响。因此将全国31个省份分为东部、中部和西部三个地区，分别进行回归分析，得出的回归结果见表4-33。

表4-33　省份地域属性异质性分析

变量	东部 lm	中部 lm	西部 lm
old	-0.199** (-2.20)	-0.176 (-1.11)	-0.123 (-1.06)
dopen	0.031** (2.36)	0.067 (0.90)	0.032 (0.95)
ti	0.000 (0.01)	0.032* (1.82)	0.011 (1.36)
hdl	1.159*** (2.65)	-0.029 (-0.02)	0.673 (0.63)
tb	-0.366** (-2.14)	-0.230 (-1.06)	-0.011 (-0.09)
theil	-0.001 (-1.09)	-0.014 (-1.01)	-0.002 (-0.66)
Constant	0.028 (0.35)	-0.355 (-1.53)	-0.124 (-1.44)

续表

变量	东部 lm	中部 lm	西部 lm
样本量	253	184	276
R^2	0.405	0.446	0.217
Adj R^2	0.299	0.315	0.0871
控制个体	YES	YES	YES
控制时间	YES	YES	YES
F	5.020	1.888	0.555

注：*、**、***分别表示在10%、5%、1%水平上显著，括号内为t值。

实证分析结果显示，各地区呈现出明显的异质性。人口老龄化程度在5%水平上负向影响东部地区的劳动力流动，回归系数为-0.199，说明在控制了区域性差异后，人口老龄化主要显著负向影响东部地区的劳动力流动水平。这种现象的原因可能在于，东部地区作为经济发展水平较高、产业结构较为完善的区域，对高素质劳动力的需求较为旺盛。然而，随着人口老龄化程度的加深，适龄劳动力的供给逐渐减少，使得劳动力市场活力受到抑制。老龄化还会导致部分高龄劳动力退出劳动市场或减少劳动力参与率，从而加剧劳动力供给端的紧张状况，进一步拉大劳动力供求之间的缺口。此外，老龄化的加剧可能促使东部地区在公共资源配置上更多向养老、医疗等领域倾斜，间接削弱了对经济活跃度和劳动力流动的支持。同时，东部地区较高的生活成本也可能减弱对外来年轻劳动力的吸引力，这些因素共同作用，显著限制了东部地区的劳动力流动水平。

相较于东部地区，人口老龄化对中西部地区劳动力流动水平没有显著影响，主要受人口流动特征和政策因素的综合作用所致。首先，中西部地区长期作为劳动力输出地，其劳动力流动以向外迁移为主，人口老龄化的影响可能被这种迁移惯性所削弱。其次，中西部地区相对较低的生活成本一定程度上减弱了老龄化对本地劳动力流动的约束力，而国家倾斜的政策支持与基础设施建设也在一定程度上缓解了老龄化的负面效应。再者，由于农业和非正式经济活动占比较高，高龄劳动力在中西部地区往往仍保持较高的劳动力参与率，从而进一步弱化了老龄化对劳动力市场的冲击。以上因素共同作用，使得人口老龄化对中西部地区劳动力流动水平的影响不显著。

第二，可能由于人口老龄化程度不同对劳动力流动产生不同的影响。因此，按照人口老龄化的中位数进行分组，对不同人口老龄化情况的地区对劳动力流动影响进行异质性分析，具体的分析结果见表4-34。

表4-34　　　　　　　　人口老龄化程度异质性分析

变量	低人口老龄化 lm	高人口老龄化 lm
old	-0.133 (-1.37)	-0.223*** (-3.21)
dopen	0.020 (1.35)	0.020 (1.42)
ti	0.005 (1.29)	0.010 (1.29)
hdl	-0.051 (-0.14)	0.668 (1.02)
tb	-0.064 (-0.91)	-0.442*** (-2.60)
theil	0.001 (0.19)	0.002 (0.64)
Constant	-0.034 (-0.92)	-0.062 (-0.80)
样本量	351	361
R^2	0.239	0.220
Adj R^2	0.170	0.152
控制个体	YES	YES
控制时间	YES	YES
F	1.115	2.673

注：*、**、***分别表示在10%、5%、1%水平上显著，括号内为 t 值。

可以看出，对于低人口老龄化程度的省份而言，人口老龄化程度对劳动力流动影响是不显著的；而对于高人口老龄化程度的省份而言，人口老龄化程度对劳动力流动的影响是在1%显著水平上负向显著的，系数为-0.223。这种差异主要是由于高人口老龄化省份和低人口老龄化省份在经济发展水平、劳动力市场特征及社会资源配置上的不同所导致的。在高人口老龄化省份，由于适龄劳动力数量减少，劳动力供给不足问题更加突出，这不仅影响了劳动力的流动性，还可能加剧劳动力市场的不平衡。同时，高龄人口的增加对社会公共资源的需求较高，资源可能更多地向医疗、养老等领域集中，挤压了与劳动力流动相关的公共服务的投入，进一步限制了劳动力的跨区域流动。而在低人口老龄化省份，适龄劳动力依然充足，劳动力市场活力较强，其流动性更多受到经济机会分布等因素的影响，而非老龄化带来的约束。此外，老龄化程度较低的省份承担的人口抚养压力相对较小，社会资源和政策支持更能够集中于促进劳动力流动的方向，从而抵消了人口老龄化对劳动力流动的不利影响。

第三，人口老龄化根据产业结构合理化的差异而呈现出不同特征，也会产生异质性。因此，按照产业结构合理化的中位数进行分组，对不同产业结构的人口老龄化程度影响劳动力流动进行异质性分析，具体的分析结果见表4-35。

表4-35　　　　　　　　产业结构异质性分析

变量	低产业结构合理化 lm	高产业结构合理化 lm
old	-0.123** (-2.25)	-0.220*** (-2.90)
dopen	0.037 (1.39)	0.023** (2.42)
ti	0.004 (0.83)	0.005 (0.64)
hdl	0.348 (0.67)	0.127 (0.28)
tb	-0.145* (-1.95)	-0.381*** (-2.75)

续表

变量	低产业结构合理化 lm	高产业结构合理化 lm
theil	−0.001 (−0.27)	0.034* (1.89)
Constant	−0.037 (−0.66)	0.009 (0.10)
样本量	356	354
R^2	0.113	0.232
Adj R^2	0.0400	0.166
控制个体	YES	YES
控制时间	YES	YES
F	1.403	2.911

注：*、**、*** 分别表示在10%、5%、1%水平上显著，括号内为 t 值。

可以看出，对于产业结构合理性更高的省份而言，人口老龄化程度对劳动力流动的影响是负向显著的，系数为 −0.220；而对于产业结构没有那么合理的省份而言，人口老龄化程度对劳动力流动的影响也是负向显著的，但系数为 −0.123。这说明产业结构合理性更高的省份劳动力流动受人口老龄化程度的负向影响更大。这种差异可以从产业结构对劳动力需求的特性和人口老龄化对经济运行的影响机制来理解。对于产业结构合理性更高的省份，其经济发展水平通常较高，第三产业和高技术、高附加值产业占比较大。这些产业通常对年轻、高素质劳动力的依赖程度更高，因此，随着人口老龄化加剧，适龄劳动力的减少将导致企业在招募和留住高素质劳动力方面面临更大的压力，从而显著影响劳动力流动性。此外，这些省份的经济活跃程度通常较强，高龄劳动力退出劳动市场带来的负面影响也更为显著，进一步加剧了劳动力市场的不平衡。

相比之下，产业结构不够合理的省份通常以劳动密集型产业或初级产业为主，对劳动力的技能和年龄要求相对较低，老龄化对劳动力市场的冲击较小。而且，这些省份的经济发展水平相对较低，大量适龄劳动力可能早已外流，劳动力流动性更多受到收入水平和外部就业机会的驱动，而非直接受老龄化程度的显著影响。因此，在这些省份，尽管人口老龄化对劳动力流动仍然具有负向影响，但其程度较轻。

第四，人口老龄化根据人力资本水平的差异而呈现出不同特征，也会产生异质性。因此，按照人力资本水平的中位数进行分组，对不同人力资本水平的地区人口老龄化程度影响劳动力流动进行异质性分析，具体的分析结果见表4-36。

表4-36　　　　　　　人力资本水平异质性分析

变量	低人力资本水平 lm	高人力资本水平 lm
old	-0.145** (-1.99)	-0.245** (-2.14)
dopen	0.026 (1.24)	0.024* (1.66)
ti	0.008 (1.47)	0.015 (1.21)
hdl	0.554 (0.88)	0.647 (1.17)
tb	-0.024 (-0.27)	-0.414** (-2.36)
theil	-0.002 (-1.37)	-0.011 (-0.72)
Constant	-0.083 (-1.44)	-0.123 (-0.92)
样本量	353	360
R^2	0.229	0.310
Adj R^2	0.104	0.198
控制个体	YES	YES
控制时间	YES	YES
F	1.201	2.727

注：*、**、***分别表示在10%、5%、1%水平上显著，括号内为t值。

可以看出，对于人力资本水平更高的省份而言，人口老龄化程度对劳动力流动的影响是负向显著的，系数为 -0.245；而对于人力资本水平较低的省份而言，人口老龄化程度对劳动力流动的影响也是负向显著的，但系数为 -0.145。这说明人力资本水平更高的省份劳动力流动受人口老龄化程度的负向影响更大，其原因可以从以下几方面展开分析。

技能要求导致劳动力匹配困难加剧。高人力资本省份的产业结构以知识密集型和技术密集型行业为主，对劳动力技能的要求更高。然而，随着人口老龄化程度的加深，这些地区的劳动力市场活力减弱，老龄化人口占比较高导致高技能劳动力供给不足，同时人口老龄化还降低了整体劳动力参与的动态性。这使得劳动力的地区流动、产业流动和职业流动均因老龄化干扰而面临更高的技能要求与匹配难度，从而显著抑制了整体劳动力的流动性。

劳动力流动成本更高。人力资本水平较高的省份通常经济发达，生活成本（如房价、教育、医疗等）较高，而老龄化程度的加深可能进一步提高这些地区的社会经济成本，如养老保障负担增加等。这一状况使得外来劳动力流入的经济压力更大，导致地区之间的劳动力流动动力减弱。此外，这些地区通常对劳动力技能的要求更高，而职业/产业转移的学习成本、再培训成本等进一步加重了劳动力流动的负担，抑制人力资本高地区的劳动力动态调整。

老龄化加剧行业和职业内部流动阻力。高人力资本地区的劳动力市场结构中，高附加值行业和高技能职业占比较高。然而，老龄化加剧后，这些行业及岗位的替代性较低，尤其是部分高技能岗位的经验与知识积累往往需要较长时间，这使得产业内、职业间的流动更加困难。相比之下，人力资本水平较低的省份，其产业和职业层次的多样性较低，技能要求相对较低，行业和职业之间的流动灵活性相对更高。

老龄化削弱劳动力市场活力。在人力资本水平较高的省份，人口老龄化对整体社会生产活力和劳动力市场的动态性打击更大，原因在于这些地区的劳动力市场对高效、高技能的群体依赖性更强。老龄化的加剧降低了劳动力流动性及再就业能力。

第五，人口老龄化根据交通基础设施水平的差异而呈现出不同特征，也会产生异质性。因此，按照交通基础设施水平的中位数进行分组，对不同交通基础设施水平的地区人口老龄化程度影响劳动力流动进行异质性分析，具体的分析结果见表 4-37。

表 4-37　　　　　　　　交通基础设施水平异质性分析表

变量	低交通基础设施水平 lm	高交通基础设施水平 lm
old	-0.270*** (-2.60)	-0.166** (-2.22)
dopen	0.025* (1.71)	0.024 (1.32)
ti	0.017** (2.28)	0.013* (1.87)
hdl	0.917 (1.30)	0.123 (0.15)
tb	-0.219* (-1.78)	-0.082 (-0.64)
theil	-0.009 (-1.33)	-0.003 (-1.60)
Constant	-0.157* (-1.94)	-0.137* (-1.78)
样本量	358	352
R^2	0.301	0.210
Adj R^2	0.195	0.0908
控制个体	YES	YES
控制时间	YES	YES
F	3.164	1.337

注：*、**、*** 分别表示在 10%、5%、1% 水平上显著，括号内为 t 值。

可以看出，对于交通基础设施水平更高的省份而言，人口老龄化程度对劳动力流动的影响是负向显著的，系数为 -0.166；而对于交通基础设施水平较低的省份而言，人口老龄化程度对劳动力流动的影响也是负向显著的，但系数为 -0.270。这说明交通基础设施水平更低的省份劳动力流动受人口老龄化程度的负向影响更大，其原因主要可以从以下几个方面分析。

交通基础设施不足限制了跨地区流动能力。交通基础设施水平较低的省份由于交通网络覆盖不足、运输效率较低和出行成本较高，使得劳动力在地区之间流动的成本和难度大幅增加。随着人口老龄化程度的加深，这些问题被进一步放大。一方面，老龄化导致劳动力总量下降和流动需求减弱；另一方面，交通瓶颈阻碍了跨地区的就业机会匹配，加剧了人口老龄化对地区劳动力市场活力的负面影响。

老龄化限制对新基础设施投资的资源分配。在交通基础设施水平较低的省份，原本基础设施建设投入不足，而人口老龄化进一步分散了政府的财政资源，更多地用于养老、医疗等领域，导致基础设施建设投入受到抑制。这种资源分配的约束不仅无法改善现有的交通条件，还会强化劳动力低流动性的局面，形成恶性循环，进一步加剧人口老龄化对劳动力流动的负面影响。

区域经济一体化程度低削弱互补效应。交通基础设施较差的省份通常区域经济联系较弱，与周边发达地区的产业分工和人力资本交换不足。本地劳动力市场与发达地区劳动力供需之间缺乏有效联系，导致老龄化背景下劳动力的流动性进一步受阻。这种低经济一体化所带来的负面作用，在人口老龄化加深时变得更为显著。

4.3.10 稳健性和内生性

1. 替换核心解释变量

为了进一步检验上述结论的稳健性，将65岁以上人口数占总人口数的比重作为核心解释变量，再次进行基准回归，检验结果见表4-38。结果显示，尽管人口老龄化程度的测算方法发生改变，但其系数的方向和显著性均未发生改变，表明人口老龄化程度对劳动力流动的抑制作用并未受人口老龄化程度测算方法的影响。

表4-38　　　　　交通基础设施水平异质性分析

变量	(1) lm	(2) lm
old	-0.140** (-2.50)	-0.299*** (-3.32)

续表

变量	(1) lm	(2) lm
Constant	0.015*** (2.92)	-0.048 (-1.10)
样本量	713	713
R^2	0.143	0.183
Adj R^2	0.104	0.139
控制个体	YES	YES
控制时间	YES	YES
控制变量	NO	YES
F	6.240	3.102

注：*、**、***分别表示在10%、5%、1%水平上显著，括号内为t值。

2. 动态回归分析

避免内生性问题对模型结果造成干扰，考虑到劳动力流动可能受到过去劳动力流动的影响，使结果产生偏差。在原模型基础上引入劳动力流动的滞后项，将过去劳动力流动产生的影响考虑在内，使用差分GMM进行动态回归分析，见表4-39。

表4-39　　　　　　　　差分GMM输出结果

变量	lm
lm L1	-0.210** (-2.35)
old	-0.717*** (-3.93)
dopen	0.013 (0.91)
ti	-0.008 (-0.33)

续表

变量	lm
hdl	3.083 (2.24)
tb	-0.481*** (-2.78)
theil	-0.006 (-0.76)
样本量	713
AR（1）	0.000
AR（2）	0.123
Hansen（p值）	1.000

注：*、**、***分别表示在10%、5%、1%水平上显著，括号内为t值。

结果表明，历史劳动力流动对当期劳动力流动有抑制作用。随着人口老龄化的加剧，劳动力供给逐渐减少，这可能导致劳动力市场出现供不应求的情况。在这种情况下，之前的劳动力流动可能会对现在的劳动力流动产生负向影响。人口老龄化程度与劳动力流动之间存在负向效应，结果与基准回归一致，表明上述结论的稳健性。

4.3.11 小结

第一，总体来看，人口老龄化在1%显著水平上对劳动力流动产生负向影响。随着老龄化程度的加深，老年人口比例不断上升，劳动年龄人口比重下降，能够参与流动的劳动力数量随之减少，削弱了劳动力市场的流动性。同时，延迟退休政策的实施使劳动力市场变得更加刚性，老年劳动力的就业稳定性较高，进一步削弱了劳动力市场的流动性。

第二，从地区差异来看，人口老龄化对东部地区的劳动力流动抑制作用最为显著，而对中西部地区的影响则不显著。这主要是因为随着人口老龄化程度的加深，部分高龄劳动力退出劳动市场或减少劳动参与，东部地区本身适龄劳动力的供给逐渐减少，而老龄化也抑制了西部和中部地区劳动力向东部地区的流动速度，从而加剧了东部地区劳动力供给端的紧张状况。

第三，从产业结构的角度来看，第三产业和高技术、高附加值产业占比较大的地区对年轻和高素质劳动力的依赖程度更高，更易受到老龄化的影响。人口老龄化导致适龄劳动力减少，企业在招募和留住高素质劳动力方面面临更大的压力，从而显著影响劳动力流动性。

第四，在人力资本水平较高的省份，人口老龄化显著抑制了劳动力流动性，主要表现为技能匹配难度加剧、流动成本提高以及行业和职业内部流动阻力增强。这些地区以知识密集型和技术密集型产业为主，对高技能劳动力需求旺盛，但老龄化导致高技能劳动力供给不足，同时降低了劳动力市场的动态性。此外，高生活成本和养老保障负担增加进一步提高了外来劳动力的流入门槛，而职业转移和再培训的高成本也加剧了流动负担。老龄化还削弱了高附加值行业和高技能岗位的流动性，因这些岗位的替代性较低且对经验积累要求较高，进一步限制了劳动力市场的活力与调整能力。

第五，从交通基础设施水平的角度来看，交通基础设施水平较低的省份劳动力流动性受人口老龄化的负向影响更为显著。交通基础设施水平较低的省份由于网络覆盖不足、运输效率低和出行成本高，显著限制了劳动力跨地区流动的能力，老龄化加剧后问题更为突出。这些地区老龄化导致财政资源更多被分配至养老、医疗领域，抑制了对交通基础设施的投资，形成恶性循环，进一步加大了流动成本和难度。此外，区域经济一体化程度低削弱了劳动力市场的互补效应，阻碍与发达地区的产业分工和人力资本交换，在老龄化背景下更加显著限制了劳动力流动性。

综上所述，人口老龄化对劳动力流动的影响具有显著的负向作用，但其影响程度因地区、产业结构、人力资本水平及交通基础设施水平的差异而表现出明显的异质性。这表明，缓解人口老龄化对劳动力流动的负面影响需要结合区域特点，制定针对性政策，以优化劳动力市场的流动性和资源配置效率。

4.4 本章小结

本章围绕人口老龄化对劳动力市场的多维度影响进行了实证分析，分别从劳动力供给、劳动生产率和劳动力流动三个方面展开研究，揭示了人口老龄化在不同区域和经济条件下的差异化影响及其内在机制。

首先,从劳动力供给的角度来看,人口老龄化显著抑制了劳动力供给的规模和质量。劳动年龄人口的持续减少与劳动力参与率的下降叠加,尤其在中部地区、低城镇化水平和低对外开放水平的省份表现尤为突出,导致这些地区面临劳动力供给端"断崖式"下滑的风险。相比之下,高经济发展水平和高产业结构的省份虽然面临同样的劳动力减少问题,但其多元化的产业结构在一定程度上缓解了老龄化的冲击。

其次,从劳动生产率的角度来看,人口老龄化通过劳动力供给短缺、社会资源分配不均和技能断层等显著抑制了劳动生产率的提升。尤其在以技术密集型和知识密集型产业为主的地区,劳动生产率增长率因高技能劳动力供给不足、技术迭代受阻而受到更大的负向影响;而在劳动密集型产业占主导的西部地区,劳动生产率的增长更容易受到老龄劳动力体力和精力不足的限制。

最后,从劳动力流动的角度来看,人口老龄化显著降低了劳动力市场的流动性,且这种影响因地区、产业结构、人力资本水平和交通基础设施水平的差异而具有显著的异质性。东部地区因生活成本高、养老负担重,劳动力流入动力显著削弱;人力资本水平较高的省份因技能匹配难度加大、流动成本上升,劳动力市场的动态性进一步下降;而交通基础设施薄弱的地区则因流动成本高、区域经济联系弱,劳动力流动性受阻。

综上所述,本章通过实证分析揭示了人口老龄化对劳动力供给、劳动生产率和劳动力流动的负向影响及其区域异质性特征。这些影响机制相互交织、循环作用,凸显了老龄化对劳动力市场的系统性冲击。未来,应结合区域特点和经济条件,制定针对性政策,通过优化产业结构、提升劳动生产率、改善交通基础设施和推动劳动力市场灵活性等手段,缓解人口老龄化对中国劳动力市场的深远影响,助力高质量经济发展。

第5章　老龄化背景下中国劳动力市场发展平衡情况的实证分析

本章聚焦于老龄化背景下中国劳动力市场的发展平衡问题，围绕劳动力供需动态变化深入展开实证分析。本章旨在为劳动力市场供需再平衡和政策优化提供理论依据和量化工具，从而助力应对老龄化挑战。

5.1　中国劳动力市场平衡指数的构建

为进一步探究中国劳动力市场不平衡的程度，本章构建劳动力市场平衡指数。

5.1.1　指标的选取

本章遵循科学性、系统性、可比性等基本原则，设计研究的评价指标体系。对中国劳动力市场平衡指数的测度涉及三个层级。

第一层级为中国劳动力市场发展平衡水平。这反映了劳动力市场的整体发展情况以及中国目前劳动力市场的不平衡程度。

第二层级共有3个指标，即劳动力供给发展指数、劳动力需求发展指数和劳动力效益发展指数。这3个指标的作用各有不同，劳动力供给发展指数，衡量一个国家或地区劳动力供给状况的综合指标；劳动力需求发展指数，反映就业和失业现象的变化趋势、影响因素以及不同人群的就业状况；劳动力效益发展指数，反映劳动力的生产能力和收益情况。

第三层级共有8个指标（见表5-1）。劳动力供给发展指数指标下设2个三级指标,即可参与劳动人口数和流动人口数;劳动力需求发展指数指标下设3个三级指标,即从业人员数、城镇登记失业人员数和就业人口受教育年限;劳动力效益发展指数指标下设3个三级指标,即城乡收入比、城镇单位就业人员平均工资和劳动生产率。

表 5−1　　　　中国劳动力市场发展平衡水平测度指标体系

一级指标	二级指标	三级指标	符号	指标性质
中国劳动力市场发展平衡水平	劳动力供给发展指数	可参与劳动人口数	X_1	正向
		流动人口数	X_2	正向
	劳动力需求发展指数	从业人员数	X_3	正向
		城镇登记失业人员数	X_4	负向
		就业人口受教育年限	X_5	正向
	劳动力效益发展指数	城乡收入比	X_6	负向
		城镇单位就业人员平均工资	X_7	正向
		劳动生产率	X_8	正向

5.1.2　数据来源

在综合评价指标体系各项指标的完整性和可获取性的基础上,选取了2001—2022年为样本区间,选取中国31个省级行政区（不包括港澳台地区）面板数据作为样本,采用插值方法对缺失值进行补充,并对其进行汇总、整理,最后得出面板数据。为了深入研究中国东部、中部和西部地区的劳动力市场发展平衡情况,根据国家统计局官网数据,其划分结果如下:东部地区包括北京、天津、河北、辽宁、上海、江苏、浙江、福建、山东、广东、海南;中部地区包括山西、吉林、黑龙江、安徽、江西、河南、湖北、湖南;西部地区则包括内蒙古、广西、重庆、四川、贵州、云南、陕西、甘肃、青海、宁夏、新疆、西藏。[①]

[①]《中国统计年鉴》《中国劳动统计年鉴》《中国人口和就业统计年鉴》和各地方统计年鉴以及国家、各地方统计局网站。

5.1.3 指标的解释

可参与劳动人口数（X_1），用15~64岁人口数衡量。反映了一定时期内社会上可参与劳动的劳动力的数量，体现了中国劳动力供给数量。该指标为正向指标。

流动人口数（X_2），用年末人口数减年初人口数，再减去年初人口数和人口自然增长率的乘积来表示。反映了劳动力在不同地区之间移动和流动的程度。较高的流动性和灵活性可能有助于劳动力市场更快地实现供需平衡，所以该指标为正向指标。

从业人员数（X_3），指年满16周岁，为取得报酬或经营利润，在调查参考周内从事了1小时（含1小时）以上劳动的人员以及在调查周内暂时或临时未工作的人员。反映了中国劳动力需求数量。该指标为正向指标。

城镇登记失业人员数（X_4），指劳动年龄内，有劳动能力，有就业要求，处于无业状态，并在公共就业和人才服务机构进行失业登记的城镇常住人员，反映了中国劳动力失业状况，较高的失业人口数可能表明市场不平衡，因此该指标为负向指标。

就业人口受教育年限（X_5），计算公式为：小学学历从业人数占总从业人数的比重×6+初中学历从业人数占总从业人数的比重×9+高中和中专学历从业人数占总从业人数的比重×12+大学专科学历从业人数占总从业人数的比重×15+大学本科学历从业人数占总从业人数的比重×16+研究生学历从业人数占总从业人数的比重×19。反映了就业人口在接受教育方面所花费的时间长度和受教育程度。该指标为正向指标。

城乡收入比（X_6），用城镇居民可支配收入与农村居民可支配收入之比进行衡量。反映了各省的城乡收入差距，过大的收入差距意味着劳动力市场不平衡。该指标为负向指标。

城镇单位就业人员平均工资（X_7），指单位就业人员在一定时期内平均每人所得的工资额。它表明一定时期工资收入的高低程度，反映了就业人员工资水平。该指标为正向指标。

劳动生产率（X_8），用各地区实际GDP与就业人员总数的比值来衡量。反映劳动力在一定时期内创造劳动成果的效率，较高的劳动生产率表明劳动力市场发展较为平衡。该指标为正向指标。

5.2 中国劳动力市场平衡指数指标的计算

5.2.1 指标测度方法

权重是根据各指标对评级体系影响的重要性确定的量化值。由于不同评估形式在整体评估体系中的数值衡量影响各不相同,为了确保评估的客观性,科学合理地确定每个评估指标的权重显得尤为重要,这也是实现评估体系公平性和科学性的关键。本章采用熵值法进行权重的确定。

第一步,由于选择的指标有的是没有处理过的数据,有的则是两个数据的比值,导致指标之间因单位和数量级的不同而不能进行计算,所以首先需要根据公式对不同类型的数据进行标准化处理。

研究设计由 m 个测试单元和 n 个评级组成,以反映测试的质量。正向指标采用以下公式进行处理:

$$X'_{ij} = \frac{X_{ij} - \min X_j}{\max X_j - \min X_j}$$

负向指标采用以下公式进行处理:

$$X'_{ij} = \frac{\min X_j - X_{ij}}{\max X_j - \min X_j}$$

其中,$\max X_j$ 是指年份指标的最大值,$\min X_j$ 是指年份指标的最小值。

第二步,计算第 i 年 j 项指标的权重,用 P_{ij} 来表示:

$$P_{ij} = \frac{X'_{ij}}{\sum_{i=1}^{m} X'_{ij}}$$

第三步,计算指标的信息熵,用 e_j 表示:

$$e_j = -\frac{1}{\ln m} \sum_{i=1}^{m} w_{ij} \ln w_{ij}$$

其中,m 为评价年度,计算信息熵冗余度,用 d_j 表示:

$$d_j = 1 - e_j$$

对于第 j 项指标，指标值 X_{ij} 的差异越大，对该测算单元影响越大，熵值就越小。

第四步，根据信息熵冗余度计算出权重，用 W_j 表示：

$$W_j = \frac{d_j}{\sum_{j=1}^{n} d_j}$$

第五步，计算综合评价得分：

$$s_i = \sum_{i=1}^{n} W_j \times P_{ij}, i = 1, 2, \cdots, m$$

5.2.2 劳动力市场发展平衡水平测度结果

利用熵值法进行计算，得出劳动力供给发展指数的权重是 0.471，劳动力需求发展指数的权重是 0.192，劳动力效益发展指数的权重是 0.337，三级指标的权重见表 5-2。

表 5-2　　　　　中国劳动力市场发展平衡水平指标权重

一级指标	二级指标	三级指标	权重	
中国劳动力市场发展平衡水平	劳动力供给发展指数	参与劳动人口数	0.128	0.471
		流动人口数	0.343	
	劳动力需求发展指数	从业人员数	0.149	0.192
		城镇登记失业人员数	0.025	
		就业人口受教育年限	0.018	
	劳动力效益发展指数	城乡收入比	0.011	0.337
		城镇单位就业人员平均工资	0.164	
		劳动生产率	0.162	

表 5-3 是通过熵值法计算得出的 2001—2022 年各省劳动力市场发展平衡水平情况。总体而言，中国绝大部分地区的劳动力市场发展平衡水平都在 0.5 以下，呈现出先上升后下降的趋势，且各省的劳动力市场发展平衡水平存在较大差异，表明中国劳动力市场存在不平衡现象。

表 5–3　2001—2022 年各省劳动力市场发展平衡水平

省份	2001年	2002年	2003年	2004年	2005年	2006年	2007年	2008年	2009年	2010年	2011年
北京	0.191	0.259	0.251	0.262	0.295	0.388	0.428	0.514	0.496	0.538	0.425
天津	0.094	0.100	0.110	0.151	0.180	0.234	0.284	0.369	0.344	0.431	0.332
河北	0.213	0.186	0.191	0.195	0.194	0.220	0.208	0.216	0.223	0.570	0.271
山西	0.115	0.107	0.112	0.115	0.118	0.129	0.133	0.138	0.142	0.492	0.270
内蒙古	0.100	0.113	0.114	0.104	0.108	0.124	0.134	0.147	0.155	0.166	0.198
辽宁	0.140	0.138	0.138	0.146	0.139	0.326	0.241	0.218	0.262	0.310	0.216
吉林	0.098	0.100	0.102	0.102	0.103	0.113	0.118	0.125	0.130	0.139	0.236
黑龙江	0.143	0.142	0.141	0.144	0.154	0.161	0.173	0.175	0.178	0.164	0.375
上海	0.360	0.307	0.351	0.413	0.361	0.449	0.541	0.484	0.463	0.582	0.444
江苏	0.267	0.333	0.361	0.410	0.406	0.441	0.439	0.342	0.378	0.426	0.641
浙江	0.279	0.275	0.419	0.345	0.343	0.413	0.433	0.344	0.377	0.583	0.586
安徽	0.189	0.250	0.241	0.283	0.515	0.371	0.306	0.280	0.368	0.554	0.308
福建	0.179	0.169	0.152	0.158	0.165	0.170	0.176	0.178	0.187	0.199	0.453
江西	0.129	0.126	0.136	0.140	0.153	0.160	0.163	0.157	0.164	0.176	0.253
山东	0.249	0.252	0.255	0.261	0.310	0.317	0.319	0.286	0.290	0.554	0.418
河南	0.250	0.250	0.252	0.257	0.599	0.410	0.573	0.365	0.326	0.631	0.314
湖北	0.172	0.168	0.167	0.173	0.174	0.311	0.218	0.191	0.228	0.261	0.235
湖南	0.179	0.184	0.186	0.189	0.524	0.255	0.273	0.236	0.255	0.560	0.347
广东	0.233	0.358	0.403	0.525	0.329	0.626	0.638	0.649	0.660	0.680	0.695
广西	0.138	0.141	0.142	0.156	0.486	0.230	0.197	0.188	0.172	0.515	0.208
海南	0.064	0.065	0.068	0.069	0.080	0.079	0.087	0.091	0.099	0.110	0.158
重庆	0.210	0.197	0.177	0.174	0.122	0.116	0.136	0.179	0.175	0.217	0.347
四川	0.559	0.465	0.378	0.570	0.558	0.480	0.485	0.272	0.341	0.597	0.274
贵州	0.111	0.123	0.121	0.118	0.458	0.372	0.443	0.364	0.459	0.461	0.248
云南	0.125	0.128	0.128	0.133	0.134	0.152	0.149	0.156	0.160	0.171	0.218
西藏	0.018	0.038	0.015	0.043	0.022	0.042	0.051	0.049	0.080	0.087	0.116
陕西	0.133	0.135	0.138	0.144	0.140	0.152	0.157	0.161	0.169	0.177	0.227
甘肃	0.129	0.119	0.130	0.138	0.136	0.154	0.165	0.163	0.164	0.159	0.215
青海	0.049	0.050	0.054	0.056	0.060	0.067	0.074	0.087	0.087	0.091	0.097
宁夏	0.063	0.064	0.063	0.065	0.068	0.076	0.076	0.089	0.088	0.100	0.133
新疆	0.105	0.118	0.120	0.121	0.189	0.171	0.187	0.161	0.139	0.139	0.198

续表

省份	2012年	2013年	2014年	2015年	2016年	2017年	2018年	2019年	2020年	2021年	2022年
北京	0.399	0.385	0.391	0.305	0.283	0.324	0.338	0.359	0.365	0.370	0.396
天津	0.325	0.320	0.281	0.267	0.244	0.387	0.364	0.265	0.273	0.330	0.321
河北	0.305	0.316	0.308	0.325	0.314	0.322	0.344	0.331	0.284	0.334	0.357
山西	0.285	0.290	0.266	0.269	0.261	0.275	0.280	0.261	0.241	0.245	0.235
内蒙古	0.223	0.239	0.236	0.243	0.241	0.247	0.276	0.273	0.293	0.236	0.273
辽宁	0.212	0.248	0.245	0.286	0.259	0.278	0.299	0.283	0.288	0.287	0.304
吉林	0.254	0.271	0.261	0.277	0.343	0.333	0.345	0.318	0.350	0.259	0.268
黑龙江	0.409	0.408	0.416	0.481	0.438	0.438	0.471	0.479	0.483	0.342	0.272
上海	0.392	0.440	0.336	0.361	0.321	0.361	0.363	0.366	0.398	0.401	0.460
江苏	0.602	0.517	0.590	0.403	0.512	0.432	0.382	0.402	0.417	0.549	0.506
浙江	0.592	0.539	0.563	0.526	0.488	0.525	0.575	0.594	0.621	0.605	0.505
安徽	0.364	0.353	0.368	0.355	0.333	0.358	0.349	0.357	0.291	0.313	0.367
福建	0.319	0.289	0.340	0.261	0.242	0.301	0.303	0.295	0.323	0.362	0.312
江西	0.298	0.298	0.292	0.294	0.284	0.283	0.337	0.329	0.288	0.274	0.283
山东	0.336	0.367	0.370	0.340	0.346	0.507	0.419	0.417	0.545	0.395	0.406
河南	0.368	0.330	0.356	0.302	0.368	0.338	0.367	0.338	0.392	0.569	0.370
湖北	0.245	0.270	0.274	0.262	0.270	0.308	0.319	0.332	0.610	0.628	0.388
湖南	0.360	0.363	0.368	0.403	0.383	0.388	0.392	0.339	0.283	0.348	0.308
广东	0.706	0.714	0.726	0.740	0.751	0.765	0.780	0.609	0.672	0.481	0.748
广西	0.185	0.184	0.195	0.209	0.235	0.237	0.219	0.227	0.277	0.250	0.251
海南	0.159	0.128	0.157	0.137	0.154	0.172	0.162	0.187	0.216	0.197	0.205
重庆	0.239	0.272	0.265	0.253	0.303	0.297	0.255	0.294	0.303	0.270	0.290
四川	0.272	0.268	0.284	0.392	0.385	0.304	0.307	0.311	0.349	0.385	0.423
贵州	0.277	0.244	0.251	0.204	0.273	0.252	0.219	0.198	0.260	0.302	0.246
云南	0.248	0.257	0.255	0.274	0.271	0.278	0.309	0.309	0.275	0.388	0.261
西藏	0.105	0.107	0.124	0.142	0.168	0.171	0.165	0.178	0.176	0.200	0.220
陕西	0.199	0.186	0.214	0.205	0.237	0.245	0.249	0.234	0.229	0.243	0.253
甘肃	0.199	0.249	0.228	0.243	0.227	0.214	0.240	0.235	0.234	0.241	0.200
青海	0.109	0.127	0.117	0.136	0.129	0.140	0.162	0.161	0.172	0.186	0.194
宁夏	0.124	0.114	0.138	0.124	0.147	0.150	0.145	0.156	0.164	0.172	0.181
新疆	0.156	0.177	0.208	0.295	0.233	0.269	0.280	0.305	0.297	0.219	0.234

5.2.3 劳动力市场发展平衡水平分析

1. 从年份角度分析中国劳动力市场发展平衡水平

2001—2022 年，中国劳动力市场发展平衡水平的平均值呈现"先上升后下降"的趋势（见表 5-4）。具体来看，平衡水平由 2001 年的 0.170 逐步上升至 2010 年的最高点 0.350，但随后出现回落，2022 年降至 0.324。同时，劳动力市场发展平衡水平的标准差不断扩大，表明区域间劳动力市场的不协调与不均衡现象日益加剧。

这一趋势可能与中国经济的快速产业化和城镇化进程密切相关。在初期，大量农村劳动力涌入城市，从事低技能的制造业工作，推动了劳动力市场的平衡水平提升。然而，随着经济结构调整和产业升级，传统产业逐步衰退，而新兴产业和服务业对劳动力的需求增加，导致劳动力市场供需出现错配。这种结构性变化可能是近年来劳动力市场平衡水平下降的重要原因。

表 5-4　　2001—2022 年劳动力市场发展平衡水平描述统计

年份	样本量	平均值	标准差	最小值	最大值
2001	31	0.170	0.104	0.018	0.559
2002	31	0.176	0.099	0.038	0.465
2003	31	0.181	0.106	0.015	0.419
2004	31	0.199	0.132	0.043	0.570
2005	31	0.246	0.167	0.022	0.599
2006	31	0.249	0.147	0.042	0.626
2007	31	0.258	0.161	0.051	0.638
2008	31	0.238	0.137	0.049	0.649
2009	31	0.250	0.140	0.080	0.660
2010	31	0.350	0.203	0.087	0.680
2011	31	0.305	0.145	0.097	0.695
2012	31	0.299	0.140	0.105	0.706

续表

年份	样本量	平均值	标准差	最小值	最大值
2013	31	0.299	0.131	0.107	0.714
2014	31	0.304	0.134	0.117	0.726
2015	31	0.300	0.125	0.124	0.740
2016	31	0.305	0.123	0.129	0.751
2017	31	0.319	0.124	0.140	0.765
2018	31	0.323	0.126	0.145	0.780
2019	31	0.314	0.107	0.156	0.609
2020	31	0.334	0.130	0.164	0.672
2021	31	0.335	0.123	0.172	0.628
2022	31	0.324	0.118	0.181	0.748

2. 从区域角度分析中国劳动力市场发展平衡水平

2001—2022年，东部地区的劳动力市场发展平衡水平平均值整体最高，中部地区次之，西部地区最低（见表5-5）。然而，三大区域的平衡水平变化趋势存在显著差异：东部和中部地区总体呈现"先上升后下降"的趋势，而西部地区则基本保持上升趋势。其具体原因可以从以下几个方面进行分析。

（1）东部地区作为经济最发达的区域，其劳动力市场较早完成了从传统制造业向服务业和高科技产业的转型。在这一过程中，服务业和高科技产业的发展提升了对技能型和知识型劳动力的需求，推动了劳动力市场发展平衡水平的上升。然而，随着经济增长放缓或达到一定阶段后，供需失衡加剧，劳动力市场平衡水平开始下降。此外，东部地区人口流动性和城市化程度较高，供需关系波动较大，进一步影响了劳动力市场的稳定性。

（2）中部地区因其多样化的产业结构，包括传统制造业、农业、服务业和新兴产业，劳动力市场具有较强的灵活性，能够适应不同行业的需求，这在早期推动了劳动力市场平衡水平的上升。然而，随着技术进步和自动化水平的提高，一些传统劳动密集型产业减少了对人力的需求，导致劳动力市场平衡水平出现下降趋势。

（3）西部地区作为经济相对欠发达的区域，在国家政策的大力支持下，近年来经历了快速的经济发展和产业转型升级。基础设施建设和产业投资的增加显著推动了劳动力市场平衡水平的持续上升。此外，由于西部地区人口流动性和城市化程度相对较低，劳动力市场供需关系较为稳定，这种稳定性有助于平衡水平的逐步提升。然而，西部地区的整体平衡水平仍低于全国平均水平。

综上所述，东部、中部和西部地区劳动力市场发展平衡水平的差异反映了区域经济发展阶段、产业结构和人口流动特征的不同。未来，针对各区域特点实施差异化政策，将有助于进一步优化劳动力市场的平衡发展。

表5-5　　　　2001—2022年各地区劳动力市场发展平衡水平测度

年份	东部	中部	西部
2001	0.206	0.159	0.145
2002	0.222	0.166	0.141
2003	0.245	0.167	0.132
2004	0.267	0.175	0.152
2005	0.255	0.292	0.207
2006	0.333	0.239	0.178
2007	0.345	0.245	0.188
2008	0.336	0.208	0.168
2009	0.344	0.224	0.183
2010	0.453	0.372	0.240
2011	0.422	0.292	0.207
2012	0.395	0.323	0.195
2013	0.388	0.323	0.202
2014	0.392	0.325	0.210
2015	0.359	0.330	0.227
2016	0.356	0.335	0.237
2017	0.398	0.340	0.234
2018	0.393	0.357	0.235
2019	0.374	0.344	0.240
2020	0.400	0.367	0.253
2021	0.392	0.372	0.258
2022	0.411	0.311	0.252

3. 中国劳动力市场发展平衡水平的综合排序

为了更清晰地描绘各地区劳动力市场发展平衡水平的变动态势，选取2005年、2010年、2015年、2020年和2022年平均值为时间点对31个地区进行综合排序，见表5-6。2001—2022年均值榜单前10名中东部地区占60%，中部地区占30%，西部地区占10%；2001—2022年均值榜单倒数后10名东部地区占10%，中部地区占20%，西部地区占70%。可见，劳动力市场发展平衡水平在区域之间存在巨大差异，具体表现为西部地区劳动力市场发展平衡水平较为落后。从城市群角度来看，2022年均值榜单前10名地区，包含珠三角城市群、长三角城市群、川渝城市群、山东半岛城市群等经济增长极。

表5-6　　　　　　　分地区中国数字经济发展水平排序

地区	2005年	排序	2010年	排序	2015年	排序	2020年	排序	2022年	排序
广东	0.329	10	0.680	1	0.740	1	0.672	1	0.613	1
浙江	0.343	9	0.583	4	0.526	2	0.621	2	0.479	2
江苏	0.406	7	0.426	15	0.403	5	0.417	6	0.443	3
上海	0.361	8	0.582	5	0.361	7	0.398	7	0.407	4
四川	0.558	2	0.597	3	0.392	6	0.349	11	0.394	5
河南	0.599	1	0.631	2	0.302	12	0.392	8	0.378	6
北京	0.295	12	0.538	10	0.305	11	0.365	9	0.362	7
山东	0.310	11	0.554	9	0.340	9	0.545	4	0.362	8
安徽	0.515	4	0.554	8	0.355	8	0.291	16	0.340	9
湖南	0.524	3	0.560	7	0.403	4	0.283	20	0.324	10
黑龙江	0.154	18	0.164	24	0.481	3	0.483	5	0.299	11
河北	0.194	13	0.570	6	0.325	10	0.284	19	0.283	12
湖北	0.174	16	0.261	17	0.262	20	0.610	3	0.282	13
贵州	0.458	6	0.461	13	0.204	27	0.260	24	0.273	14
天津	0.180	15	0.431	14	0.267	19	0.273	23	0.273	15
福建	0.165	17	0.199	19	0.261	21	0.323	12	0.252	16
辽宁	0.139	21	0.310	16	0.286	15	0.288	17	0.239	17

续表

地区	2005年	排序	2010年	排序	2015年	排序	2020年	排序	2022年	排序
重庆	0.122	24	0.217	18	0.253	22	0.303	13	0.231	18
广西	0.486	5	0.515	11	0.209	25	0.277	21	0.229	19
江西	0.153	19	0.176	21	0.294	14	0.288	18	0.228	20
云南	0.134	23	0.171	22	0.274	17	0.275	22	0.217	21
山西	0.118	25	0.492	12	0.269	18	0.241	25	0.217	22
吉林	0.103	27	0.139	26	0.277	16	0.350	10	0.211	23
新疆	0.189	14	0.139	27	0.295	13	0.297	14	0.196	24
内蒙古	0.108	26	0.166	23	0.243	23	0.293	15	0.193	25
陕西	0.140	20	0.177	20	0.205	26	0.229	27	0.192	26
甘肃	0.136	22	0.159	25	0.243	24	0.234	26	0.190	27
海南	0.080	28	0.110	28	0.137	29	0.216	28	0.129	28
宁夏	0.068	29	0.100	29	0.124	31	0.164	31	0.114	29
青海	0.060	30	0.091	30	0.136	30	0.172	30	0.109	30
西藏	0.022	31	0.087	31	0.142	28	0.176	29	0.105	31

（1）东部地区。东部地区的劳动力市场发展平衡水平整体处于全国领先地位，但呈现出"先上升后下降"的趋势。其中，广东省表现尤为突出，其平衡水平在全国名列前茅。这得益于完善的网络基础设施、国家政策扶持，以及深圳和广州等一线城市对高素质人才的强大吸引力。腾讯、华为、大疆等大型科技企业的集聚也为广东省劳动力市场发展提供了重要支撑。

（2）中部地区。中部地区的劳动力市场发展平衡水平差距较小，整体呈现出相对均衡的发展态势。湖北、湖南、安徽、江西和河南等省份凭借其优越的地理位置，在劳动力市场发展中表现较为稳定。例如，安徽和湖北受益于长三角城市群的辐射效应，在人才和资源方面得到一定补充；河南则因其作为全国交通枢纽的地理优势和发达的交通网络，为劳动力市场发展创造了便利条件。

（3）西部地区。西部地区整体发展水平较低，且地区间存在显著的不均衡问题。四川省的劳动力市场发展平衡水平远高于西部其他省份，主要得益于其较强的经济基础和川渝城市群的带动作用。而内蒙古、甘肃、西藏、青海、宁夏和新疆等省份的发展水平相对落后,但整体呈现增长态势。这些地区的劳动力市场发展仍受到经济基础薄弱、产业结构单一和人口流动性不足等因素的制约。

综上所述,劳动力市场发展平衡水平东部地区整体领先,但内部存在一定不均衡;中部地区发展相对均衡,受长三角地区辐射效应影响显著;西部地区虽然整体水平较低,但在国家政策支持下呈现出逐步改善的趋势。未来,应根据区域特点制定差异化政策,进一步促进劳动力市场的协调发展。

5.3 人口老龄化程度对劳动力市场发展平衡水平影响的实证分析

中国劳动力市场存在不平衡的情况,为进一步研究人口老龄化对劳动力市场发展平衡水平的影响,本章选择合适的指标和数据,运用 Stata 16.0 进行实证研究,然后得出结论。

5.3.1 变量说明

为处理异方差问题,经济发展水平取自然对数。主要变量及定义见表 5-7。

表 5-7   主要变量及定义

变量		名称	定义与测度
被解释变量	lmb	劳动力市场发展平衡水平	用熵值法来测度各地区劳动力市场发展平衡水平
解释变量	old	人口老龄化程度	65 岁以上人口数占 15~64 岁人口数比重
控制变量	cnf	社会消费水平	社会消费品零售总额占地区生产总值的比重
	is_{23}	产业结构	第三产业产值占第二产业产值比重
	pgdp	经济发展水平	各省人均实际 GDP
	dop	人口密度	年末常住人口占总人口比重

资料来源:《中国统计年鉴》《中国劳动统计年鉴》《中国人口和就业统计年鉴》和各地方统计年鉴以及国家、各地方统计局网站。

5.3.2 变量选取

1. 被解释变量

被解释变量为中国各省的劳动力市场发展平衡水平（lmb），采用熵值法的方法进行测算。

2. 解释变量

解释变量为中国各省人口老龄化程度，用老年抚养比来衡量。中国人口老龄化程度逐渐加深。

3. 控制变量

劳动力市场发展平衡水平会受到多种影响因素的共同作用，因此，在研究人口老龄化影响各地区劳动力市场发展平衡水平的基准模型中，有必要引入控制变量使模型估计结果更加精准、稳健。参考已有研究，控制变量选取社会消费水平、产业结构、经济发展水平、人口密度。

5.3.3 描述性统计

在进行相关数据检验之前，先对数据的全样本进行一个描述性的统计，结果见表5-8。

表5-8　　　　　　　　　　主要变量描述性统计

变量	样本量	平均值	标准差	最小值	中位数	最大值
lmb	682	0.276	0.143	0.015	0.260	0.780
old	682	0.138	0.041	0.067	0.129	0.288
cnf	682	0.361	0.063	0.183	0.357	0.538
is_{23}	682	0.128	0.129	0.000	0.089	1.000
$pgdp$	682	9.193	0.515	7.898	9.114	10.806
dop	682	0.109	0.163	0.000	0.068	1.000

表5-8为2001—2022年全部样本的劳动力市场发展平衡水平、人口老龄化程度及控制变量的描述性统计结果，汇总了变量的符号、样本量、平均值、标准差、最小值、中位数和最大值。根据统计结果，研究变量的样本容量为682，各变量之间存在一定差异。其中，劳动力市场发展平衡水平的最小值为0.015，最大值为0.780，标准差为0.143，这表明不同地区的劳动力市场发展平衡水平存在显著差异。

这种差异主要源于地区间经济结构、教育水平和技能培训机会的不同。经济发达地区以高端制造业和服务业为主，对劳动力的技能水平要求较高，而欠发达地区以传统劳动密集型产业为主，对劳动力的体力需求更为突出。这种产业结构的差异直接影响了各地区对劳动力的需求量和需求结构，从而导致劳动力市场平衡水平的差异。此外，教育水平和技能培训机会的区域性差异也是影响劳动力市场平衡的重要因素。发达地区通常拥有更高水平的教育资源和更先进的技能培训设施，使得劳动力更具竞争力；而欠发达地区则可能面临教育资源不足或技能短缺的困境，从而加剧了劳动力市场的不平衡。

综上所述，劳动力市场发展平衡水平的区域差异反映了经济发展水平、产业结构及教育资源分布的不均衡。未来需要通过优化教育资源配置、加强技能培训和推动区域经济协调发展，来改善劳动力市场的不平衡状况。

5.3.4 模型设定

本书建立以下计量回归模型来分析人口老龄化程度对劳动力市场发展平衡水平的影响：

$$lmb_{i,t} = \gamma_0 + \gamma_1 old_{i,t} + \gamma_2 Control_{i,t} + \xi_i + \mu_t + \varepsilon_{i,t}$$

其中，i为地区，t为时间，$lmb_{i,t}$代表i省在第t年的收入差距，$old_{i,t}$代表i省在第t年的人口老龄化程度，$Control_{i,t}$代表其他的控制变量。γ_0为方程常数项，γ_1和γ_2分别表示方程中各变量对劳动力市场发展平衡水平的影响系数。另外，模型用ξ_i、μ_t、$\varepsilon_{i,t}$分别代表个体固定效应、时间固定效应和随机误差项。本书将在后面引入社会消费水平、产业结构、经济发展水平和人口密度作为模型的控制变量。

5.3.5 多重共线性检验

考虑到研究模型所用数据可能受到样本限制和变量的共同趋势影响，从而造成多重共线性。为了避免这种情况，在回归分析前，先用方差膨胀因子（VIF）对模型中的解释变量和控制变量分别进行了多重共线性检验，表5-9显示 VIF 均远小于10，因此模型中的变量都不存在多重共线性。

表5-9 变量多重共线性检验

变量	VIF	1/VIF
$pgdp$	2.11	0.472921
dop	1.97	0.506836
is_{23}	1.29	0.772590
old	1.19	0.839305
cnf	1.15	0.871411
Mean VIF	1.54	

5.3.6 固定效应检验

从统计分析的数据结构看，由于混合横截面模型是将所有样本都不加区分综合在一起进行分析和探索，并未从数据上分析变量之间的个体和时间差异，这与研究设计分析个体和时间差异的理念存在一定的偏离，选择面板模型更加适合分析和研究。进一步，在分析面板模型的基础上，有必要对固定效应模型和随机效应模型进行分析和探索，以讨论核心解释变量与控制变量的回归系数是否在个体和时间背景下存在稳定的关系。据此，进一步采用 Hausman 检验对模型进行分析和探索，以具体分析是否选择固定效应模型或者随机效应模型，具体的回归结果见表5-10。

表 5-10　　　　　　随机效应和固定效应选择的 Hausman 检验

原假设	卡方统计量	p 值	结论
选择随机效应模型	69.11	0.0000	拒绝

人口老龄化影响劳动力市场发展平衡水平实证模型 Hausman 检验的卡方值为 69.11，其伴随概率为 0.0000，小于常规 0.05 的水平。这表明人口老龄化对劳动力市场发展平衡水平的影响应该选择双向固定效应模型，而不是采用控制个体和时间的随机效应模型。

5.3.7　人口老龄化对劳动力市场发展平衡水平的影响的实证分析

为分析人口老龄化对劳动力市场发展平衡水平的影响，首先采用随机效应模型对人口老龄化影响地区劳动力市场发展平衡水平的程度进行分析。本书还采用固定效应模型考察人口老龄化对劳动力市场发展平衡水平的具体影响，具体的回归结果见表 5-11。

表 5-11　　　　　　　　　模型回归结果

变量	随机效应模型 lmb	固定效应模型 lmb	固定效应模型 lmb
old	-0.942*** (-5.04)	-0.362* (-1.90)	-0.942*** (-4.52)
cnf	-0.210*** (-2.79)		-0.210*** (-3.01)
is_{23}	0.148** (2.56)		0.148*** (3.23)
$pgdp$	-0.148*** (-4.78)		-0.148*** (-4.74)
dop	-0.831*** (-5.38)		-0.831*** (-6.04)

续表

变量	随机效应模型 lmb	固定效应模型 lmb	固定效应模型 lmb
$Constant$	2.101*** (6.35)	0.326*** (12.43)	1.913*** (6.37)
样本量	682	682	682
R^2	0.4376	0.770	0.789
Adj R^2		0.751	0.771
F		3.627	12.57
控制时间	YES	YES	YES
控制个体	YES	YES	YES

注：*、**、*** 分别表示在10%、5%、1%水平上显著，括号内为 t 值。

实证分析结果显示，双向固定效应模型的调整后拟合优度最高，为 0.789，表明该模型对数据的解释能力最优。以下是对人口老龄化及其他控制变量对劳动力市场发展平衡水平影响的具体分析。

关于人口老龄化对劳动力市场发展平衡水平的影响。当模型未纳入控制变量时，表 5-11 的回归结果显示，人口老龄化的影响系数为 -0.362，在 10% 的水平上显著。这表明，随着人口老龄化程度的加深，地区劳动力市场发展平衡水平显著下降。当加入社会消费水平、产业结构、经济发展水平和人口密度作为控制变量后，人口老龄化的负向影响进一步增强，系数为 -0.942，并在 1% 的水平上显著。这说明，人口老龄化通过多种机制削弱了劳动力市场的平衡水平：老年人口比例上升导致劳动年龄人口减少，劳动力供给不足；低技能岗位因劳动力短缺难以补充，高技能岗位因技能断层难以填补，进一步破坏了劳动力市场的平衡。此外，人口老龄化加剧了养老金、医疗保健等社会福利支出的压力，政府财政负担增加，导致对教育、基础设施和新兴产业发展的投资减少，进一步抑制了劳动力市场的协调发展。

产业结构在 1% 的显著水平上对劳动力市场发展平衡水平有正向影响。产业结构的多元化推动了第三产业的发展，降低了因单一产业衰退或周期性波动带来的失业风险，从而促进了劳动力市场的稳定和平衡。

然而，社会消费水平、经济发展水平和人口密度均在 1% 的显著水平上对劳动力市场发展平衡水平产生负向影响。具体分析如下。

社会消费水平。随着消费水平的上升，企业为满足需求扩大生产，吸引了大量低技能劳动力进入。然而，这些岗位通常缺乏稳定性，当消费需求回落时，失业率上升，引发劳动力市场的剧烈波动。此外，消费需求增长主要集中于劳动密集型产业，这可能挤压高技能制造业的发展，减少对新技术和设备的投资，从而限制了劳动力市场的长期发展潜力。

经济发展水平。经济发展水平的提升通常伴随着产业从劳动密集型向技术密集型转移，对高素质劳动力的需求增加，而对低技能劳动力的需求减少。同时，随着自动化和智能化技术的广泛应用，大量中低技能岗位被人工智能取代，导致就业极化现象，进一步破坏了劳动力市场的平衡。

人口密度。高人口密度地区通常经济发达，吸引了大量资本、企业和资源。然而，随着薪资水平的提升，竞争压力也随之加剧，导致就业岗位相对不足，劳动力需求远小于供给，从而破坏了劳动力市场的平衡。此外，高人口密度可能导致劳动力市场的结构性失衡，例如某些行业或领域的过度拥挤，而其他领域劳动力短缺，这种不均衡进一步降低了劳动力市场的平衡水平。

综上所述，回归分析表明，人口老龄化对劳动力市场发展平衡水平具有显著的负向影响，同时社会消费水平、经济发展水平和人口密度等因素也在一定程度上加剧了劳动力市场的不平衡。相反，产业结构的多元化对劳动力市场平衡水平起到了积极作用。这表明，未来需要针对人口老龄化和区域经济特征，优化产业结构、提升技能培训水平、促进劳动力市场的协调发展，以缓解劳动力市场的不平衡问题。

5.3.8 异质性分析

在基于双向固定效应模型的基础上，进一步对样本进行了深入分析，以探讨在不同子样本条件下，人口老龄化对劳动力市场发展平衡水平的具体影响。为此，根据中国各省份地理位置特征和具体的经济特征，对其进行了分类划分，从而详细分析不同子样本中人口老龄化对劳动力市场发展平衡水平的作用机制和影响程度。

第一，地域位置对人口老龄化影响劳动力市场发展平衡水平具有显著的调节作用。由于各省份在人口规模、经济规模、基础设施水平和财政能力等方面存在显著的区域性差异，这些差异会影响人口老龄化对劳动力市场发展平衡水平的影响程度。因此，将全国 31 个省份划分为东部、中部和西部三个区域，分别对三个区域进行回归分析，以揭示区域间的差异化影响机制。相关回归分析结果见表 5-12。

表 5-12　　　　　　　　　省份地域属性异质性分析

变量	东部 lmb	中部 lmb	西部 lmb
old	-0.621** (-2.01)	-1.488** (-2.07)	-1.421*** (-3.44)
cnf	-0.091 (-0.99)	-0.527*** (-3.95)	-0.085 (-0.73)
is$_{23}$	-0.022 (-0.33)	0.711*** (4.34)	0.197* (1.72)
pgdp	-0.055 (-0.99)	0.128 (1.40)	-0.083 (-1.45)
dop	-0.651*** (-4.23)	-11.587** (-2.29)	2.260 (0.62)
Constant	1.159** (2.00)	0.338 (0.41)	1.065** (2.14)
样本量	242	176	264
R^2	0.856	0.704	0.696
Adj R^2	0.831	0.635	0.646
控制个体	YES	YES	YES
控制时间	YES	YES	YES
F	6.977	9.593	4.081

注：*、**、*** 分别表示在 10%、5%、1% 水平上显著，括号内为 t 值。

实证分析结果显示，各地区的人口老龄化程度对劳动力市场发展平衡水平均产生显著的负向影响，但影响程度存在区域间异质性。东部地区的回归系数为 -0.621，表明老龄化对东部地区劳动力市场平衡的负面影响相对于西部和中部地区较弱，这可能与东部地区经济发达、高端产业比例较高、劳动力市场灵活性较强有关，中高技能岗位的需求一定程度上缓解了老龄化对劳动力市场的冲击。中部与西部地区的回归系数分别为 -1.488 和 -1.421，表明负向影响更显著，老龄化对这些区域的劳动力供给、就业结构和市场平衡水平造成了更大冲击，可能是由于中西部地区经济结构相对单一，劳动密集型产业占比高，同时城市化和生产要素配置效率较低，导致应对劳动力结构变化的能力较弱，这进一步加剧了劳动力市场的不平衡性。

第二，人口老龄化还根据产业结构的差异呈现出不同特征。因此，按照产业结构的中位数进行分组，对不同产业结构的人口老龄化程度影响劳动力市场发展平衡水平进行异质性分析。具体的分析结果见表 5-13。

表 5-13　　　　　　　　　　产业结构异质性分析

变量	低产业结构 lmb	高产业结构 lmb
old	-0.287 (-1.16)	-0.944*** (-3.17)
cnf	-0.343*** (-3.13)	-0.282*** (-2.64)
is_{23}	0.062 (0.29)	0.068 (1.04)
$pgdp$	-0.039 (-0.79)	-0.080 (-1.54)
dop	1.758** (2.45)	-0.621*** (-3.35)
$Constant$	0.643 (1.38)	1.341*** (2.69)
样本量	340	341
R^2	0.788	0.847
Adj R^2	0.748	0.818
控制个体	YES	YES
控制时间	YES	YES
F	5.704	5.244

注：*、**、*** 分别表示在 10%、5%、1% 水平上显著，括号内为 t 值。

研究表明，产业结构的差异显著影响了人口老龄化对劳动力市场发展平衡水平的影响程度。对于产业结构更高的省份，人口老龄化对劳动力市场发展平衡水平的影响显著为负，回归系数为 -0.944；而在产业结构较低的省份，这一影响不显著，系数仅为 -0.287。这种差异反映了不同产业结构对劳动力需求的侧重点和适应能力的差异。高产业结构的省份以知识密集型和技术密集型产业为主，例如现代服务业、高端制造业和高科技产业，这些行业对高技能、年轻化的劳动力依赖度较高。然而，随着人口老龄化程度加深，劳动力市场中年轻、高技能劳动力的供给比例逐步下降，而老年劳动力由于身体素质和技能更新能力的不足，难以胜任技术密集型岗位的需求。这种供需结构的失衡直接破坏了劳动力市场发展的平衡水平。此外，高产业结构对技术创新依赖较大，而创新能力的下降可能会进一步削弱产业竞争力，并对劳动力市场的整体稳定性产生更大的负面影响。相比之下，产业结构较低的省份通常依赖于传统制造业、农业和其他劳动密集型产业。这些行业对劳动力的技术水平要求较低，多集中于基础体力劳动，因此更容易吸纳老年劳动力，减缓了劳动力供给不足带来的冲击。而且，这些产业变化较少，对劳动力市场动态需求的敏感性较低，即便是人口老龄化，整体就业结构的变动幅度相对较小，导致老龄化对劳动力市场平衡的负面影响不显著。同时，由于这些省份的经济发展和产业转型较为缓慢，劳动力市场的灵活性与市场压力也较低，这进一步削弱了老龄化负面效应的显现。此外，产业结构较高的省份通常处于经济和技术发展前沿，劳动力市场对高质量工作岗位的竞争更为激烈，而教育、职业技能培训等资源分布的不平衡可能加剧地区间的技能断层，进一步放大老龄化引发的劳动力供需矛盾。而产业结构较低的省份普遍集中在经济欠发达地区，虽然经济基础相对薄弱，但因其对劳动力的整体需求层次较低，加之在一定程度上适应了老龄化社会较高年龄层劳动力再就业的需求，降低了老龄化的负面冲击。

第三，人口老龄化根据社会消费水平的差异而呈现出不同特征，也会产生异质性。因此，按照社会消费水平的中位数进行分组，对不同社会消费水平的地区人口老龄化程度影响劳动力市场发展平衡水平进行异质性分析。具体的分析结果见表5-14。

表 5-14　　　　　　　　　社会消费水平异质性分析

变量	低社会消费水平 lmb	高社会消费水平 lmb
old	-0.236 (-0.89)	-1.749*** (-5.10)
cnf	0.062 (0.54)	-0.247 (-1.12)
is_{23}	0.196** (2.24)	0.180* (1.94)
pgdp	-0.085* (-1.94)	-0.165** (-2.44)
dop	-0.411 (-1.17)	-1.025*** (-4.89)
Constant	1.045** (2.46)	2.301*** (3.50)
样本量	337	339
R^2	0.855	0.769
Adj R^2	0.830	0.730
控制个体	YES	YES
控制时间	YES	YES
F	2.241	7.172

注：*、**、***分别表示在10%、5%、1%水平上显著，括号内为 t 值。

分析结果表明，社会消费水平的差异显著影响了人口老龄化对劳动力市场发展平衡水平的影响程度。对于社会消费水平较高的省份，人口老龄化对劳动力市场发展平衡水平具有显著的负向影响，回归系数为-1.749；而对于社会消费水平较低的省份，这一影响不显著，回归系数仅为-0.236。这种差异主要源于不同消费水平地区的经济结构、产业特性以及劳动力市场供需特点的不同，其背后原因可以归结为以下几点。

首先，高消费水平的地区通常以高附加值产业为主导，如高端制造业、金融业、信息技术行业和现代服务业等，这些产业对高技能、年轻化的劳动力需求较高。然而，随着人口老龄化加剧，高技能劳动力的供给减少，而市场中新增的老年劳动力通常受限于技能水平难以满足高附加值产业的岗位需求，导致供需匹配难度加大，进一步加剧了劳动力市场的失衡局面。此外，高消费水平地区的居民消费偏好往往集中于高端、个性化和技术密集型产品与服务，而这些领域的劳动力需求变化更依赖年轻、高技能劳动人口的供给支持，因而更容易受到人口老龄化的冲击。

其次，高消费水平地区经济发展较快，企业扩张和技术更新速度较高，对劳动力的技能要求不断提升，这进一步扩大了劳动力市场中高技能岗位的需求。然而，人口老龄化削弱了劳动力市场新生力量的供给能力，同时抑制了劳动年龄人口对技能提升的动力和能力，使得部分企业面临"技能断层"现象，工作岗位难以满足人员补充需求。并且，高消费水平地区因人力资本重要性较高，在老龄化加剧的背景下，劳动力短缺问题还可能导致企业雇用成本上升，进一步削弱了劳动力市场的平衡。

再次，高消费水平地区的产业结构和消费模式使得这些地区对经济新动能的依赖性更强。然而，随着人口老龄化程度的加深，老年人口比例增加带来较大的社会保障支出压力，可能挤压这些地区政府对教育、职业技术培训等领域的资源投入，从而限制劳动力市场的发展潜力。一些技术密集型产业在面对劳动力供给短缺时，可能逐步向低消费水平地区或劳动力成本较低的地区转移，进一步削弱了高消费水平地区劳动力市场的稳定性。相比之下，社会消费水平较低的地区以劳动密集型或初级产业为主，如传统制造业、农业和低端服务业等，这些产业对技能水平的要求较低，因此更容易吸纳老年劳动力，使劳动力市场失衡的风险相对较小。此外，低消费水平地区经济发展相对缓慢，对劳动力市场的需求压力较小，老龄化所带来的供需错配问题并不明显，从而使得人口老龄化对劳动力市场发展平衡水平的影响不显著。

最后，人口老龄化还根据对人口密度的差异而呈现出不同特征。本书按照人口密度的中位数进行分组，对不同人口密度的地区人口老龄化程度影响劳动力市场发展平衡水平进行异质性分析。具体的分析结果见表 5-15。

表 5-15　　　　　　　　　　人口密度异质性分析

变量	低人口密度 lmb	高人口密度 lmb
old	-1.634*** (-4.95)	-0.695** (-2.17)

续表

变量	低人口密度 lmb	高人口密度 lmb
cnf	-0.167* (-1.83)	-0.266** (-2.44)
is_{23}	0.353*** (4.27)	-0.047 (-0.68)
$pgdp$	-0.124*** (-2.98)	-0.001 (-0.02)
dop	-10.323*** (-3.01)	-0.508*** (-3.06)
Constant	1.855*** (5.44)	0.665 (1.27)
样本量	339	342
R^2	0.724	0.768
Adj R^2	0.686	0.736
控制个体	YES	YES
控制时间	YES	YES
F	14.01	5.521

注：*、**、***分别表示在10%、5%、1%水平上显著，括号内为 t 值。

研究结果表明，人口老龄化对劳动力市场发展平衡水平的负向影响在不同人口密度的省份中均显著，但影响程度存在明显差异。对于人口密度较低的省份，人口老龄化的负向影响更为显著，回归系数为-1.634；而在人口密度较高的省份，这一影响虽然仍然显著，但程度较轻，回归系数为-0.695。这表明，人口密度较低的省份的劳动力市场对人口老龄化更加敏感，其背后的原因可以从以下几个方面展开分析。

首先，人口密度较低的省份通常面临劳动力供给不足的问题。由于这些地区人口稀少，劳动年龄人口的基数本就较小，随着人口老龄化的加剧，劳动年龄人口进一步减少，导致潜在劳动力资源显著下降。这种供给不足对劳动力市场的平衡水平造成了更大的冲击，尤其是在基础产业和公共服务领域，劳动力短缺问题尤为突出。而在人口密度较高的省份，尽管人口老龄化也会导致劳动年龄人口的减少，但由于人口基数较大，劳动力供给的总体规模仍相对充足，因此受到的影响相对较小。

其次，人口密度较低的地区通常经济发展水平较为滞后，产业结构较为单一，劳动密集型产业占比较高。这些产业对劳动力的依赖程度较大，当人口老龄化导致劳动力供给下降时，这些行业更容易受到冲击。此外，由于这些地区就业机会较少，经济活动相对不足，吸引外来劳动力的能力较弱，进一步加剧了劳动力供需失衡的状况。而在人口密度较高的省份，经济活动更为活跃，产业结构更加多样化，劳动力市场的适应能力更强，能够通过吸纳外来劳动力或调整产业结构来缓解老龄化带来的负面影响。

此外，人口密度较低的省份通常地广人稀，公共服务和基础设施的覆盖率较低，导致教育资源匮乏，职业技能培训机会不足。这使得劳动年龄人口的技能水平较低，难以适应现代化产业的需求，从而进一步削弱了劳动力市场的竞争力和稳定性。而在人口密度较高的省份，教育资源和技能培训设施相对集中，能够更有效地提高劳动力的技能水平，缓解因老龄化导致的劳动力短缺问题。

5.3.9 稳健性和内生性

1. 替换核心解释变量

为了进一步检验上述结论的稳健性，将65岁以上人口数占总人口数的比重作为核心解释变量，再次进行基准回归，检验结果见表5-16。结果显示，尽管人口老龄化程度的测算方法发生改变，但其系数的方向和显著性均未发生改变，表明人口老龄化程度对劳动力市场发展平衡水平的促进作用并未受人口老龄化程度测算方法的影响。

表5-16　　　　　　　　替换核心解释变量的检验结果

变量	(1) lmb	(2) lmb
old	-0.406 (-1.40)	-1.414*** (-4.37)

续表

变量	(1) lmb	(2) lmb
Constant	0.317 *** (11.00)	1.919 *** (6.34)
样本量	682	682
R^2	0.769	0.788
Adj R^2	0.750	0.770
控制个体	YES	YES
控制时间	YES	YES
控制变量	NO	YES
F	1.964	12.22

注：*、**、*** 分别表示在10%、5%、1%水平上显著，括号内为 t 值。

2. 解释变量滞后一期

为解决变量可能存在的同期相关问题，由于影响劳动力市场发展平衡水平的因素复杂多样且难以穷尽，可能导致人口老龄化与误差项存在同期相关性，因此将人口老龄化变量滞后一期作为当期核心解释变量，以处理同期项与残差项之间可能存在的相关性偏差问题。滞后变量回归结果见表5-17，结果表明，滞后一期的人口老龄化的估计系数符号及显著性均与基准模型一致，这不仅再次验证了模型的稳健性，还进一步说明了人口老龄化对劳动力市场发展平衡水平的影响具有滞后效应，即人口老龄化引发的劳动力市场供需失衡可能需要一定时间才能显现，表明当前政策干预与对策制定需要更长远的视角来应对人口老龄化带来的中长期影响。

表5-17   被解释变量滞后一期的检验结果

变量	(1) lmb	(2) lmb
old	-0.343 * (-1.84)	-0.972 *** (-4.24)

续表

变量	(1) lmb	(2) lmb
Constant	0.302*** (10.67)	1.913*** (6.12)
样本量	651	651
R^2	0.774	0.794
Adj R^2	0.755	0.775
控制个体	YES	YES
控制时间	YES	YES
控制变量	NO	YES
F	40.20	12.05

注：*、**、*** 分别表示在10%、5%、1%水平上显著，括号内为 t 值。

5.3.10 小结

第一，总体来看，人口老龄化在1%显著水平上负向影响劳动力市场发展平衡水平。老年人口比例上升导致劳动年龄人口减少，劳动力供给不足。

第二，从不同地区角度考察人口老龄化程度对劳动力市场发展平衡水平的线性影响中，人口老龄化在中部和西部地区降低劳动力市场发展平衡水平程度较大，而东部地区影响较小。

第三，从产业结构角度考察，人口老龄化程度对产业结构更高的省份劳动力市场发展平衡水平的影响负向显著。高产业结构的省份以知识密集型和技术密集型产业为主，依赖高技能、年轻化劳动力，因此人口老龄化导致的高技能劳动力供给不足显著破坏了劳动力市场的平衡，并削弱了技术创新和产业竞争力；而低产业结构的省份主要依赖劳动密集型产业，对技术要求较低，能够更好地吸纳老年劳动力，因此人口老龄化对其劳动力市场的负面影响相对不显著。

第四，从社会消费水平角度考察，人口老龄化程度对社会消费水平更高的省份劳动力市场发展平衡水平的影响负向显著。高消费水平地区以高附加值产业为主导，如高端制造业、现代服务业和技术密集型行业，这些产业对高技能、年轻化劳动力的需求较高，因此随着人口老龄化的加剧，高技能劳动力供给不足和岗位匹配困难进一步加剧了劳动力市场失衡。同时，这些地区经济发展较快，对技术创新和高端人才的依赖性更强，而老龄化所导致的人力资本衰减也可能抑制整体经济活力。相比之下，低消费水平地区以劳动密集型或基础产业为主，对技能要求较低，因此更容易吸纳老年劳动力，并缓解因人口老龄化带来的供需冲突。此外，由于这些地区经济发展相对缓慢，劳动力市场的需求压力较低，因而老龄化对其劳动力市场发展的负面影响相对较小且不显著。

第五，从人口密度角度考察人口老龄化程度对劳动力市场发展平衡水平的线性影响中，无论是人口密度较高的地区还是人口密度较低的地区，人口老龄化程度对劳动力市场发展平衡水平的影响都是负向显著的，但人口密度较低的省份劳动力市场发展平衡水平受影响更大。人口密度较低的省份因人口稀少和劳动年龄人口基数较小，受人口老龄化影响导致劳动力供给不足的冲击更为显著，尤其在基础产业和公共服务领域表现突出。此外，这些地区经济发展滞后、产业结构单一，对劳动密集型产业依赖较大，就业机会有限且吸引外来劳动力能力较弱，进一步加剧了劳动力市场的失衡。同时，教育资源和技能培训不足，使劳动力技能水平较低，难以适应现代化产业需求。而在人口密度较高的省份，因人口基数大、经济活动活跃、产业结构多样化以及教育资源相对集中，劳动力市场表现出更强的适应能力，能够更有效缓解人口老龄化带来的负面影响。

5.4 本章小结

本章全面分析了中国劳动力市场发展平衡情况，揭示了人口老龄化对劳动力市场平衡水平的影响。实证分析表明，人口老龄化在全国范围内以显著的负向作用破坏了劳动力市场的发展平衡。老年人口比例的上升导致劳动年龄人口减少，供给不足现象加剧，特别是在低技能和高技能岗位上表现为劳动力短缺和技能断层。同时，人口老龄化加大了社会保障支出的压力，抑制了教育、基础设施和新兴产业的投入，进一步影响了劳动力市场的协调发展。

从区域角度来看，东、中、西部地区受人口老龄化影响的程度存在明显差异。东部地区因经济发达、高端产业比例高和劳动力市场灵活性强，能够较好地缓解老龄化冲击；中西部地区由于经济结构单一、劳动密集型产业占比高，加之城市化和生产要素配置效率较低，导致劳动力市场受老龄化负面影响更大，平衡性显著下降。

从产业结构的角度看，高产业结构的省份主要依靠知识密集型和技术密集型产业，对高技能、年轻化劳动力的依赖程度较高，因此老龄化对其劳动力市场的负向影响更加显著。而低产业结构的省份以劳动密集型产业为主，对低技能劳动力有较强需求，能够较好吸纳老年劳动力，因此受到的冲击较小。

从社会消费水平看，消费水平较高的省份以高附加值产业为主，对高技能、年轻化劳动力的需求更为突出，因此人口老龄化加剧了这些地区劳动力供需错配的问题，对劳动力市场平衡的负面影响更加显著。相比之下，消费水平较低的地区以劳动密集型产业为主，对技能的要求较低，因此老龄化带来的冲击较弱。

从人口密度的视角看，无论人口密度高低，人口老龄化均对劳动力市场发展平衡水平产生显著负向影响。但在低人口密度地区，由于人口基数较小、经济发展滞后、产业单一及教育资源不足，劳动力市场受老龄化冲击更为严重。而在人口密度高的地区，因经济活跃、产业结构多样以及教育资源较为集中，劳动力市场适应能力更强，能够更有效地缓解老龄化带来的负面作用。

总的来看，人口老龄化对中国劳动力市场发展平衡水平的负向影响显著，并在区域、产业结构、消费水平和人口密度等维度上呈现出明显差异。这些发现为制定差异化政策提供了重要参考，强调了因地制宜缓解人口老龄化对劳动力市场冲击的必要性。

第 6 章　老龄化背景下人工智能助力劳动力市场再平衡的可行性分析

　　人口老龄化的加剧不仅削弱了劳动力市场的活力，打破了市场内部要素之间微妙的平衡，还对社会长期稳定与经济持续健康发展带来了诸多潜在挑战。然而，从人类历史发展的长远视角来看，社会问题的解决不仅依赖于政策调整与制度创新，更离不开科学技术的推动。科学技术的进步往往在解决重大社会问题时发挥着关键性作用，其突破性为社会发展提供了重要支撑。作为当前迅猛发展的前沿技术，人工智能为劳动力市场实现再平衡提供了一种切实可行的解决方案。

　　人工智能的这种可行性主要得益于其自身的技术特性。人工智能以其广泛的场景适用性、对产业和就业的双重创造性以及对人力资本的赋能能力，为问题的解决创造了前所未有的条件。它不仅能够改造和优化既有的经济结构，还能催生出全新产业，引领智能时代的创新浪潮。与此同时，人工智能技术的影响超越了劳动力市场本身，其溢出效应广泛作用于资本市场、技术市场、信息市场等多个领域，进而通过多渠道反作用于劳动力市场，有效缓解因老龄化带来的失衡现象。

　　在老龄化背景下，人工智能无疑成为推动劳动力市场再平衡的"核心武器"。本章以劳动力市场为核心视角，系统分析人工智能对劳动力市场的积极作用，并从多维度探讨人工智能助力劳动力市场再平衡的现实可行性。

6.1　破解劳动力供给的相关问题

　　在老龄化背景下，劳动力供给是否充足、结构是否合理以及能否高效利用现有的人力资源，是影响劳动力供给的关键问题。经过多年的积累与发展，人工智能技术已具备在一定程度上优化劳动力供给数量、改善劳动力供给结构以及提升特殊人力资源（如数量庞大的老年人口）的转化效率的能力。即便社会中青壮年人口的比例和数量持续走低，人工智能依然能够通过技术手段在特定层面实现"保供给、提层次、促转化"的高质量发展目标，从而有效应对劳动力供给方面的挑战，为老龄化社会注入新的活力与动能。

6.1.1 破解劳动力供给数量的相关问题

人工智能推动的产业自动化趋势为破解劳动力供给数量不足的问题提供了有效解决方案。在人口老龄化背景下，劳动力市场面临的最直接挑战是适龄劳动力逐年减少，老年人口比例上升，导致劳动力供给无法满足正常需求。然而，当人工智能与企业生产实践深度融合后，企业可以通过自动化升级改造，利用智能软件、程序和机器人完成传统上依赖大量劳动力的任务，构建智能化工作场景。这种场景减少了对操作人员数量的依赖，从而显著降低劳动力供给不足对企业运营的负面影响。

以建筑行业为例，由于工作强度大、时间长、危险性高且以体力劳动为主，该行业中青年劳动力供给严重不足，工人普遍年龄偏大，存在"招工难"的问题。此外，建筑工人流动性高、稳定性差，进一步导致工作效率低下和生产安全隐患增加。为应对这一问题，不少建筑企业积极推进建筑自动化项目。例如，碧桂园已将超过20款建筑机器人投入商业化应用，涵盖自动挖掘、材料搬运、混凝土浇灌与修整、钢筋放置、墙壁打磨与粉刷、瓷砖铺设等多个施工环节。这种自动化技术的应用大幅缓解了建筑行业的劳动力短缺问题。

事实上，建筑行业只是企业通过自动化和智能化升级应对劳动力供给危机的一个缩影。传统产业如采矿、冶金、化工，以及新兴产业如高端制造、信息技术、新材料和新能源等领域，也在积极布局产业自动化。通过人工智能赋能的产业自动化，企业不仅能够显著提高劳动生产率，还能有效应对"招工难"的挑战，将劳动力供给不足的难题转化为推动企业发展的新机遇。

6.1.2 破解劳动力供给结构的相关问题

人工智能的发展为优化劳动力供给结构、解决相关问题提供了有力支持。随着人工智能的深入应用，社会各界对技术能力更新的重要性有了更深刻的认识。当前，低技能劳动力的比例逐渐下降，高技能劳动力的占比稳步提升，劳动力的专业性、灵活性、人机协作能力不断增强，劳动力供给质量显著改善，更加适应智能化时代的用工要求。

在人工智能技术备受关注的今天，掌握更高的劳动技能已成为劳动力和企业共同追求的目标。为应对职业风险、谋求岗位调整或职位晋升，劳动力主动寻求技能提升的机会。他们不仅在工作中刻苦钻研、虚心学习、积极参与企业提供的培训课程，还利用空闲时间自我学习，努力提升专业技能和人际沟通能力。这种自发的学习行为推动了劳动力技能的整体提升。

企业也在积极完善自身的培训体系，不仅为了确保员工技能与时代同步，还将其作为吸引优秀人才的重要手段。通过持续的培训与学习，劳动力能够不断提升学习能力和创新能力，更加适应日益数字化和智能化的社会发展。

无论是通过劳动力的主动学习还是企业培训的完善，这些努力最终都指向了劳动力综合素质的提升和劳动力供给结构的动态优化。在人工智能的推动下，劳动力的知识技能不断升级，能够更好地满足社会对高层次人才的需求，实现劳动力市场与智能时代的深度融合。

6.1.3 破解特殊劳动力供给的相关问题

人工智能技术通过赋能老年劳动力，为破解特殊劳动力供给问题提供了创新路径。在当前中国老龄化社会中，大量老年人在达到法定退休年龄后退出劳动力市场，形成了一种特殊的人力资源闲置现象。由于身体机能衰退、技术能力不足等原因，老年人往往难以适应劳动力市场的要求，表现为行动不便、记忆力下降以及难以应对岗位变化等问题。这使得老年劳动力成为一类未被充分利用但潜力巨大的特殊人力资源。然而，人工智能技术能够显著拓展老年劳动力的体力与智力边界，对其进行高度赋能，从而盘活这一人力资源存量，帮助老年劳动力实现再就业，增加社会劳动力供给。

尽管在体能、记忆力和创造力方面，老年劳动力可能不如中青年劳动力占优，但他们丰富的实践经验、熟练的技能以及强大的心理素质，使其成为劳动力市场中不可或缺的重要组成部分。人工智能赋能老年劳动力的方式主要表现在以下两个方面。

一是人工智能能够为老年劳动力创造更多适宜的工作岗位。人工智能的发展带来了大量人机协作岗位。智能机器可以承担费力、耗时的工作，成为老年劳动力的"手脚"和"眼睛"，而老年人只需学习简单的操作，充当"大脑"角色，发布指令即可。这种人机协作模式显著降低了老年劳动力的工作难度，大幅降低了劳动强度，使工作内容与老年人身体素质之间的匹配程度提高。再加上许多老年人难以适应退休后的生活状态，老年劳动力的再就业成为可能。

二是各类智能辅助设备的应用进一步减轻了老年劳动力的工作负担，消除了老年人及其家人的顾虑。例如，各种智能办公设备能够自动测算任务完成情况，优化任务执行路径，减少重复劳动，实现精准作业；智能穿戴设备可以实时监测老年人的健康状况，防止劳动过程中发生意外，并将健康数据和位置信息实时传递给家属，增强安全保障。

通过以上方式，人工智能技术不仅赋予了老年劳动力更强的工作能力，还促进了积极老龄化的实现，使劳动力市场更加丰富和包容，提升了劳动力市场的活力。大量老年劳动力的再就业，充分体现了人工智能在提升人力资源利用效率、缓解劳动力供给不足问题上的重要作用，同时也为老年人提供了实现自我价值的新途径，为社会发展注入了新的动力。

6.2 弥补无法满足的劳动力需求

在老龄化的持续作用下，不少产业都出现了劳动力需求无法得到满足的情况，严重削弱了产业长期稳定发展的能力。在这些产业中引入人工智能技术，不仅可以提高产业的智能化水平，还可以有效弥补这部分无法被满足的劳动力需求。

6.2.1 弥补养老产业劳动力需求

伴随着老龄社会的持续发展，养老产业的矛盾也越发明显。一边是老年群体的与日俱增,产生了迫切而巨大的养老需求,"银发经济"日益庞大,正在展现出巨大的市场潜力,据保守预测,至2035年,银发经济占我国GDP比重将达到10.9%,预计到2050年将超过15.9%;[1] 而另一边却是明显捉襟见肘的养老资源,尤其是当前可以提供专业养老服务的劳动力资源严重短缺。预测到2030年生活自理能力残障老人数量将达到1898万人,需要家属提供照料工作日数将达到53.40亿个工作日;2050年生活自理能力残障老人数量将增长到3730万人,需要家属提供照料工作日数将达到110亿个工作日。[2] 然而,由于中国独生子女家庭的普遍存在,子女工作繁忙无暇照顾家中老人的现象比比皆是,再加上绝大多数子女本身护理经验的匮乏、护理能力的不足,依靠子女的完全居家贴身照顾并不现实,进而产生了对老年群体专业护理人员十分迫切的需求。依据国际相关标准的界定,社会中每存在3位失能老人,那么市场中就需要配备至少1名专业的护理人员,按此标准核算下来,中国护理市场至少需要1300万名专业护理人员存在。然而目前中国从事该行业的劳动力却只有50余万人,得到认证的具备相关专业素养的劳动力更是仅有4万人,远远达不到国际标准的相关要求。专业护理人才的供给存在不小的缺口,无论是入户上门提供照顾服务,还是在养老院集中提供服务,从业劳动力数量都不足。短时间内培养如此多的专业护理人员也并不现实,甚至许多从业者本身也都面临或即将面临大龄的问题,也会进一步引发待照顾老年人家人对照顾质量的担忧,根本无法满足日益老龄化背景下庞大的养老产业的现实劳动力需求。[3]

人工智能技术在养老产业的进一步应用与转化以及由此带来的"智慧养老"模式可以在较大程度上弥补养老产业的劳动力需求,实现由人工智能的设备与服务部分替代对于专业护理劳动力的需求。人工智能在养老领域有着丰富的适用场景,可以较好地满足老年人与家中子女对老年人养老的期待。首先是人工智能的各式智能穿戴设备,包括智能运动手环、智能手表、智能上下楼梯辅助器等,可以帮助老年人实现对日常身体状态如运动量、心率、血压等的自动测量和记录、对危险情况的预警等,辅助老年人完成基础的运动量,有利于老年人慢性疾病的康复,可以帮助老年人减少外出运动与锻炼的顾虑。其次

---

[1] 彭希哲,陈倩.中国银发经济刍议[J].社会保障评论,2022,6(4):49-66.
[2] 曾毅,陈华帅,王正联.21世纪上半叶老年家庭照料需求成本变动趋势分析[J].经济研究,2012,47(10):143.
[3] 彭万鹏.老龄化背景下中国养老护理人才困境分析[J].就业与保障,2022,302(12):160-162.

是各种智能化的程序和软件构成的个性化智慧养老服务，可以提供专业化、个性化的指导，针对老年人的身高、体重、所患疾病情况、四肢灵活度、个人爱好、生活习惯等，差异性地生成智能化的个人锻炼方案与个人膳食营养方案，避免家人或护理人员因为不专业或粗心而产生错误的生活指导进而损害老年人健康的情况。除此之外，还可以提供专业的智慧医养结合方案，老年人可以通过特制老年智能手机上的软件，定期与医生视频通话，老年人通过口述和软件自动反馈的方式将最近的健康状况传递给医生，接受医生专业的医疗指导和上门诊疗服务，第一时间发现疾病隐患、解决疾病隐患。此外，人工智能强大的语音交互、智能聊天功能可以排解老年人的空虚感、孤独感，并且可以通过语音简单快捷地下达各种指示，比如播放电视节目、戏曲、语音提醒等，实现即使不懂电子设备，也能享受人工智能带来的种种利好。尤其是对于失能老人来说，智能陪伴可以极大地抚慰心灵，带来独特的温馨体验。最后，子女在外如果对家中独居的老人不放心，可以随时通过家中的云监测系统，实现实时查看老人的状态等。这些"智慧养老"功能的存在，有效弥补了老龄化背景下迅速增加的老年群体对于专业护理人员的需求缺口，增强了老年人的养老能力，降低了老年人的养老风险，有利于实现老年群体的高质量养老，减少因为养老问题引发的家庭矛盾，使得老年人可以完全仰仗自身或者仅仅依靠儿女零散时间的照顾就能够实现高质量的养老。

与此同时，智能养老还会增加养老行业对于专业护理人员的吸引力，提高劳动力进入养老行业、获取相关资质的积极性，进而弥补养老产业对专业护理劳动力的庞大需求。一是因为智能养老的出现与进一步普及减少了专业护理人员的工作量，使得许多工作可以由智能设备所完成，专业护理人员更多是通过自身的加入，来完善智能养老模式可能存在的人情味关怀不足、智能设备使用与老年人不完全匹配等问题，工作时间与强度的下降增加了劳动力进入养老产业的可能性，为发展壮大专业养老护工群体奠定了良好的基础。二是因为各式人工智能养老设备组成了一个相对完善的全程监测系统，可以有效避免以前容易发生的劳务纠纷。各种劳务纠纷也是影响潜在劳动力进入养老产业的一个主要顾虑。全方位的监测系统可以最大程度地还原现场情况，最大限度地减少此类问题的发生概率，打消劳动力的相关顾虑，减少劳动力从事养老产业的心理负担，为行业从业者服下一剂强有力的"定心丸"。三是因为在智能养老模式下，专业护理人员还可以与智能设备的终端普及讲解、使用指导、问题反馈、维修保养、意见提供者等角色相结合，变成智能设备生产厂家的后勤服务人员，也就是能够同时具备双重工作身份，不仅可以丰富自己的收入来源，还能利用自己的工作经验增进智能养老程序的逻辑适用性，更好地发挥智能程序的功效，在进一步提升智能养老服务质量的基础上，增强养老护理产业对劳动力的吸引力。

人工智能技术为解决老龄化背景下养老产业劳动力市场面临的严峻问题提供了有力支持，在弥补养老产业劳动力供需缺口方面发挥了一定作用。随着智慧养老产业的进一步完善、发展和成熟，这种作用将愈加显著，并有望在更深层次和更广范围内推动养老产业劳动力需求问题的有效解决。

6.2.2 弥补农业劳动力需求

农业是保障中国 14 亿人口粮食安全的关键产业。然而，随着城市化的不断推进，农村空心化现象日益加剧。大量青壮年劳动力外出务工，留守农村的多为女性和老年人群体，导致农业熟练劳动力的严重流失，这对农业的稳定与健康发展带来了巨大挑战。在这一背景下，提高农业劳动生产率成为破解这一难题的合理路径。1978—2020 年，荷兰农业劳均产值与中国的相对差距从 78.4 倍缩小到 18.7 倍，但是绝对差距从 5.3 万美元扩大到 10.5 万美元。[①] 虽然这一现象与荷兰特定的国情和农业结构密切相关，但也为我们提供了重要启示，即通过提高农业劳动生产率，能够有效应对农业劳动力流失的现实问题。而人工智能与农业的深度融合，为解决这一问题提供了强有力的技术支撑和创新工具。

通过将农业产、供、销流程与人工智能的深度结合，可以显著提高农业的规模化、精细化水平，在降低农业生产成本的同时，大幅度增加农业产出，达到提高农业劳动生产率的既定目的。人工智能的加入，使得"在家种地"成为可能，不需要每天一家人风吹日晒地到田间地头劳作。相反，农作物的播种、施肥、打药、收割都可以由机器自主完成，无人驾驶的机器可以精准地完成种子的播撒，在此基础上施肥打药，所施肥料和农药的多少来自云端对土壤

---

① 刘长全，杨光. 强国建设两阶段农业劳动生产率目标预测与提升路径［J］. 中州学刊，2024 (6)：34 - 41.

成分与历年数据的智能分析结果，成熟后可以实现自动收割打包，并基于相应的网络"供—销"平台，自动生成产量的相应数据作为联系商家的依据，实现快速的销售变现。

以全球第一个将无人驾驶技术应用到农业领域的悟牛智能科技有限公司为例，它是全球范围内率先实现无人驾驶智能农机落地商用的企业。该企业致力于提供"智慧农业"解决方案，通过在农业生产的全过程广泛使用传感器、摄像头、计算机网络、5G通信、北斗导航定位、大数据等技术，再加上自己潜心研发的无人驾驶核心算法，使农机在无人驾驶的情况下可以胜任复杂地形、路线、任务下的农业生产工作。[①] 同时可以精准控制农业生产中的相关成本消耗，保障农业的稳产与增产。对于各种类型的果蔬类作物、棉花类作物，不仅种植会消耗大量人力，采摘也是一个严重依赖人力的环节。针对这一问题，该公司还研发了一系列智能采摘机器人，不仅可以保障采摘的品质，采摘的速度也大幅提升。再加上自主研发的智慧农业云平台，土地承包者可以简单、快捷、高效地下达相关命令，平台上面集成了各种与电商企业合作的供销平台，实现了产、供、销一体化的智能农业模式。在智能技术的辅助下，农业劳动力能够高效地完成农业生产、农作物销售的全流程，很好地解决了农村人口外流带来的农业劳动力需求无法被响应的问题。

6.2.3 弥补能源化工产业劳动力需求

能源化工产业是国民经济的重要支柱型产业，其提供的最终产品用途广泛，不仅与人民的生活息息相关，而且与其他行业的供应链体系密切相关。但传统的能源化工产业的从业者，劳动的负效用比较高，导致劳动力需求的满足面临一定的难题。

人工智能技术可以帮助能源化工产业减弱产业本身特点导致的劳动力需求难以被满足的问题。首先，人工智能可以改善能源化工产业的生产安全问题。将人工智能与企业生产、储存、流通深入结合起来，可以打造网络管控智能云平台，实现对监控范围内每一个设备、每一个流程的智能管控，实现风险的可视化，能够及时发现风险、避免安全事故的发生，有利于打消劳动力的劳作顾

---

① 刘政鑫. 悟牛智能：机器人推动农业生产智能化 [J]. 机器人产业，2023，50 (3)：61-63.

虑，实现企业生产全过程的安全可控。其次，许多能源化工企业的生产现场充斥着难闻的气味，导致员工的劳动负效用十分明显。通过在生产过程中引入人工智能技术，能够优化生产流程，由机器人替代对人体健康有危害的密闭空间中操作的部分。同时，当整体车间内的环境监测出现异常波动的情况时自动预警，并针对厂区内污染气体的来源自动分析并生成结果到控制室，以及时进行处理和干预。最后，人工智能可以实现对厂区设备的智能检修，深化安全控制，减少对人工的依赖。例如，天津石化2020年通过智能检测和诊断系统对现场1000万吨级炼油装置的1800余台阀门进行实时行程测试，做到装置停车检修与调节阀行程测试同步并自动生成报告。[①] 这不仅降低了人工检修的高额成本，提高了检修效率，还避免了人工检修可能因为操作不当引发的安全事故，进一步保障了生产的安全性。

6.3 推动劳动力供需匹配

劳动力供需匹配受到多种因素的制约，难以自然实现高效对接。人工智能可以成为劳动力供需之间的重要桥梁，通过技术手段迅速连接供需两端，使劳动力供给能够快速响应需求，同时需求端也能高效匹配到供给资源。这种高效的匹配不仅提升了供需协调的效率，也为劳动力市场的稳定运行提供了有力保障。

6.3.1 优化招聘环节

人工智能在智能招聘领域的广泛应用，有助于实现劳动力供需双方的精准匹配。传统线下招聘会的方式虽然有利于宣扬企业文化、展示企业形象，但经济成本高、审批烦琐、时间周期长、场地限制大、面向的受众狭窄，一年中多次举行线下招聘的可行性不高。而且传统线下招聘会的方式也难以满足即时性的、非常规的用人需求。因此，常常出现这样的局面：一方面，求职者找不到意向企业无法就业，或勉强就业继而引发频繁跳槽；另一方面，企业招聘不到

---

① 陈庚晓. 基于石油石化企业的智能工厂建设思考 [J]. 化工管理, 2021, 613 (34): 184 - 186.

足够数量的符合企业需求的劳动力。在传统招聘模式下，供需两端的适配性存在一定障碍。而将人工智能技术引入招聘领域，运用智能招聘则可以很好地解决这些问题。不仅花费成本低、不受时空限制、面向人群更加广泛，而且能够实现一年365天在线招聘，大大缩短了招聘周期，是企业非常有效的常规招聘手段，进而可以更好地提升供需两端的精准匹配度。

从劳动力视角来看，在发布电子简历之后，劳动力便可以随时查看与自身需求相吻合的最新招聘信息和企业面试邀请。劳动力可以依据企业生成的智能标签、其他求职者的评论以及网络上的相关信息，在闲暇时自主选择目标企业。若双方意向达成一致，便可以依据自身实际情况灵活选择视频面试时间，不再需要耗费大量时间和精力去参与各种招聘会、投递简历、现场面试，极大地节省了时间成本、提高了求职效率，减少了信息闭塞导致的就业困难问题。同时智能招聘信息更加透明清晰，求职者可以一目了然地看到用人单位能提供的详细的岗位待遇。对于那些计划在一定时期内进入劳动力市场或者想要更换工作的求职者来说，可以轻松浏览到目标企业的用人需求，并依据要求有针对性地展开自我提升训练，以期自身素质能够满足意向单位的需求。

从企业视角来看，在传统招聘过程中，简历造假问题深深困扰着用人企业。智能招聘可以依托大数据在简历筛选过程中对求职者信息的真实性进行打分评判，并依据企业制定的用人需求智能筛选简历，生成求职者画像，减少人事在简历筛选上花费的时间，也避免他们在筛选过程中掺杂过多个人主观因素，增强人才筛选过程的客观性和公正性。智能招聘可以提前通过线上聊天或者视频的方式，更好地明确求职者的意向，避免进入正式面试环节才出现不匹配的问题。此外，智能招聘可以在正式面试过程中依据求职者的语气语调、面部表情、细微动作等进行辅助判断，并根据求职者自身经历、面试表现、与企业文化吻合程度等相关信息，得出对求职者的未来发展潜力、环境适应程度和对企业的忠诚度等的预测，最终帮助企业选择到更加适配的员工。综合来看，人工智能在招聘领域的应用，不仅降低了交易成本，减少了不必要的损耗，还显著降低了劳动力供需两端的适配难度，提升了供需匹配效率。

6.3.2 重塑培训方式

人工智能对培训方式的重新塑造，有利于充分提升职业培训的效率，改善培训的实际效果，发挥增强受训者专业素养的功效，使培训真正成为提高劳动力素质的利器，进而有助于提升劳动力供需双方的适配程度。职业培训的目的在于更新受训者相对落后的劳动知识储备，丰富受训者的专业劳动技能，提升受训者的综合劳动素质。但传统培训模式存在以下不足：第一，传统培训模式主要采取以班级为单位的授课形式，实施线下统一授课。然而不同学员的业务水平和接受水平存在差异，这种模式缺乏针对性，难以保证培训效果。第二，传统培训模式以"填鸭式"培训为主，单纯地将大量知识灌输给受训者，却难以保证学员真正掌握这些知识并能够灵活运用所学内容。第三，在传统培训模式下，学员容易陷入学习和培训相互干扰的困境。一方面，培训过程受到工作事务的影响；另一方面，处理工作事务又会分散学员对培训的注意力。这就产生了劳动力供给端想要通过培训锤炼自身技能来回应用人单位需求而不能、用人单位想要通过培训强化员工技能来优化内部劳动力供给质量而不得的两大问题，想要解决这两大矛盾就必须转变传统的培训机制，搭建好新的连接供给与需求两端的"培训之桥"。

智能培训模式通过其具有的独特的立体式体验、沉浸式互动、智慧化评测、灵活化授课、场景化教学，能够显著提升学员对于培训的兴趣，使学员从培训中获得更多的满足感以及更高的培训成果掌控预期，从而推动职业培训既定目标的实现。智能培训通过对传统培训模式中培训流程的优化与培训目的的强化，疏通"培训"这个连接供需两端的节点，最终实现劳动力供需两端更加适配的佳境。智能培训模式的主要优势体现为：首先，在开展培训之前，提前利用相关程序对学员的专业水平、综合素养进行科学测评，对学员各自的专业能力水平进行全面充分地了解，收集各个学员的学习需求，对各个学员的性格进行测评，形成专属的培训导向"报告"，以实现讲师针对学员的不同情况因材施教选择合适的教学方式，形成线上课程的精准推送；同时，根据学员在知识和技能方面存在的不同盲点，将他们分别编入不同的临时性班级。每个班级的教学内容各有侧重点，进而开展有目的性的小班教学。其次，通过对后台数据的智能分析，针对学员们存在的共性问题以及讲师认为需要重点教授的前沿性知识技能，再以大班的形式统一教授。这种"小班＋大班"的灵活的授课形式，有助于学员全面、系统、科学地掌握目标知识体系。再次，在课堂上，将人工智能（AI）与虚拟现实（VR）、增强现实（AR）、混合现实（MR）相结合，借助语音交互、自然语言处理等人工智能技术，逼真再现各种丰富的实战性、交互式场景。① 这种沉浸式智能培训系统涵盖了各种系统仿真业务的操练，使学员能够将所学到的知识与技能进行实践展示、灵活运用。这不仅提高了学员对于学习内容的记忆与领悟，还有利于讲师进行具体的指导，最大程度上弥补了学员知识与实践能力的不足；与此同时，智能培训体系不仅涵盖线下课程，还提供系统自动推送的线上课程。这种双轨制模式有效缓解了学员学习与工作难以兼顾的压力，让他们能够在零散时间进行学习，而且具有很强的针对性。最后，智能培训体系是一个涵盖多环节、过程与结果导向相结合的成绩综合评价体系。它对受训者的考核将贯穿整个培训过程，不仅关注最终考试结果，还注重学员在培训过程中的参与程度、注意力集中程度等课堂表现。这种考核方式带来的培训结果将更加全面、客观，能够全方位、立体式地呈现每位学员的学习成果，据此形成相应的数字化培训档案。

智能培训能够助力劳动力供需的匹配。以银行业的培训为例，中国工商银行远程银行中心关注到以往传统培训方式存在培训效率低、员工集中度不够、考核差错多等问题，由此开发出了"沉浸式智能培训系统"，并在中国工商银行远程银行中心（石家庄）进行了试点，该系统培训主要面向新上岗的员工。实践表明，新系统可以显著提升学员的受训效果，不仅使新员工的初期业务差错率下降至少20%，而且使得新员工的成长周期由4个月缩短到1个月，培训效果的改善可谓立竿见影、卓有成效。② 再如，医疗领域的培训。针对医院内学习宫腔镜的新专科医生，将采用人工智能模块化教学培训的研究组与采用普通门诊教学训练的对照组进行对比，发现在诊断符合率方面，研究组的识别率比对照组高出33.68%，当延长学习时间至6小时，研究组的识别率高达86%，而对照组识别率仅为40%。③ 这表明智能培训对于学员学习成果的加成是显著有效的。

通过将人工智能技术深度融入招聘与培训领域，打造智能招聘和智能培训模式，可以有效清除影响劳动力供需匹配的结构性障碍。这一模式不仅能够帮助企业顺畅地将供给信息传递给劳动力，还能促使劳动力与企业的期望需求成功实现匹配，从而更好地满足供给端和需求端的实际需求。智能化的招聘与培

---

①② 科技赋能打造沉浸式智能培训系统［J］. 杭州金融研修学院学报，2022（11）：57-58.
③ 谢秀英，薛尧，张欣，等. 智能模块化教学与宫腔镜专科医师培训学习曲线的相关性分析［J］. 医学教育研究与实践，2022，30（6）：783-785.

训模式有助于实现劳动力市场供需两端的高效衔接，几乎达到无缝对接的水平，从而为缓解老龄化背景下劳动力市场存在的供需不匹配问题提供了一条可行的解决路径。

6.4 构建更加和谐的劳动关系

人工智能对企业和劳动力双向赋能，在生产力提高的基础上，使得劳动力可以获得更多的就业机会、更舒适的人机协作岗位、更丰厚的劳动薪水以及更高效的人力资源服务体系。这不仅缓解了劳动关系当中最为重要的劳动力与雇主的关系矛盾问题，润滑了双方之间存在的对抗张力，还维护了和谐劳动关系的发展。以下将从人工智能赋能劳资双方这四个具体维度出发，阐述人工智能在和谐劳动关系中产生的积极作用。

6.4.1 发挥就业创造效应

人工智能与产业的深度融合，不仅充分体现了其就业创造效应，还推动了劳动关系向更加和谐的方向发展。人工智能的包容性、整合性、带动性和创造性，显著加快了其与各产业的深度结合，由此催生了众多新业态、新产业和新模式。传统企业积极投身智能化革命，通过产业布局调整和升级迎接人工智能带来的变革，同时，大量创业者也瞄准人工智能领域的巨大潜力，纷纷创立企业。一旦相关产品或服务逐步成熟并投入市场，例如 AI 对话聊天、AI 创意生成（视频、图片、音频、文章等），以及智能机器人、智能音箱、智能门锁、智能手环、智能家居等实物产品的落地，随之便会带来巨大的劳动力需求。劳动力需求是产品需求和服务需求的派生性需求。人工智能带动的劳动力需求不仅集中在上游的研发设计环节，还延伸至中下游的品牌运营、产品销售推广、安装培训以及后期的售后服务和维修等多个领域，形成了多层次、多样化的劳动力需求。

不仅如此，通过驱动新兴产业发展，人工智能还为全社会劳动力提供更多的职业选择和发展空间，有力助推就业市场的繁荣与活力。世界经济论坛研究曾经指出，人工智能未来 5 年将净减少 7500 万个工作岗位，但同时将创造

1.33 亿个（大约是减损数目两倍的）新工作。① 同时，人工智能的发展将造就一批领军型企业。这些领军型企业凭借自身雄厚的实力、长远的战略眼光，在智能领域内加大投入、先行先试，深挖目标群体的消费痛点，研发出高度智能的产品与服务，获得丰厚的研发报酬。这刺激和激励了观望型企业和市场的潜在进入者积极扩大业务规模、抢占市场份额，从而充分发挥人工智能技术的创造效应，进而派生更多新的劳动力需求。更加充足的岗位供给意味着求职者在劳动力市场中拥有更广阔的选择空间，从而增强了在职劳动力与雇主进行博弈的筹码，提高了他们进入自己喜爱的行业并获得相应岗位的概率，使劳动力以更加主动的姿态去获取更合理的劳动报酬和更适宜的工作环境，显著提升了新入职劳动力的劳动体验。至于雇主层面，也会出于保持企业优质人力资本稳定性的角度主动调整改善企业现有的劳资关系，以巩固并吸引优秀的劳动力加入。

随着产业规模的扩大以及产品与服务的量产，智能产业的发展不仅充分激发了劳动力需求，还推动了劳动关系的和谐发展。

6.4.2 增强人机协作

人工智能通过人工智能技术应用，有效拓展了劳动力的认知与实践能力边界，为人机协作提供了更多的可能性，从而促进了劳动关系的和谐发展。在具体的劳动环节中，随着工作内容技术含量和操作复杂度的提升，部分大龄劳动力或技能水平较低的劳动力由于其自身因素的限制，难以满足企业现代化发展的需求，进而对企业生产率的提升产生不利影响。从维护整体效益的角度出发，企业有时不得不作出裁员或降低薪资待遇等措施，这些调整往往会加剧劳动关系的紧张程度。但通过对具体劳动环节的智能化和自动化改造，企业可以充分发挥人工智能赋能劳动力的功效，有效弥补劳动力自身能力的缺陷。纵然劳动力本身能力有限，人工智能也能像他们的双手与大脑一样，帮助劳动力去完成原本已经感到逐渐吃力或已然无法完成的工作任务。如今，劳动力仅需通过简单的人机协作便可完成复杂的原本需要熟练的技术工人甚至需要许多人精密协作、劳动配合才能完成的工作任务。从高强度的传统手工劳作到便捷的智

---

① 周卓华. 人工智能技术发展对就业的影响及应对［J］. 重庆社会科学，2020（10）：44-54.

能化劳作、从可能的下岗或降薪危机到稳定的工作岗位，劳动力会感受到发自内心的满足与喜悦，逐渐提高对企业的忠诚度，进而影响到企业内的其他劳动力，而这种始于人工智能赋能的内心情感则会在改善劳动关系中发挥关键且积极的作用。

6.4.3 提升生产效率

人工智能通过提升生产效率对劳动报酬产生积极影响，从而促进劳动关系的和谐发展。在劳动产出维度，人工智能对于个人以及企业生产效率的提升是显而易见的。以 AI 制图为例，传统模式下一位设计师一天仅能设计产生 3 张原创数字艺术作品，而在人工智能融入绘图领域之后，设计师只需将相关的提前预想到的绘画元素、风格等添加到绘画生成的指令中，AI 制图便能将自然语言转化为图像，自动生成一系列作品，设计师在此基础上进行筛选和优化便可形成最终稿件，极大地提升了工作效率。这种生产力的进步不仅缩短了创作周期，还带动了劳动报酬的增长，形成了良性循环。人工智能在其他劳动领域也展现出显著的增效作用。随着人工智能技术与企业研发、生产、运输、销售等各环节的深度融合，企业整体生产效率实现大幅跃升，过去需要多人协作才能完成的任务，现在仅需少数人借力于人工智能技术即可高效实现。与此同时，人工智能能够减少传统劳动过程中的资源损耗，并提高目标完成的质量和效率，从而创造更大的经济效益。如今随着人工智能与产业的深度融合，在同等劳动报酬水平的情况下，劳动力所需付出的劳动强度较之前呈现显著下降趋势。这一变化使得劳动报酬纵然未明显增加，但单位劳动投入的回报率提升，客观上增强了劳动力的获得感，进而形成优化劳动关系的正向循环。

6.4.4 提升人力资源管理能力

人工智能技术的快速发展为企业人力资源管理能力的提升提供了强有力的支持，显著优化了企业内部管理流程，推动劳动关系向更加和谐的方向发展。现代企业环境中，人力资源管理已从传统的事务性功能演变为企业战略管理的重要组成部分，其核心目标不仅在于管理劳动力，更在于将劳动力转化为企业的关键性资本。人工智能的介入，使人力资源管理在招聘、培训、绩效考核、员工健康管理等方面实现了更加智能化、精细化和人性化的转型,全面提升了企业对劳动力的服务能力和管理水平。

在招聘环节,人工智能通过精准匹配劳动力供需关系,优化了企业的选才流程。例如,智能化招聘系统能够快速筛选简历、分析候选人特征,与岗位需求进行高效匹配。这不仅减少了劳动力在求职过程中的等待时间,还减少了"才不配位"现象的发生,避免了不适合的候选人占据岗位资源,从而提升了招聘效率和公平性。其次,在员工培训方面,人工智能打破了传统"大锅饭"式的培训模式,通过个性化学习路径的设计,以及更具针对性、实操性和体验性的培训内容,大幅提升了员工的培训效果和满意度。这种智能化培训模式不仅提高了劳动力的技能水平,也增强了员工的获得感和归属感。

在日常管理中,人工智能技术的应用使企业管理更加高效便捷。例如,智能指纹打卡、会议签到、远程协同办公等工具显著提升了管理效率,简化了劳动力与企业之间的日常交互流程。在绩效考核和员工晋升环节,人工智能通过多维度数据的分析与处理,为劳动力的表现提供了更加全面、客观和公平的评价依据。这种基于数据驱动的管理方式,不仅有助于企业筛选出更符合岗位需求的人才,还强化了劳动力对考核结果的认可度和信任感。此外,在员工健康管理方面,人工智能技术能够实时监测员工的身体状态和情绪变化,通过主动关怀和人性化的干预措施,及时缓解员工的心理压力,营造更加关怀备至的工作环境。这些智能化管理手段的应用,进一步增强了劳动力的企业认同感和内部凝聚力。

人工智能通过改善生产力水平能够间接促进和谐劳动关系的构建。科学技术是第一生产力,人工智能显著提升了企业的生产效率,为经济发展创造了更多的就业机会和人机协作岗位。同时,人工智能的应用推动了劳动报酬的提升和劳动力劳动体验的改善,使企业能够更好地满足员工合理需求,并通过人性化的管理模式实现对劳动力的赋能。这种良性循环不仅促进了劳动关系的和谐发展,还为企业长期竞争力的提升奠定了基础。

因此,人工智能在企业人力资源管理中的广泛应用,不仅优化了企业对劳动力的管理能力,还在潜移默化中促进了企业与劳动力之间的相互理解与信任,推动劳动关系向和谐方向发展。

6.5 改造不适宜的劳动环境

劳动环境是劳动力实现自己的职业价值乃至人生价值的特定场所。好的劳动环境可以愉悦劳动力的精神，提高劳动力的工作效率；而糟糕的劳动环境则会降低劳动力的劳动意愿，破坏劳动效率的提升。事实上，许多传统工作由于存在危险系数大、非人性化的劳动环境等问题，严重威胁着劳动力的身心健康和工作积极性，对劳动力市场的持续健康发展造成了不利影响。而在人工智能浪潮的影响下，劳动环境已发生了不少积极的变化，实现了在安全性与舒适性两大层面上的大幅改善。

6.5.1 保障劳动的安全性

在人口老龄化日益加剧的背景下，保障劳动力的生命安全和健康权益成为生产过程中劳动管理的重要议题。人工智能技术的广泛应用，为构建安全的劳动环境提供了强有力的技术支持，尤其是在危险性较高的工作场景中，人工智能能够有效降低劳动力面临的安全风险，实现劳动环境安全性的全面提升。

首先，人工智能在高危工作环境中的应用显著提高了劳动安全保障水平。对于需要暴露在高温、高压、高空、低温、有毒气体、危险化学原料等极端环境中的职业，人工智能技术能够通过智能机器人代替人工操作，承担危险环境下的作业任务。例如，在资源开采或复杂地质作业中，智能机器人可以直接进入危险区域执行任务，而劳动力则退居二线，承担指挥和监督的角色。这种"人机协作"的模式不仅有效减少了劳动力直接接触危险环境的机会，还允许劳动力根据实时变化灵活调整机器人的任务指令，从而进一步保障作业的安全性和灵活性。

其次，对于劳动力确有必要进入高危环境工作的场景，人工智能通过实时监控和数据分析技术，能够显著降低安全事故发生的概率。在此类环境中，由于劳动条件的特殊性，劳动力稍有疏忽便可能引发严重事故，危及生命安全。人工智能通过智能监测系统实时追踪操作员的精神状态、动作行为和环境异常情况，及时识别潜在的安全隐患。例如，当操作员出现疲劳、注意力不集中或动作异常时，系统能够迅速发出警报并采取应急措施，避免事故的发生。此外，高危环境往往对劳动力的认知判断能力提出了极高要求，而人工智能辅助决策系统能够整合现场的实时数据，提供全面、客观的环境指标，帮助劳动力在最短时间内作出科学合理的决策，从而减少因误判或迟判导致的安全事故。

最后，即便是在日常劳动环境中，人工智能同样能够通过与物联网、大数据等技术的结合，为劳动安全提供更高水平的保障。例如，在火灾预警、危房诊断、重大自然灾害预测等领域，人工智能可以通过提前感知风险并发出预警，实现危险的提前处置，最大限度地减少意外事件对劳动力生命健康的威胁。这种基于人工智能的安全防护体系，不仅在高危行业中发挥重要作用，也在日常劳动场景中为劳动力提供了更全面的安全保障。

综上所述，人工智能通过在高危环境中的智能替代、实时监控与辅助决策，以及在日常劳动环境中的风险预警与防控，全面提升了劳动安全保障能力。这充分体现了人工智能在劳动安全保障中的技术价值与实践意义，为实现劳动环境的安全性底线和劳动力市场的可持续发展提供了重要支撑。

6.5.2 促进劳动的舒适性

在人口老龄化的背景下，劳动力对工作环境的舒适性需求愈发凸显。人工智能技术的应用，为传统工作环境的深度改造提供了全新路径，不仅有效缓解了劳动环境中的不适因素，还为劳动力营造了更加舒适、愉悦的工作氛围，从而在劳动环境的舒适性上提供了强有力的技术支撑。

人工智能能够有效改善传统劳动环境中的不适因素，这些因素包括但不限于噪声、空气污染、工作现场的卫生状况、整体氛围以及办公场地设施的陈旧性等。这些主客观上的不利条件会对劳动力的身心健康和工作体验产生不同程度的负面影响。通过人工智能技术的引入，工作环境可以实现智能化改造。例如，智能环境监测系统能够实时监测空气质量、噪声水平和温湿度状况，并通过智能调节系统迅速优化环境参数，从而为劳动力提供更加健康和舒适的工作条件。此外，基于人工智能的环境监控系统还能够实现对工作现场卫生和设施状态的动态管理，确保劳动力始终处于整洁、有序的工作环境中。

在办公场景中，人工智能对劳动环境的优化主要体现在"软环境"和

"硬环境"两个方面的改造。对于软环境的优化，人工智能技术通过构建以数据为中心的高效协同办公体系，显著提升了工作效率和办公体验。例如，各类基于人工智能的智慧办公软件能够实现跨部门、跨地域的高效协作，使员工可以随时随地灵活办公。这种智能化的办公模式，不仅减少了烦琐的工作流程，还增强了办公的灵活性和愉悦感，使劳动力能够在轻松高效的环境中完成工作任务。

人工智能通过对办公空间和设备的智能化升级，进一步提升了劳动力的舒适感。例如，智能温湿度调节系统、智能新风系统、智能灯光系统、智能会议室以及智能健身设施等，能够根据劳动力的实际需求动态调整环境条件，使工作场所始终保持在最优状态。这种智能化的环境管理方式，不仅改善了劳动力的身体舒适度，还对其心理状态产生了积极影响，有助于劳动力始终以饱满的精神状态投入到工作中。此外，智能化的休闲娱乐设施也为劳动力提供了更丰富的放松和恢复方式，从而进一步提升了劳动体验。

综上所述，人工智能通过对劳动环境中不适因素的消除和对软硬环境的智能化改造，显著提升了劳动力的工作舒适性。在老龄化背景下，劳动力对舒适劳动环境的需求日益增长，而人工智能技术的广泛应用，不仅改善了劳动力的工作体验，还增强了其工作积极性和幸福感。这种劳动环境的优化，为应对老龄化社会带来的劳动力挑战提供了重要支持。

6.6 促进劳动方式的转变

人工智能助力劳动力市场实现再平衡的一个重要表现，体现在其对劳动方式转变的深远影响，而劳动方式的变化作为中介因素，进一步影响劳动力供给的有效性及劳动力市场的运行效率。具体而言，这种影响主要体现在两个方面：第一，随着人工智能推动劳动方式的简易化与智能化发展，劳动强度的降低将更符合女性劳动力的身体条件和心理预期，有助于减轻育龄女性的就业压力，突破传统家庭分工的限制，从而提升她们参与劳动的意愿，推动潜在劳动力资源的开发与利用。第二，如果劳动方式在人工智能的赋能下呈现出灵活化特征，非传统劳动岗位和非标准劳动形式将因此逐渐增多，扩展了劳动力市场的内涵，增加了就业机会，并进一步激发劳动力市场的活力。灵活化的劳动方式还能够匹配女性劳动力以及其他潜在人群的就业需求，拓宽他们回归或参与劳动市场的路径，为劳动力供给与需求平衡的优化注入新动能。

6.6.1 劳动方式的轻松化态势

人工智能有利于劳动方式的轻松化的发展。随着自动化、智能化的加深，劳动力的部分体力活动与脑力活动被人工智能所取代，劳动强度呈现持续的下降趋势。在传统制造业中，工人需要进行与机械打交道的一系列重复操作，往往需要长时间地站立或者弯腰，时间久了会导致肌肉酸痛、眼部疲劳、过度负荷等问题。这些问题会导致员工体验感变差，长此以往甚至会影响到他们的身体健康、心理健康和工作效率。然而人工智能技术的出现大大减轻了劳动力的劳动强度，如双臂机器人的应用，这种机器人常见于汽车、电子等行业，在传统装配线上，工人原本需要两只手来完成的工作很多可以被机械手臂所代替；再如智能仓储和物流系统的应用。传统仓库或者物流系统下，员工需要频繁往返于仓库的各个区域，需要大量的劳动力和时间付出，而且错误率较高。而在现代仓储物流业中，通过采用智能仓储和物流系统，可以实现全自动化的运营和管理。通过人工智能技术的支持，系统可以根据对数据的精准分析，实现对库存、运输等情况的实时监控和管理，优化配送路线，最大程度地发挥调度协调的功能，提高工作质量和效率。机器与程序完成了原本人工需要完成的高强度的、枯燥的劳动过程，劳动力则只负责遥控指挥和定期检查。与此同时，由于采用先进的劳动工艺，劳动效率提高，劳动时间也随之下降，原本甚至可能需要加班才能完成的工作任务，现在较短时间便可以处理完毕。以人力资源招聘工作为例，在原先传统的招聘模式下，人力专员需要到处进行招聘，还不能确保应聘者与企业的适配度，无法保证企业招聘目标的稳定实现，而如今借助智能招聘，只需要规划少数的专场招聘会，其余的招聘计划完全可以借助互联网实现，劳动时间大幅节省，劳动产出正向提升。这样，原本许多可能需要男性劳动力才能更好地完成工作的岗位，现在女性劳动力也完全可以胜任，正是基于劳动强度的减弱与劳动时间的削减，劳动力市场符合潜在劳动力要求工作轻松化的偏好，对潜在劳动力尤其是未就业女性的吸引力有了较大提升。

6.6.2 劳动方式的灵活化态势

人工智能有利于劳动方式灵活化的实现。以往受限于技术手段的不足，同时企业存在明确劳动力工作状态的既有目的，出于绩效管理、有效监督等考量目标，劳动力必须按时考勤、在自己的工作位置上完成指定的工作任务，导致了传统劳动方式的死板和僵化。然而在人工智能时代下，技术的飞跃逐渐改变了这一现象，即使员工不在管理人员的身边、不在管理人员的视线之下，公司也可以实现对员工绩效的有效考察、实现对员工工作的有力指导，完全可以实现对企业员工的进一步赋能。

首先，劳动力市场中的一个显著变化便是出现了许多快递员、外卖员、网约车司机、网络主播等非标准化就业形式，劳动力可以依据自身实际情况，自由选择工作时间、工作方式、工作地点，因此既有选择专职劳动形式的，也有选择兼职从业的，有工作全天的，也有只工作半天的，还包括白天送快递、晚上开滴滴的组合劳动力等，实现了形式丰富多样的灵活就业，而这些在原先是完全无法想象的。例如在外卖领域，凭借着人工智能技术，平台可以完成外卖订单的智能分配、配送路径的智能规划、送达时间的精准预测，对于消费者而言，人工智能还可以生成消费者画像，在外卖平台软件上提供个性化的智慧推荐服务，培养消费者的用户黏性。而正是以这些为基础，外卖员工作的完美达成才变成可能。同时对于带孩子的宝妈来说，可以实现在孩子上托管机构时，利用这段时间从事相应的灵活就业岗位。而对于全职妈妈来说，可以利用孩子上学、老公上班之际，结合自己的特长做自媒体、网络主播等工作。

其次，除了灵活工作形式的大批涌现，还有不得不提的新潮流就是远程办公、居家办公、混合办公、元宇宙办公等成为新的办公趋势，办公方式也越来越灵活化，企业与劳动力之间实现了"双赢"。企业节约了大量办公开支包括写字楼承包、发放交通补助、承担额外商业保险等费用，劳动力则省去了烦琐的通勤上下班流程，节省了工作成本，居家"远程异地"工作成为现实，破除了就业的区域限制问题，尤其是有利于那些上班距离远、损耗时间长的劳动力，使得劳动力与企业双方都减少了自己的交易成本，而这得益于各种基于人工智能的远程办公软件的深入发展，包括在线视频会议、虚拟助理、数字人力资源经理、仿真虚拟会议等功能的普及应用,实现了在云端上的紧密协同、高效办公,让远程办公也能发挥传统办公的效用,甚至可以达到相比之下效率更高、员工满意度更优。同时,灵活化的办公方式对于那些潜在的女性劳动力也是非常友好的,可以在上班的同时最大限度地顾及家庭,进一步提高女性群体进入劳动力市场的意愿。

产业的自动化、智能化以及出现的非标准化就业岗位、新式的办公趋势,彰显了人工智能改造劳动方式的巨大能力,劳动方式的轻松化与灵活化既转变了部分行业给劳动力留下的刻板印象,也创造了更丰富的就业机会,为更多女性潜在劳动力进入劳动力市场提供了更多的现实可能性,彰显了智能时代下劳动本身蕴含的惊人潜力与创造力,而且轻松化与灵活化态势背后蕴含的对自由诉求之实现意义吸引了更多劳动力积极投身就业市场,有效整合了社会上的劳动力资源,糅合了劳动力的碎片化时间,让劳动本身有了可以实现不分劳动时间、劳动地点、劳动力性别的潜能,有利于破解传统劳动模式下对劳动力个人的劳动束缚问题,释放劳动力的主观能动性,助力劳动力的自由与全面发展。

6.7 本章小结

人工智能的不断进步,不仅有助于提升劳动力福利,还能有效破解在老龄化背景下劳动力市场存在的诸多不平衡问题。这些变化为劳动力市场注入了全新的活力,是人工智能助力劳动力市场再平衡的重要体现。

具体而言,人工智能在以下六个方面展现了其强大的作用和潜力:一是破解劳动力供给问题,二是弥补养老产业劳动力需求,三是推动劳动力供需匹配,四是构建更加和谐的劳动关系,五是改造不适宜的劳动环境,六是形成全新的劳动方式。这六个方面的影响并非孤立存在,而是相互交织、彼此融合、不断深化。例如,劳动环境的改善可以促进劳动力供给,养老产业的劳动力需求补充能够推动供需平衡,而全新的劳动方式则为增加劳动力供给提供了积极导向。

因此,人工智能在实现老龄化背景下劳动力市场再平衡方面,具有现实可行性和深层次的影响力。这种影响是立体的、系统的,而非表面化或盲目发展的。我们应对人工智能在解决劳动力市场不平衡问题中的潜力充满信心，同时需要科学、系统地推进人工智能技术的合理应用，清除其发展过程中的障碍和阻力，使其在劳动力市场中发挥更大、更积极的作用，从根本上助力老龄化社会背景下劳动力市场不平衡问题的解决。

第7章 老龄化背景下人工智能助力劳动力市场再平衡的现实应用

在人口老龄化日益加剧的背景下,全球劳动力市场正经历结构性变革。劳动力供给不足、劳动效率下降和技能供需错配等问题,已对多个产业形成系统性挑战。人工智能作为新一轮科技革命的核心驱动力,凭借其强大的数据处理能力和广泛的产业适应性,推动传统劳动模式的革新和优化,为破解老龄化困局提供新的解决方案。本章聚焦于人工智能在农业、养老服务业、汽车制造业、物流业、医疗产业及化工产业等多个领域的应用实践,探讨人工智能在促进劳动力市场再平衡中的实际应用路径与成效。

7.1 人工智能助力农业劳动力市场再平衡

7.1.1 农业产业现状分析

1. 产业现状

农业自古以来就是国民经济的基础,是人类社会赖以生存的基础性物质生产部门。纵观人类文明发展历程,从刀耕火种、传统农业到工业化农业,直至当前蓬勃发展的现代农业,农业生产形态虽历经迭代升级,但其始终发挥着维系人类生存、支撑社会发展的支柱作用。农业作为具有显著地域性特征的劳动密集型产业,其主要发生区域为农村的空旷田野。然而随着城镇化进程的不断加速,农业劳动力结构也随之发生深刻变革,农村青壮年劳动人口持续外流,剩余劳动力呈现老龄化特征。2023年农业从业人口中50岁以上人口占比30.6%，[①] 受限于体能衰退与知识水平不足，其劳动力生产水平有限，劳动生产率显著降低。因此，传统人力耕作模式已难以满足现代化农业的发展需求。

经过农业产业从业者长期的摸索和经验积累，现代科学技术已成为推动农业发展的核心动力。通过引入科学化的种植理念，应用精准农业、智能装备等现代先进技术对农作物生长过程进行预测、监控，实现了对自育种、种植到收割各环节的精准把控。这种技术革新不仅推动了土地资源利用率和产能转化率的有效提升，更使整个农业产业模式发生了革命性变革。在这一过程中，传统农作物依赖自然生长的农业生产方式正逐步向智能化、机械化发展，以无土栽培、太空农业等为代表的现代化生产经营模式蓬勃发展，进一步加速农业规模化、产业化发展进程。这不仅提高了农业生产效率，更实现了农业附加值的增长与增收，为农业高质量发展注入新动能。

2. 产业劳动力市场现状

全球老龄化进程的持续深化给农业劳动力市场带来了显著冲击。作为劳动密集型产业，农业部门正面临着由老龄化引发的劳动力市场供需失衡的双重矛盾。一方面，农业从业人口规模持续缩减；另一方面，因劳动力数量的不断减少，农业劳动力的用工成本持续攀升。农业劳动力在发展中呈现了向城镇化转移、向老龄化转变、向机械化迁移及向技能型转化四个层面的特点，农业劳动力供需不平衡日趋严重，制约着农业的正向发展。

（1）劳动力向城镇化转移。随着城市化进程的不断加速，农村劳动力大量向城市转移，农村人口大量外流，农业劳动力总量逐年下降，出现了务农劳动力缺乏的"用工荒"现象。农业劳动力的工作地主要集中在农村地区，劳动力就业主要依赖附加值较低的初级农产品生产，每年收成受自然环境和市场波动的影响较大，收入区间极为不确定。而与此同时，城市部门企业有着更具竞争力的薪资水平和更完善的就业保障体系，且城市工业中的边际产出远远大于农业生产的边际产出。这些因素促使大量农村青壮年劳动力向城市劳动力市场转移，农业产业剩余劳动力总量明显下降，人工劳动力远远无法满足现代农业的发展需求。

---

① 2023年农民工监测调查报告［EB/OL］. https：//www.stats.gov.cn/xxgk/sjfb/zxfb2020/202404/t20240430_1948783.html.

（2）劳动力向老龄化转变。人口老龄化程度日趋加深和农村青壮年劳动力向城镇化转移速度加快双重作用，使我国农业劳动力结构呈现出显著的老龄化趋势，劳动力年龄结构失衡现象日益加剧。2024 年，中国务农人口平均年龄为 43.1 岁。① 受"农民是社会最底层职业"的刻板印象影响，农村青壮年劳动力普遍选择到工业化程度较高的城市发展以摆脱身份标签，而农村中的留守老人因已长期适应农村的生活环境，不愿意离开赖以生存的土地。这样的双向流失不仅加剧了农业劳动力老龄化进程，更导致农业劳动生产率日益降低。

（3）劳动力向机械化迁移。随着农业产业劳动力供给的日益短缺，传统人工劳作模式已无法满足市场对农作物高产量、高质量的需求。在此背景下，推进农业机械化、智能化转型是提高农作物产量、舒缓劳动力供需关系和农产品供需关系的有效路径。当前，农业生产的主要环节已基本实现"机器换人"的产业升级。相较于传统人工作业，农业机械化这一新型"劳动力"展现出显著优势。机器精准播种减少种子浪费，智能收割降低损失率，在提高农业生产效率的同时保障了农产品的稳产高产。这种新型"劳动力"的广泛应用正在为农业现代化发展注入新动能，助力农业产业的正向发展。

（4）劳动力向技能型转化。随着社会经济发展水平的不断提升，人们对农产品品质提出了更高要求，促使农业劳动力结构逐渐向技能密集型方向转型，从而为更高层次的农作物研发和培育提供支撑。作为国民经济的基础产业，农业要实现从传统劳动生产模式向现代化生产模式转型升级，关键在于建设高素质技能型劳动力队伍。然而，当前农业劳动力资源现状距此仍存在一定差距。一方面，农业产业对从业人员的知识水平要求较为宽松，准入门槛较低；另一方面，缺乏对农民的系统化技能培养体系。以中国为例，全国农业生产经营人员普遍受教育程度较低，初中学历的占 55.4%，高中或中专学历的占 8.9%，大专及以上学历的仅占 1.5%。② 这种人力资本含量较低的现状使得农业劳动力整体认知水平滞后，技术接纳能力较弱，产业创新动能不足。综合分析农业市场现状，农业劳动力市场亟需技能型劳动力以提高农产品质量和产量，进而推动农业的高质量发展。

---

① 2023 年农民工监测调查报告 ［EB/OL］. https：//www.stats.gov.cn/xxgk/sjfb/zxfb2020/202404/t20240430_1948783.html.
② 第三次全国农业普查主要数据公报（第五号）［EB/OL］. https：//www.stats.gov.cn/sj/tjgb/nypcgb/qgnypcgb/202302/t20230206_1902105.html.

7.1.2 人工智能技术在农业的应用现状

人工智能技术对农业产业的赋能改变了传统农业的耕作模式，推动着农业生产向着更加科技化、智能化、智慧化的方向发展。纵观农业生产全过程，每一处都存在着人工智能技术的掠影，以智能化的机械设备、农业机器人代替人力手工作业，不仅创造了高质量的农产品，提高了农业生产的效率及效益，更缓解了农业产业劳动力紧张的供需关系，解决了因劳动力匮乏产生的一系列问题，成为现代农业生产良性发展的内生动力。

1. 产前灌溉控制

农田水利灌溉作为农业生产服务的基础设施，对农作物的生长发育起到了至关重要的作用。传统农作物种植中农田水利主要依赖自然雨水实现，但很多地区水资源相对较匮乏，水旱自然灾害时有发生，给农业高质量生产带来了很大程度的制约，无法实现农产品的增产增收。而在产前灌溉环节引入人工智能技术，通过人工神经网络及其他先进技术和智能灌溉控制系统对农作物的生长环境进行实时监测，在监测过程中针对农作物生产需水量进行及时调控，并依靠大数据技术对当地的气象环境进行分析，结合农作物实际情况，实施科学合理的农作物灌溉计划，不仅能够大幅提高农作物的产量、有效提高农业生产力，更能优化水资源的利用效率，推动社会的可持续发展。

2. 产前土壤检测

土壤养分是农作物生长的基础，能够为作物提供必需的营养元素，并指导农作物施肥，对农作物产量的提升具有重要意义。传统农业种植中，农民检测土壤大多数依靠以往的种植经验，但是营养成分是肉眼无法辨别的，导致了农作物收成的偶然性，产量极不稳定。而现代农业利用人工智能、大数据、传感器感知技术，对土壤中的可溶性盐含量、地表水分、湿度、营养物质等成分进行系统化检测，通过人工神经网络进行预测分析，能够制定出最适合农作物生长的种植及施肥方案，保证土壤中的营养物质能够充分被农作物生长所吸收，实现农作物增产增收的目标。

3. 产前种子鉴定

种子是农作物生产的基础和关键，优质种子培育出的农作物不仅可以增产增效，更可以有效减少生长过程中的因病虫害、恶劣自然环境造成的损失。传统农业中主要依赖官能检验法再结合生产实践中积累出的宝贵经验来判断种子的优劣，即种植人采用肉眼观察、齿咬、手摸、舌尝等直观方式，这种方式虽可以观察分析到部分情况，但会伤害到种子的结构，结果也欠缺科学性。而在种子鉴定环节融入人工智能技术，以机器视觉对种子的尺寸、颜色、形状、发芽百分比、发芽率等参数进行测量测定，筛选出优质的农作物种子，保障了种子的原型态及安全性，为农作物的高质量产出奠定了基础。

4. 产中机器插秧

插秧是水稻类作物的种植方式，插秧时秧苗的深度、密度和间距对秧苗的孕育均存在很大的影响，是提高水稻类作物产量的重要环节。传统人工插秧凭借农民生产经验进行种植，秧苗的种植深度、苗间距难以达到统一，效率也较低。单纯依靠机械化插秧虽然可以在一定程度上保证秧苗的深度和密度等要素，但无法根据不同的地况进行预判，缺少一定的动态调节能力。而在插秧环节使用智能机器人代替传统劳动力、机械设备进行工作，以其思维及感知能力对农作物种植情况进行合理预测，并在种植过程中及时监测种植的外部环境，随时向种植人发出信号，做到智能化种植、种植数据信息实时掌握，使以插秧为种植方式的作物实现高质量生长。

5. 产中智能采收

采收是农作物生产中的最后一个环节，也是影响储藏成败的关键环节，其目标是使农产品在适当的成熟度时转化成为商品，要求采收速度要尽可能迅速，采收过程减少对作物的损伤。传统人工采收比较耗费时间和精力、效率也比较低，人工成本较高。机械化采收虽省时省力，但对于地域不平坦、面积小的区域操作不便，如有机器误触还会造成产品损耗。现代农业应用以人工智能技术为依托的采收机器人对农作物进行采收，通过计算机视觉识别、感知性能及控制操作系统，对农产品进行准确定位，结合内置的知识系统判断产品成熟情况，利用采收机器人的机械手臂进行作业，不仅可以大幅提高农产品的采收效率，还可以有效控制采摘的力度，不会对未成熟产品造成破坏，保证了农产品的品质，降低了损耗率。

6. 产后质量检验

农产品产后质量检测是保障农产品质量安全的重要手段，是农产品质量升级、提高市场竞争力的重要技术。传统农产品质量检验工作在生产、加工、储存的过程中都要进行品质检验，检验合格后的农产品以人工或机械化的方式对农产品进行差异化包装，但效率较为低下，分类误差较大。因此，在质量检验环节引入人工智能技术是有效解决这些问题的关键。通过运用计算机视觉、图像处理技术，在农产品检验机械上安装具有计算机视觉技术的机械手臂，利用手臂上的光学镜头对农产品各项参数进行捕捉，而后以图像处理技术对农产品图像进行处理分析，挑选出不合格农产品，准确率极高。此外，根据分析结果，系统还能对合格的农产品进行分类，并自动打包，将它们输送到存储仓。人工智能技术的赋能不仅显著提升了农产品检验的工作效率，而且有效确保了农产品的品质安全。

7.1.3 智慧果园案例分析*

北京市平谷区有一个高智慧化程度的果园，被称为"未来果园"（以下简称果园）。其占地面积60亩，其中桃园占地50亩，猕猴桃占地10亩，是要素高度聚集、设施装备智能、三产高度融合的综合示范智慧果园。走进果园之中，随处可以看到新安装的各类新装备，数字气象仪、智能防雹防鸟网、高标准水肥一体化系统等一系列高科技技术被充分挖掘和利用，成为果园的"千里眼"和"听诊器"。在一望无垠的工作区，虽然看不到任何农民，但一眼就可以看到天上飞着的无人机，地上跑着的无人车，从开沟、除草、灌溉、打药到采收，整个过程实现了智能化作业。人工智能、大数据等技术被应用至果园之中，革新了传统农业果园的生产管理模式，有力破解了传统的农产业发展所面临的土地碎片化、劳动力老龄化、经营分散化、组织化程度低等难题，开创

---

* 北京平谷："未来果园"里的桃子什么味［EB/OL］.（2021-08-12）［2024-12-10］. https://nyncj.beijing.gov.cn/nyj/snxx/gqxx/11046973/index.html.

了一种新型农业模式,推动了农业产业向智能化、智慧化发展。

1. 智能药物喷洒

果园以人工智能技术赋能药物喷洒,提高工作效率,增强喷洒覆盖率。在这种大规模的果蔬种植区,单纯以传统人工手摇式喷洒农药、施肥的方式对果园进行管理,不仅工作效率低下,还会产生高额的人工成本,且在因老龄化带来的农业劳动力短缺的情况下,招聘大量劳动力来完成此项工作是难以实现的。在该环节引入人工智能技术,将无人机、自动驾驶喷雾机密切配合,实现自动化、智能化喷药,有效缓解了果园劳动力短缺的压力。无人机在天空中作业,自动驾驶喷雾机在地面劳作,自动驾驶喷雾机结合预先采集的果园数据在地面作业的方式对作物进行施肥、打药,再使用无人机搭载喷雾器,通过高精度定位和遥感技术,以每行等宽的行距进行往返作业,均匀喷洒,工作效率可达60亩/小时,突破了传统人力作业效率低下的困境,避免了对果树果实的破坏和农药的浪费、污染。

自动驾驶喷雾机还装配了精准变量风送喷雾系统、果园精准喷雾决策系统、喷雾姿态自动调整系统,机器前部配置了激光传感器,成为它的"眼睛",通过"眼睛"能够检测果树不同位置的绿植量及叶面指数,再利用计算方法变量喷雾,实现精准喷雾。它有个能装30升药剂的"肚子",最高时速约4公里。也就是说,仅需一小时就能够完成十几亩果园的撒药任务,不仅达到了高效且覆盖广泛的目标,还能够有效防治病虫害。

2. 智能数据监测

果园以人工智能、大数据、云计算技术为依托搭建了"空中卫星遥感 + 天上无人机 + 地上传感器"的天空地一体化的果园智能管理系统,实时监测果园产品的生长过程,实现果品的全过程溯源,大大提高了果园产品质量。在传统果园种植中,果品生长情况基本上依靠种植人员凭借感觉结合经验对质量进行判断,在出现病虫害时做不到及时管理,造成果园产品总量减产。而通过果园智能管理中的智能感知系统、基于作物生长模型的智能分析平台、大数据存储与展示中心等系统,加装相关智能装备的方式将实时采集气象、土壤数据、图像并上传云端,再结合收集的数据为果园管理者提供合理的施肥、灌溉等建议,实现对果园中土壤、水肥、气象、虫害、果树长势等情况进行实时监测管理并对果品进行全程溯源管理，能够及时采取措施应对糟糕的天气情况及病虫害现象。这种人工智能赋能果品种植的方式，提高了果园果品的质量、产量，推动了果园的产业升级。

3. 智能果品采摘

果园引入智能化设备，广泛应用采摘机器人对成熟果品进行高效采摘，成功探索并培育了一批"新型农民"，显著提高了劳动效率，有效缓解了劳动力短缺问题。当前，传统劳动力群体普遍面临年龄偏高、劳动效率较低的困境，尤其在高处果品采摘等劳动强度较大的工作中，难以满足生产需求。采摘机器人作为人工智能技术在农业领域的重要应用，通过替代人力完成果品采摘任务，为果园管理提供了全新解决方案。采摘机器人依托预先置入的果园数据，能够精准定位果品区域，并利用机器视觉识别系统中的光源、图像采集及图像处理算法等技术，精准识别隐藏在层层叶片下的果实位置，并对果实的成熟度实现智能判断。机器人通过机械臂灵活执行采摘操作，将成熟果品采摘后放置于收集容器中，并重复这一系列动作，持续完成采摘任务。与传统人力相比，采摘机器人不仅能够长时间无休作业，还能够在复杂的果园环境中精准高效地完成任务。

采摘机器人的广泛应用，不仅降低了果园的劳动成本，实现了"降本增效"的目标，还确保了成熟果品能够及时采摘，避免因采摘延误造成的经济损失。它在解放传统劳动力的同时，推动了果园向智慧农业的转型发展，为果园现代化管理开辟了一条全新的路径。这一实践充分体现了人工智能技术在农业领域的潜力，为老龄化背景下农业劳动力短缺问题提供了切实可行的解决方案，助力果园迈向智慧化、可持续发展的新阶段。

7.1.4 老龄化背景下农业未来发展前景展望

在人口老龄化不断加剧的背景下，农业生产正面临着劳动力短缺和生产效率亟须提升的严峻挑战。人工智能技术作为一项核心推动力，已在农业生产、管理、检测和销售等环节发挥出重要作用，不仅大幅提升了农业产业的智能化水平，还加速了农业产业链的升级与可持续发展。未来，随着新一代数据运算技术、预测能力和通信技术的快速发展，人工智能与农业的深度融合将迎来更多机遇，为智慧农业注入源源不断的新动能。智慧农业将以更高效率、更低能耗为目标，推动精准农业与智能化管理的实现，并在农业数据平台服务、无人机植保服务、农业机械自动驾驶、精细化及无人化养殖等领域广泛应用，从根本上缓解因劳动年龄失衡带来的农业劳动力困境。

此外，智慧农业的核心数据将通过高效通信技术快速汇聚至云端数据库，实现农产品生产、流通及销售环节的信息实时共享与反馈，优化农业全链条管理。机器学习算法亦将在农产品科研中获得更深入的应用，助力农产品基因的优质化培育，为市场提供高产、高质、更安全的农产品。与此同时，以人工智能赋能的农用肥料开发、农作物改良和新型农产品创新，将进一步提升农业生产的科技含量，推动资源利用效率和生产效益最大化。

在老龄化背景下，智慧农业的普及不仅为解决农业劳动力短缺提供有效方案，还将推动农业向智能化、高效化和可持续化方向迈进。人工智能技术将持续引领农业未来发展，帮助传统农业转型升级，充分释放农业生产潜力，为应对老龄化挑战和实现粮食安全提供强有力的技术支持。

7.2 人工智能助力养老服务业劳动力市场再平衡

7.2.1 养老服务业现状分析

1. 产业现状

随着全球人口老龄化趋势的持续加剧，养老服务业在社会保障体系和经济发展中发挥着至关重要的作用。发展养老产业既是国家应尽的责任，也是提高社会福利、维护社会稳定和实现国家长治久安的重要基础。从全球视角来看，目前养老产业的发展状态可大致分为快速增长、成熟稳定和相对滞后三种类型。

中国养老产业目前处于快速增长阶段，伴随老龄化程度的加深，养老服务需求持续扩大，产业规模呈现爆发式增长，市场潜力尚待进一步挖掘和释放。欧美发达国家经过数十年的探索与实践，养老产业已步入相对成熟阶段，市场饱和度较高，产业体系完善，服务模式多元化，整体呈现稳定发展态势。相比之下，一些非洲及南亚国家由于受到政策支持薄弱、文化观念制约及经济发展缓慢等因素的影响，养老产业发展显著滞后，尚未形成统一化、规模化的框架，服务供给难以满足人口老龄化带来的现实需求。

综上，全球养老产业的发展水平呈现出区域差异化特征。中国作为快速增长型市场，需结合人口特征和文化背景，汲取发达国家的成熟经验，积极推动政策创新与服务升级，优化供给结构，构建高效、可持续的养老产业体系，以应对老龄化的长期挑战。

养老服务业在其发展历程中，形成了三类较为典型的模式，见表7-1。

表7-1　　　　　　　　　典型养老产业模式

类型	服务提供方	优点	适用人群
机构养老	养老院、康养中心等	服务全面	失能或失智、需医疗照护
社区养老	社区公共资源	快速、便捷	独居、生活自理能力弱
居家养老	家庭成员	熟悉、成本低	大多数普通老年人

社会经济的高速发展及人口老龄化的加剧为全球养老服务业创造了蓬勃发展机会的同时也给产业带来了极大的挑战，一方面是老龄人口数量的不断攀升令养老服务机构、设施设备十分紧张，且伴随经济水平的提高及城市化进程的加快，老年人群对养老服务的要求越来越高，给产业发展带来了很大的压力；另一方面则是产业市场劳动力受到人口老龄化影响，劳动力十分短缺，仅凭有限的传统人工劳动力数量远无法满足市场的庞大需求，必须探索新型"劳动力"来推动整个产业的发展。

结合产业发展现状，应用人工智能、大数据等现代信息技术手段服务于老年人群养老成为养老服务业突破劳动力限制，实现良性发展、达成市场供需平衡的有力手段。以日本这个超老龄化国家为例，各类信息化养老设备、养老机器人在当地养老机构中得到了广泛的应用，这些新型"劳动力"为老年人提供了更为灵活、更为便捷、更为个性化的服务，缓解了养老服务业人手"慢性不足"问题，为日本冠上了"养老天堂"之称，推动了该产业的快速发展。

2. 产业劳动力市场现状

人口老龄化已成为全球共同面对的不可逆现象，老龄人群数量不断增加，对劳动力需求数量逐年升高，使得养老服务业劳动力市场的供需关系极不平衡。另外，随着市场经济的加速发展，老年人群对养老服务的要求越来越高，即意味着对养老服务业劳动力的综合素质要求越来越高。纵观整个产业市场，一方面是劳动力的匮乏难以满足市场所需，各大养老机构面临"用工荒""老帮老"的难题；另一方面则为各大养老机构寻求新的技术手段以提高机构服务水平，引入智能设备、机器人等替代传统人工劳动力，从而促进养老服务业劳动力市场趋于平衡，推动整个产业劳动力自传统人工向专业化、智慧化转变。

（1）劳动力综合素质有待提升。人口老龄化的加剧及现代医疗分科精细的专科化发展提高了养老服务业的劳动力综合素质水平，但其劳动力专业程度仍亟待加强。当下，老龄化进程不断加剧使得老年慢性病人数量的日益上升，对养老机构的护理人员提出了更高要求，从事护理工作的劳动力要具备一定的专业素质，从而及时辨别中老年人的病症。但据2024年中国老龄科学研究中心等机构联合发布的《养老服务人才状况调查报告》显示，现有养老服务人才队伍中，41～55岁年龄段的占比高达56%，18～28岁的青年人仅占14.1%。更为严重的是，养老护理人员的持证上岗率较低，不足10%，尤其是专业技术人员占比非常低，不足5%。[①] 养老护理人员的专业水平、业务能力、服务质量等方面均存在很大不足，无法有效满足服务对象日益高涨的高质量需求。造成该现象的原因主要是养老服务业对人才的吸引力太小，且这一产业工作时间长、工资待遇差、社会认同感较低，很难吸引劳动力加入养老护理员行列之中。而后，养老服务业正着力寻找有力方式提高劳动力整体素质水平，一方面可以对现有劳动力加强培训，增强其对专业知识的掌握能力；另一方面可以通过激励的方式推动市场劳动力考取护理专业证书，对持有证书的人给予一定的补贴，在物质层面给予劳动力一定的激励，从而加强劳动力对专业知识的掌握。

---

① 马红鸽，田招. 新质生产力赋能养老服务高质量发展的逻辑理路、现实困境与推进策略［J］. 西北人口，2025，46（2）：104-112.

(2) 劳动力供需关系不平衡。人口老龄化程度的加剧导致养老服务业劳动力供需关系极不平衡。随着老年群体规模的持续扩大，患有慢性疾病的老年人数量显著增长，传统家庭护理已无法满足日益增长的多元化医疗保健需求，由此导致机构养老需求逐年增加，然而其行业劳动力供给尚未同步跟进，护理人员缺口持续扩大，养老服务业劳动力供需失衡问题愈发凸显。

(3) 智能设备替代趋势明显。随着人口老龄化进程的加速，养老服务业正面临劳动力资源结构性短缺的问题，传统的劳动密集型养老服务模式因其效率低下、资源匮乏已难以满足当下老年人的服务需求。在此背景下，针对多层次、多品种、多方面的老年人需求，尤其是生活难以自理及失能的老年人，亟需智能化的养老服务方式，为其提供更为个性化、更为便捷、更为灵活的服务，以智能设备替代传统劳动力已成为产业发展的必然选择。这不仅可以随时监测老年人的健康状态，为老人提供远程服务，提高养老服务的效率和质量，为老年人的生活提供更好的保障和管理，同时也缓解了整个劳动力市场资源短缺、供需不平衡的现状。

7.2.2 人工智能技术在养老服务业的应用现状

人工智能对养老服务业的赋能缓解了养老服务产业紧张的供需关系，两者相互交融、相互促进，不断满足老年人多样化、个性化的养老需求，受到了老年群体的一致认可与好评。在现代技术高度发达的今天，人工智能技术已遍布于健康监测、日常照护陪伴、辅助行动与康复、社区远程服务等养老服务业领域，为"银发产业"注入了新的能量，推动了养老产业的深层次变革。

1. 健康监测

健康监测是老年健康管理的重要环节。传统的老年人健康监测往往通过定期到医院进行体检等方法，对身体状况进行检查，包括身高、体重、血压、心率、血糖等方面的指标，以发现身体健康问题。在体检中，如果发现身体不适或存在异常情况，通常会到医院进行下一步检查，例如心电图、超声波、X线等，或者以居家家庭医疗器械如血糖仪、血压计等设备进行自我检测，测量各项身体指标。然而，这些传统的健康检测方式存在着一些缺点，比如需要花费大量时间、金钱和精力以及存在监测不到细节问题等。针对这些问题，出现了一些基于人工智能技术的监测设备，如智能手表、手环、穿戴设备、无人机、智能摄像头等设备，实现对老年人的生理参数、行为数据等信息进行实时监测和分析，提供个性化的健康管理和监护服务，更加高效、准确地对老年人进行健康监测和预警，为老年人健康管理提供了更多的选择和可能性。例如，身体监测设备可以通过传感器数据来监测老年人的身体状况，然后再将数据分析送到医疗机构进行分析，从而为老年人提供更精准的医疗诊断和治疗方案。

2. 照护陪伴

随着社会老龄化进程的加速，老年群体在生理机能衰退、心理健康维护及社会关系维系等方面面临挑战，照护陪伴正是满足老年人这些需求的重要手段。传统照护陪伴老年人的方式主要是通过家庭照护、社区照护、商业及志愿服务四种方式进行，而这些方式普遍存在服务对象单一化、个性需求匹配度低的弊端。因此，以人工智能为核心的技术革新正逐步成为老年照护领域的全新解决方案。在老年人照护陪伴中应用以人工智能技术为底座的照护机器人和虚拟助手，协助老年人完成起床辅助、个人清洁、穿衣进食等生活照料服务，并与其进行互动，提供情绪支持与陪伴。同时，一些智能应用程序也能够帮助老年人进行日常生活的规划和记录，如提醒用药、乘坐公共交通、打电话等，能够大大缓解老年人的孤独和抑郁情绪，有效提高老年人的生活质量和幸福感。

3. 辅助行动

辅助行动对维护老年人日常活动自主性具有重要作用。随着年龄的不断增长，老年人普遍面临生理机能衰退、身体状况逐渐变差等问题，主要表现在力量、平衡和灵敏度等方面。这些问题导致老年人的基础生活动作也面临安全隐患，例如行走、上下楼梯、站立、穿衣等。然而老年人的子女因职业发展和生活需要，难以做到全天候照护。在这种情况下，人工智能技术的辅助行动设备可以有效帮助老年人保持独立性并减轻他们的压力，让老年人能够在日常生活中更加自主地行动。该类产品包括智能轮椅、智能拐杖等设备，智能轮椅在人工智能技术的加持下可以实现自动驾驶，使用者可以通过智能手机、语音对其进行控制，遇到行人或障碍物时，智能轮椅会自动停下，以避免出现碰撞。与此同时，轮椅中已预置了地图信息，GPS系统会随时识别轮椅所在位置，方便照护人员及时了解老人所处地点。另外，它还能利用机器自身携带的传感器对周围情况进行检测,而后将检测到的信息与预先收集的地图信息进行比对,实现安全地自动行驶,为老年人的移动提供安全稳固的支持。

4. 智慧养老院

养老院作为提供养老服务的主要机构,其内部环境及服务能力受到社会的广泛关注,这直接关系着老年群体的生活福祉。在人口老龄化程度不断加深的背景下,将人工智能技术融入养老院中以实现照护资源智能调度和服务信息精准管控,不仅可以令养老服务更加高效、更加智能化,提高了服务效率和质量,更满足了当代老年人对品质养老的需求。例如基于人工智能的智慧养老院系统,可以自动控制养老院的设施和设备,为老年人提供更加安全、舒适的生活环境;在养老院中引入人工智能机器人,为老年人提供陪伴、娱乐、康复训练等多元化服务。

7.2.3 智慧养老案例分析*

新富养老院坐落于日本东京市中心,是当地的模范养老院。该养老院引进了20台看护机器人做"特殊护理员",这些机器人于2013年由政府出资推广,类型涵盖可爱的毛皮动物仿真机器人、模拟儿童机器人,还有人形机器人以及全尺寸的托举和步行机器人。

在新富养老院中,一款名为 Pepper 的机器人得到了广泛的应用,它的整体形状与人类相似程度较高,拥有人形大眼睛、拟人化的四肢、由三个滚轮所组成的旋转底座、简洁的手臂及灵活的手指,肢体语言十分丰富。当有人走近时,它的黑色大眼睛会盯着这个人看上一秒钟,随后会前后左右地伸展一下它的身体,然后停下来,抬起一只手跟你打招呼并做出让你靠近一点的手势。Pepper 机器系统中配备了语音识别技术、关节技术及情绪识别技术,可与人类进行沟通交流。新富养老院在日常院内管理、老人健康监测及日常陪护等方面全面引入了人工智能技术,特别是采用了 Pepper 机器人,为老人们提供了更加温馨和贴心的服务。

---

* 张佳欣. 机器人称为老年生活好帮手 [N/OL]. (2024-07-18) [2025-12-16]. https://www.thepaper.cn/newsDetail_forward_28109427.

1. 智能健康监测

人工智能机器人 Pepper 在新富养老院中被广泛应用至老人照护环节之中，保障了对院中老人健康监测的精准性，提高了照护效率，大大降低了护工成本。机器人 Pepper 的系统中已预置了信息化数据采集设备，借助软硬件技术的先进科技可以及时采集老人身体各项健康数据，从而监测老人的身体状况，若数据出现异常，Pepper 会及时发出报警信号；若数据处于正常值但存在一些不良情况，它会根据收集到的信息提出具有针对性的改善建议。如果监测到老人长时间保持坐姿，它会及时建议老人站起来走动一下，保持活动。甚至它还可以跟踪人类的面部表情，密切观察老人的肢体语言，根据识别到的面部表情及肢体语言，分析老人此刻的身体情况。与此同时，它会在晚间监控走廊过道内的活动，监控跑步锻炼时的情况，为老人的身体健康保驾护航。

机器人在新富养老院的服务工作中占据了主要部分，它的到来无疑为养老院的未来发展带来了新的方向。一方面，养老院已不必再雇用太多的人力护工，节省了很多劳动力成本；另一方面，利用机器人对院内老人进行监测，不仅效率极高，数据也十分准确，大大降低了在院老人发生危险情况的可能性。在日本老龄化十分严峻、专业护工数量短缺的劳动力市场背景下，机器人为养老院的发展注入了新的活力，为运营、管理及服务提供了新的模式，推动了日本养老服务产业的发展。

2. 智能陪伴照护

人工智能机器人 Pepper 具备陪伴和娱乐功能，能够陪伴在老人身边，组织各类游戏、指挥歌唱等活动，为老人的老年生活带来了极大的乐趣，大幅提升了老年幸福感。Pepper 系统中内置了极具特色的情感系统，在新富养老院中，可以经常看到它陪伴在老年人身边的场景。它会带领老人们围坐在一起，号召大家唱一些具有时代特征的歌曲，并站在舞台前方挥动着它的手臂进行指挥，老人也在带动下跟着一起拍手，乐趣性十足。此外，它还会识别老人的语言，对声音进行辨识后以其独特且富有情感的方式与老人进行沟通交流，解决老人因孤独所产生的心理健康问题。

这种新型"陪伴方式"创造了一个良好的照护氛围，为养老院中的老人带来了新鲜、温馨的体验，尤其对于有智障等特殊情况的老人来说，机器人的陪伴和服务能让他们获得良好的情感体验，缓解他们的焦虑和孤独，使他们发现生活的乐趣，让他们爱上养老院生活。在机器人的看护下，老人的自主能力、社交能力、精神状态以及沟通能力都有了一定程度的提升，整体生活质量也随之提高。同时，Pepper 的加入在一定程度上也提高了新富养老院的整体服务水平，创造了良好的社会声誉。调查显示，新富养老院中老人对机器人的喜欢程度高于对人力护工的喜欢，纷纷表示机器人的陪伴让他们对生活充满了积极态度。

3. 智能运营管理

在日本超老龄化的社会现状下，养老服务业正面临劳动力供需失衡困境，老年人口数量与专业护工数量已极不平衡。新富养老院通过人工智能机器人的创新应用赋能新富养老院运营管理，实现重复性岗位的智能化替代，在节省院内资源的同时，显著缓解了照护服务领域劳动力短缺的压力。例如，人工智能机器人可以 24 小时连续不间断地为老人们提供服务，代替人力完成护工的基本职责、门诊巡查、机器人自主清洁等工作，不仅减轻了现有护工的琐碎工作量，使护工可以将更多的精力集中于护理工作，还降低了劳动力成本，使得养老院的资源能够被更有效和充分地利用，在一定程度上提高了养老院的服务水平，增强了业内知名度。

7.2.4 老龄化背景下养老服务业未来发展前景

养老服务业是一个不断发展的领域，随着人口老龄化的不断加剧，将会有越来越多的养老机构浮现于市场之中，先进技术的深度融合也会为这一产业的服务模式带来革命性颠覆，未来人工智能在养老服务业的发展前景将会更加广阔，人工智能机器人将逐渐在养老院中发挥更重要的作用。一是养老机器人除在日常照顾和服务方面能够提供优质服务外，还可以随时为老年人提供定制化的康复和保健服务，根据人工智能收集的大数据对中老年人群体进行差异化分析，针对不同个体推出强身健体的个性化定制运动方案，实现定制化服务，以满足老人个性化的养老需求；二是利用人工智能技术对养老服务产业进行管理和监督，实时监测养老机构的设施、管理和服务质量，让养老机构能够更好地进行规范化管理。

人工智能技术的不断发展将持续推动养老服务产业的创新和发展，提高老年人的生活质量、提高服务效率、改善产业管理和监督质量，并为职业拓展带来更多机会。未来，人工智能技术将会为养老服务业带来更加多样化和更具创造性的改变，为老年人群的养老生活提供更加温馨、更加智能化的服务。

7.3　人工智能助力汽车制造业劳动力市场再平衡

7.3.1　汽车制造业现状分析

1. 产业现状

汽车制造业作为资本密集型和技术密集型的典型产业，具有资本投入规模大、对研发技术要求高的特点，是国民经济体系中的战略性基础产业。汽车制造业既是实体经济发展的核心支撑，也是衡量国家工业化水平的重要标杆。纵观各国历史，无论是20世纪20年代美国经济的兴起，还是50年代联邦德国、意大利、法国经济的起飞以及60年代日本经济的发展，无不是以汽车为代表的重工业高速增长为先导，汽车制造业始终是一国经济的重要支柱。在150余年的发展历程中，通过不断进化升级，汽车制造业生产自单件手工生产模式逐渐发展为智能化生产，实现了汽车制造业生产模式的革命性变革，如图7-1所示。

单件手工生产
主要以小批量和定制生产形式为主，生产效率低但产品价格高，生产成本不可控，生产周期较长，凭借个人劳动经验和师傅定的行规进行管理。

大批量生产
由福特汽车创新推出的生产方式，生产效率得到了提高。

准时化生产
在大批量生产方式的基础上创新而出以生产方式创新为根源，设计出市场需要的产品，以市场为导向，改变需求模式关系，进入精益生产。

智能生产
从产品全价值流程设计，融合信息化、自动化，从批量生产单一零部件或单一组装功能转变为柔性自动化设备，实现多品种加工、信息化数据采集、信息化决策等智能模式。

柔性生产
从一条流水线大批量生产应对市场准时化生产转变为一条流水线混合生产多款车型，解决多条流水线批量生产，资源浪费的问题。

图7-1　汽车制造业生产模式发展进程

近年来，汽车制造业在智能化转型中持续高速发展，但也面临着劳动力短缺与高水平人才供给不足的双重挑战。一方面，在生产过程中，需要大量的物力、人力及财力进行支撑，才能实现高水平、高效率的生产目标。但在全球人口老龄化情况越来越严重的情况下，现有劳动力规模是远远无法满足产业发展所需的；另一方面，在技术、管理和服务等方面要求多样化和全面化的今天，整个产业对高素质、高水平的人才的需求也与日俱增，而人才的供给却逐步缩减，影响了汽车制造业的可持续性发展。

在劳动力供给不足的市场背景下，传统汽车制造工业以人力为主要劳动力的时代已无法满足新时代的市场需求，汽车制造业的变革势在必行。在新一轮科技革命的到来之时，汽车制造业的发展也迎来了新的方向。一是人工智能、大数据等数字科技可以广泛应用至汽车研发、生产之中，以人工智能技术取代传统的人力劳动力，缓解因劳动力缺失带来的一系列生产难题，并在生产效率上得到大幅提高；二是以人工智能、大数据等为依托的新技术及业务模式不断涌现，增强了汽车制造的创新意识及技术水平，创造了新型汽车供应市场的个性化需求，如电动汽车、自动驾驶、智能网联、共享汽车等，汽车制造业得到了高质量发展。

2. 产业劳动力市场现状

在全球经济体系中，汽车制造业因其产业特性，成为一个提供大量就业机会、对劳动力技能要求较高的制造业领域。当前受到全球人口老龄化、产业调整和技术升级的影响，汽车制造业劳动力市场呈现了以下三个特征。

（1）劳动力流失现象严重。在汽车制造业快速发展的过程中，产业结构优化与技术升级成为必然趋势。然而，在这一过程中，劳动力流失的问题逐渐显现。随着人工智能技术的快速发展，智能设备凭借其高效、精准的优势，逐步取代了传统人工操作，加速了传统岗位的减少。这一现象集中表现在工艺技术与生产设备的更新换代，以及产业链整合升级的过程中。以汽车制造业为代表的企业为提升竞争力，持续引入先进工艺技术和智能化生产设备。这些技术变革在优化资源配置和提高生产效率的同时，也不可避免地导致部分传统岗位的撤销。例如，许多工厂逐渐淘汰了传统的流水线作业模式，采用机器人和自动化设备替代人工操作，精简了部分操作工位，减少了对一线劳动力的需求。此外，随着产业链整合优化的深入，一些企业为了进一步掌控核心环节，将原本外包的生产工序和服务重新内部化,压缩了供应商和合作伙伴的市场份额。这种调整对相关依赖外包业务的就业群体产生了挤出效应,进一步加剧了劳动力的流失。

总体而言,汽车制造业在追求高效化、智能化和产业链优化的背景下,不可避免地对传统就业结构造成了冲击,带来了岗位削减和职业流失的问题。这一现象不仅影响了汽车制造业的就业市场,也对相关劳动者的职业转型和技能提升提出了更高的要求。

(2) 劳动力技能要求提高。在自动化、智能化不断发展的趋势推动下,汽车制造业对工人技能的要求日益提高,企业越发需要具备专业技能和综合能力的人才,以适应技术革新和产业需求的不断变化。这种趋势不仅反映了生产工艺的变革,也体现了消费者需求对该产业提出的更高标准。首先,伴随科学技术的高速发展,汽车制造业的生产工艺经历了深刻变革。传统的操作、加工和生产模式已逐渐被数字化技术、智能化制造技术以及工业互联网技术所取代。这些先进技术的应用显著提升了生产效率和质量管理水平,但也使企业对劳动力的技能要求从以往的手工操作转向了更高层次的技术能力和操作熟练度。例如,智能制造设备的维护和运行、数据分析平台的操作以及生产流程中复杂自动化系统的管理,都需要劳动力具备较高的专业技能,这对技术型工人提出了全新的挑战。其次,个性化、多样化的市场需求为汽车制造业带来了新的驱动力。随着消费者对产品安全、环保、智能化和个性化的要求不断提高,企业需要持续进行产品创新并推出更符合市场需求的多样化汽车产品。这种变革不仅推动了技术的迭代升级,还加剧了对多元化劳动力的需求。工人需要在掌握传统生产技巧的基础上,具备跨领域的知识储备和能力,以支持复杂的研发、设计和生产过程,从而满足产业日益严苛的创新需求。

总体而言,在智能化、自动化和市场多元化的推动下,汽车制造业的劳动力技能要求正从低技能、单一化向高技能、多样化和综合化转型。

(3) 劳动力研发要求增强。在激烈的市场竞争与技术快速革新的背景下,汽车制造业对劳动力的研发能力提出了更高要求,高级研发人才的需求也随之显著增加。这种趋势源于行业向智能化、电动化方向转型升级,以及全球科技与市场格局的深刻变化。首先,汽车工业正在迈向以智能化、电动化为核心技术的新阶段,为产业开辟了全新的发展机遇。汽车制造企业必须依托高水平的研发人员,对新能源技术、人工智能技术以及未来出行模式进行深入研究和开发，以推动产业转型升级。研发人才在这一过程中扮演着关键角色，其创新能力和技术素养直接影响企业在核心技术领域的竞争力。其次，国际技术封锁加剧和"卡脖子"问题的存在，使得汽车制造企业更加迫切需要提升自主研发能力。仅仅依赖外部供应商的零部件和技术难以满足产业的技术创新与产品升级需求。要破解关键核心技术受制于人的局面，企业亟须招募和培养兼具理论深度与实践经验的高水平研发人才，通过增强企业内部自主研发能力来提高技术创新的效率与质量，从而保障产业链自主可控。最后，智能化是推动汽车制造业转型升级的重要手段，这一过程对技术研发提出了更高要求。从制造流程的数字化改造，到智能制造技术（如人工智能、物联网和虚拟现实）的深度应用，都需要研发人员持续开展技术创新。

7.3.2 人工智能技术在汽车制造业的应用现状

汽车制造业是一个复杂且规模庞大的产业，传统制造模式对手工操作和人力资源的依赖较高。然而，近年来，随着人工智能技术的快速发展，汽车制造业逐渐加大对人工智能技术的投入，通过智能化手段提升生产效率、自动化水平和制造精准度，为产业带来了深刻变革。经过多年的技术积累与应用探索，人工智能技术在汽车制造业中已形成较为完善的应用体系，广泛覆盖了汽车产品研发、生产制造、智能服务和销售营销四大领域。

1. 产品研发

产品研发是汽车制造中连接技术创新与市场需求的关键环节，前瞻性的研发能够凭借技术和产品的领先优势开辟新的市场领域。在汽车产品研发过程中，人工智能技术的深度融入显著加速了研发进程，优化了设计流程，并推动了汽车产品研发的智能化升级。首先，通过计算机视觉技术和大数据分析技术，研发人员可以对来自多种来源的结构化和非结构化数据进行高效整合和深度分析。这些技术能够快速筛选出关键信息，并对相关事件进行追踪与分析，从而帮助设计师进行更科学的决策和判断，有效降低设计过程中的试错成本，提高研发效率和精确性。同时，人工智能技术在研发过程中还能严格保证产品的各项性能参数与操作安全性，确保产品的质量符合市场需求与安全标准。其次，依托虚拟技术与视觉识别技术，人工智能可以在研发初期构建逼真的虚拟场景，为设计师和研发人员提供接近实物的成品展示效果及各种功能模拟。这些虚拟解决方案为设计与测试提供了极具参考价值的数据支持，有效缩短了从模型验证到实物测试的周期，并降低了研发成本。最后，面向用户体验驱动的设计，人工智能结合人体工学和用户行为的大数据，可将人类感官反馈与高精度的技术参数相结合，帮助设计师更好地洞察并满足用户需求。这不仅提升了汽车的舒适性和安全性，还使得个性化和智能化设计更加贴合消费者的期待，进一步增强了产品的核心竞争力。

总而言之，人工智能技术在汽车产品研发中的应用，大幅提升了研发效率和产品创新水平，使车辆的设计研发实现了从传统经验驱动向智能化技术驱动的转变，为汽车产品的高效迭代和产业竞争力提升提供了重要支撑。

2. 生产制造

生产制造是汽车制造业的核心环节，精益化的生产模式不仅能够显著提升生产效率和产品质量，还能增强汽车产品的市场竞争力。在这一关键领域，人工智能技术的深度应用正在推动生产制造环节实现自动化、智能化和高效化转换，为汽车制造业注入全新的活力。首先，人工智能技术帮助企业优化生产流程，降低生产成本，提高生产效率和产品质量。例如，基于计算机视觉技术，生产机械能够精准获取测量数据，确保生产线的高度精确性。这不仅减小了产品因测量误差而导致的加工偏差，也提升了产品的一致性和精密度。此外，基于大数据技术，操作员可以系统性地学习并分析生产线运行数据，及时预测设备状态并制订预防性维护计划，从而有效避免设备在生产过程中出现故障或危险情况，确保生产的连续性并提高交付的稳定性。其次，智能机器人广泛应用于汽车生产制造的多个环节，包括零部件生产、装配、质量控制以及智能制造系统开发等。例如，生产线上使用的分拣机器人凭借内置的智能算法和传感能力，能够灵活完成复杂的柔性生产任务。它们可以快速、准确地分拣不同零部件，并区分出次品和良品，从而提升产品的良品率。此外，装配机器人则依托传感器和计算能力，在汽车装配过程中实现更高精度、更强柔性和更广范围的工作配置。这些机器人能够快速识别和抓取所需零部件，并准确安装到指定位置，其高精度和高柔性显著增强了装配效率与稳定性，为整车制造提供了强有力的技术支持。最后，人工智能技术还应用于生产现场的智能监控与优化管理，通过实时数据采集与分析，动态调配资源并优化生产流程，从而实现生产效率的最大化。这种结合多重技术手段的制造模式，不仅提升了制造的智能化水平，也使企业具备更强的市场响应能力和竞争优势。

总而言之，人工智能凭借其强大的数据处理能力和高度智能化的应用，实现了从生产规划到执行阶段的深度优化和升级，在精度、效率、稳定性和灵活性等方面为汽车生产制造带来了革命性变革。随着技术的不断发展，人工智能将在汽车制造领域继续发挥不可替代的作用，推动产业迈向更高效、更智能的新阶段。

3. 智能服务

汽车的智能服务水平不仅是衡量产品市场竞争力的重要标准，也是赢得消费者认可的核心要素。在汽车智能服务领域，人工智能技术的应用赋予了车辆更加人性化、互动性与智能化的服务能力，为车主提供了更优质的驾驶与使用体验。首先，人工智能技术在汽车的人车交互系统中发挥了重要作用。通过引入语音识别与自然语言处理技术，汽车可以高效完成包括语音转文字、信息抽取与整理等多种任务，使驾驶者能够通过自然语言与车辆进行实时互动。这种智能交互系统不仅能够为驾驶者提供路线导航、车辆控制等服务，还进一步提升了汽车使用的便捷性和舒适性，极大优化了驾驶体验。其次，在车载电脑中引入云计算技术，进一步拓展了汽车智能服务的功能。在网络连接的情况下，本地任务和车辆数据可以上传至云端服务器进行计算和处理，实现如行车数据的记录、备份、分析等功能。同时，这一技术还推动了车载系统与其他智能设备（如手机）的深度融合。例如，车载电脑与手机之间可以通过蓝牙或数据线实现音频、视频共享、应用同步和数据互通，从而实现人车互动的灵活性与智能化。这样的技术整合不仅为驾驶过程增添了便利，还为车主提供了娱乐性与娱乐化的驾驶体验。最后，基于人工智能的故障监测与维护模型为车辆保养与维修提供了极大的支持。当车辆在运行中出现故障或需要维护时，智能服务系统能够通过实时数据监测向车主提供精准的故障诊断和维修建议。这种预测性与智能化的服务功能，不仅可以帮助车主及早发现潜在问题，预防安全隐患，还提升了车辆维护管理的效率与科学性。

总而言之，人工智能技术已经深度融入汽车智能服务领域，其在提升人车交互水平、拓展智能连接功能以及优化故障监测与维护能力等方面发挥了重要作用。

4. 销售营销

销售与营销是汽车制造企业快速占领市场、提升品牌竞争力的重要环节。精准识别消费者需求并为其提供最适合的产品，不仅能够赢得消费者的信赖，还能实现产品在市场中的快速扩张。在这一阶段，人工智能技术的应用正在深刻改变传统的销售与营销模式，帮助企业优化市场策略、提升客户满意度，并进一步拓展市场份额。首先，人工智能技术通过大数据分析和趋势预测，能够帮助企业更精确地把握市场动态与消费者行为。例如，人工智能系统可以基于历史销售数据、消费者偏好和市场环境，预测未来的销售需求，并为企业制定更具针对性的营销策略。这种数据驱动的预测能力，不仅能够帮助企业更高效地分配资源，还能在关键时间节点上推出更具吸引力的促销活动，从而吸引更多潜在消费者并提升销售转化率。其次，人工智能技术在个性化推荐方面的应用显著提升了消费者的购买体验。人工智能系统可以分析消费者的购买偏好、需求特征以及历史行为，为消费者提供高度个性化的车型推荐和信息推送。这种个性化的服务不仅增强了消费者的购买意愿，还提升了客户对品牌的忠诚度。此外，人工智能技术还在智能交互与客户关系管理中发挥了重要作用。例如，基于人工智能的聊天机器人和虚拟助手可以 24 小时在线为消费者提供咨询服务，解答购车疑问并推荐相关产品，从而提升客户服务效率和满意度。同时，人工智能系统能够实时收集和分析客户反馈，帮助企业持续优化产品设计和营销策略，更好地满足消费者需求。

总而言之，人工智能技术在汽车销售与营销中的应用，不仅帮助企业更精准地制定市场策略和预测销售趋势，还通过个性化推荐和智能交互提升了消费者的购买体验。这些技术的深度融合正在重塑汽车销售与营销模式，为企业在激烈的市场竞争中赢得先机提供了强有力的支持。

7.3.3 智能制造案例分析[*]

上海汽车集团股份有限公司（以下简称上汽集团），在中国汽车制造产业中占有重要的地位。其主营业务包括整车的研发、生产、销售的整个产业链，

---

[*] 上汽集团官方网站。

根据汽车类别的不同下设上汽大通、上汽大众、上汽通用、上汽通用五菱、南京依维柯、上汽依维柯红岩、上海申沃等下属企业。在多年的发展历程中，公司注重自主研发，引入先进生产制造技术，并在此基础上进行二次升级优化，形成了独特的经营及制造模式，以数字化赋能汽车制造，推动了企业乃至整个汽车产业的高速发展。

上汽集团作为汽车制造业中的龙头企业，在其生产研发中布局了大量人工智能技术，建立了人工智能网联创新中心，成立人工智能实验室。该实验室的主要作用为聚焦上汽丰富的应用场景，提供解决方案，打造基于人工智能技术的"上汽大脑"。公司主张"电动化、智能网联化、共享化、国际化"的四化思想是深度重构汽车工业的重要张力，而其核心正是人工智能技术。在集团整个生产、运营和管理中，技术科技赋能着各个业务单元，摆脱了用工难题，实现了制造水平的高质量发展。

上汽集团在汽车制造中利用人工智能技术实现了技术自主创新，在汽车领域不断投入研发资金，重视新能源汽车领域的制造技术，集中力量做好插电混合、纯电动、燃料电池三条技术路线。在领域内以己之力完成新能源、互联网汽车、智能驾驶等技术研究和产业化探索，不断拓展汽车服务贸易相关业务的覆盖层次，加大大数据和人工智能技术在其汽车制造中的全面应用，实现了汽车制造业"电动化、智能网联化、共享化"转型升级。

1. 智能产品研发

上汽集团结合人工智能、大数据、系统集成技术赋能创新型产品研发，构建人工智能实验室，以人工智能关键技术服务于集团的各个业务单元，以较低成本创造高收益，真正实现了降本增效的目标。人工智能实验室成为上汽集团的人工智能平台，平台通过最底层超大规模深度学习的神经网络训练这些核心算法，从而支持产品达到智能化。如上汽集团应用人工智能实验室成功解决了同类企业在研发车辆中遇到的"导航在停车场内迷路"的难题，通过感知定位技术，在无 GPS 的情况下，仅应用传感器、SLAM、PF 等滤波算法、多任务深度学习等技术，就能够使导航绝对定位误差在 10.5 厘米范围内。

另外，人工智能实验室还发明了智能座舱，可以实现人脸识别、语音交互、驾驶员疲劳检测等，当检测到驾驶员疲劳驾驶时，车辆会及时发出提醒，极大增强了车辆驾驶的趣味性、安全性。

2. 智能生产管理

上汽集团利用人工智能技术构建了智能工厂，以智能化设备取代人工劳动力，解决了因缺少劳动力带来的效率低下问题，同时缓解了市场中劳动力短缺的巨大压力。上汽集团构建智能工厂时，集成了大量的感应器和监控设备，以采集生产设备的运行数据，包括温度、压力、速度、振动等状态数据，同时还采集原料、半成品和成品的数据，而后将数据传输到上汽数据智能中心，进而被用于模型的训练和数据分析。另外，工厂中装配了具备实时监控功能的设备，能够实时监测生产设备和流程，及时识别性能衰退和故障，并及时采取措施。一旦设备产生异常，智能监控系统将发出警报，通知维修人员，并根据数据模型给出最优解决办法，同时自动调整生产流程以避免影响生产进度。此外，智能工厂能够通过机器学习算法对生产设备运行数据进行模型训练，以预测设备的健康状态，并提供实时报警和排查问题的方案。

同时，上汽集团还具有基于机器视觉和深度学习的自动化生产线，它可以通过视觉识别技术自动检测产品的质量和缺陷，生产效率得到了大幅提高，劳动力成本得到了极大降低，摆脱了对传统人工劳动力的依赖，真正实现了智能化生产。

3. 智能驾驶模式

上汽集团以人工智能技术为依托，投入大量的资源和技术构建智能驾驶方案，利用机器深度学习、计算机视觉和机器人等技术，打造了一系列智能驾驶系统，改变了传统汽车驾驶模式，推动了汽车制造业的快速发展。上汽集团的智能驾驶车上装载了多个摄像头、激光雷达和互联网传感器等先进传感设备，进而实现对车辆周围的环境进行高精度、高速度的检测。通过视觉识别技术，这些传感设备可以识别道路标志、车道线、红绿灯、其他车辆和行人，同时还能识别道路状况，如路面湿滑、坑洼等。这些数据能够被传输至车载电脑中，对路况进行实时分析、判断和评估。

此外，上汽集团为其智能驾驶车辆内置了深度学习模型，以实现自动驾驶和智能交通。模型能够自主学习车辆的行为模式并提供相应的决策，例如避让其他车辆或停车。同时，该模型还可以学习和更新不同驾驶场景和道路条件的知识，从而进行更精准的行驶决策。目前，上汽集团在这一领域已经取得了巨大的进步，智能驾驶技术的应用提高了驾驶安全性，减轻了驾驶员的工作负担，为未来的自动化驾驶提供了更好的基础，推动汽车驾驶模式革命变革。

7.3.4 老龄化背景下汽车制造业未来发展前景

人工智能在汽车制造业的产品研发、生产制造、智能服务及销售营销中已经得到了广泛的应用，促进了产业劳动力市场平衡，获得了较大的经济收益。未来人工智能技术将在汽车制造业领域发挥越来越重要的作用，并深耕于汽车自动驾驶、客户服务及智能汽车工厂等领域，打造一个更开放、更多层次、更注重数字服务的全新汽车生态系统。

汽车制造业利用人工智能技术深度研发汽车自动驾驶，实现自动驾驶和自动辅助驾驶等功能，车不再会是过去的简单的整车，而将是被赋予高科技零部件、数字化内容、汽车操作系统、人工智能视觉系统等一系列价值。首先，汽车智能化程度将不断深入，使车可以根据人们的出行场景制定适应的操作规范，甚至可以达到无人驾驶的水平，同时，在提高行驶安全性和减少交通拥堵等方面能够发挥举足轻重的作用。其次，汽车制造业利用人工智能技术打造智能汽车工厂，集成机械、自动化、计算机等系统，快速、高效地实现汽车制造和生产流程的自动化，将会在提升生产效率和产品质量的同时大幅减少对人工劳动力的使用，降低劳动力成本，达到无人化汽车工厂的水平。当然，不仅仅是自动驾驶、智能工厂，汽车制造中各个环节都会再次深层次开发，并应用人工智能技术进一步提升效率、降低成本、提高质量，推动汽车制造业的转型升级。

7.4 人工智能助力物流业劳动力市场再平衡

7.4.1 物流业现状分析

1. 产业现状

物流产业作为国民经济的"动脉系统"，其发展水平是衡量国家现代化程度和综合国力的重要标志之一。20世纪初,随着发达资本主义国家因生产过剩与需求不足引发经济危机,市场竞争日益激烈,人们开始重视分销工作,物流产业应运而生。经过一个多世纪的发展,在先进技术的推动下,物流产业经历了从人工到机械化、自动化、信息化再到智能化的五次产业升级,取得了飞速发展。其背后的驱动力主要来源于两个方面:一是全球经济一体化进程的加速,促进了国际货物流动与贸易交换,推动了国际物流的繁荣;二是电子商务与新零售模式的高速发展,催生了庞大的物流需求,带动了物流产业在数量和质量上的飞跃式提升。

然而,在物流产业蓬勃发展的同时,也面临着一系列严峻挑战。随着消费市场的持续扩张和用户对物流服务时效性及个性化需求的不断提升,传统物流服务已难以满足日益复杂的市场需求。作为劳动密集型产业,物流业对劳动力的依赖程度较高,但全球人口老龄化趋势的加剧使适龄劳动力人口逐渐减少,导致物流企业频繁面临招工难的问题。这种劳动力短缺现象直接影响了物流产业的服务能力和发展效率,迫使有关企业不得不寻求新的解决方案以应对这一困境。

在此背景下,现代科技特别是人工智能技术的引入,为物流产业突破发展瓶颈提供了全新的解决思路。通过科技赋能,物流企业得以有效整合分散且不规则的物流资源,实现降本增效的双重目标。例如,智能分拣系统、自动化仓储设备以及无人驾驶配送技术的应用,不仅减少了对劳动力的依赖,还显著提升了物流效率和服务质量。这种技术驱动的变革为物流产业的高质量发展注入了强大的内生动力,不仅缓解了劳动力短缺的压力,还为产业的可持续发展奠定了坚实基础。

2. 产业劳动力现状

作为典型的服务型产业,物流产业的生产效率及服务质量与从业人员的整体素质密切相关。当前,全球物流产业整体就业水平保持相对稳定,但在老龄化社会到来和市场需求持续增长的双重影响下,物流产业的劳动力市场正面临深刻变化。一方面,对从业人员的综合素质、专业技能和服务能力的要求不断提高,高端物流人才的需求越发迫切;另一方面,随着物流产业向智能化、科技化方向加速发展,产业内传统劳动力结构正经历颠覆性调整。这种转型趋势不仅重塑了物流产业的用工格局,也对物流人才培养和供应提出了全新挑战。

（1）人员专业能力不足。在电子商务快速发展的推动下，物流产业迎来了蓬勃发展的机遇期。然而，从业人员整体素质与专业能力的短板却成为制约产业进一步转型升级的重要因素。从业人员能力不足的现状主要体现在专业技能不够、素质水平参差不齐等方面，其原因可归结为以下两点：其一，作为典型的劳动密集型产业之一，物流产业相较于其他产业从业门槛较低，吸纳了大量未经系统培训的劳动力。由于岗位性质以基础操作和重复性工作为主，多数从业人员未接受过专业技能培训，导致整体职业技能水平偏低，从而出现了从业人员素质不均的现象。其二，物流企业在员工职业技能培养方面的投入相对不足，大部分企业缺乏完善的职业培训体系，未能为员工提供定期的培训规划和技能提升机会。这不仅限制了从业人员职业能力的提升，也抑制了企业内部形成良性的人才培养机制。同时，从业人员自身也普遍存在职业发展意识薄弱、自我学习意愿不足的问题，不善于在工作实践中反思与总结经验。因此，个人能力难以随着产业需求的不断升级而同步提升。

（2）复合型人才需求增加。物流业高速发展之下，物流领域现有专业人才数量已无法满足市场所需，难以支撑产业的发展。因物流产业具有较强的综合性特征，且高级物流复合型人才培养具有滞后性，所以物流企业难以招聘到合适的现代物流复合型人才，严重阻碍了物流效益的提高及物流产业的发展。另外，物流业在朝向智能化发展的过程中，需要专业物流研发人员对机器人进行创造，对其进行操作、管理、检查及维修，所以物流产业也非常需要精通算法、大数据，了解自动化、信息通信技术，掌握人工智能技术又熟悉物流产业复合型技术人才，以推动现代物流业的发展。

（3）智能技术替代广泛。随着现代信息技术的发展，人工智能技术已走入物流产业并被广泛应用至物流作业的各个环节，各项先进设备及机器人取代了传统劳动力，推动着物流业走向自动化、智慧化。在人工智能技术的加持下，物流业可以应用物流机器人在包裹分拣流水线进行工作，利用大数据分析对订单时效进行预测，结合人工智能、大数据技术实现仓储智能选址、智能规划，以及对物流现有线路进行调整优化。同时，应用人工智能算法帮助物流业实现定价与收益的战略转型，令物流企业在管理、运营及服务环节都实现了智能化，摆脱了传统物流业对低技能劳动力的需求，达到了工作效率及客户满意度的双重提升，实现了物流业模式的飞跃发展。

7.4.2 人工智能技术在物流业的应用现状

在数据时代大背景下，物流产业以互联网为依托，运用大数据、人工智能等先进技术，对线上线下的数据进行深度整合，完善及优化物流产业的客户服务、转运、分拣及配送等服务，重塑了物流要素人、货、车、节点、线路之间的关系，实现了物流作业各个环节的智能化，商品在流通全过程之中均可被跟踪管理，真正实现了降本增效与产业升级的远大目标，为物流产业模式带来了革命性变化。

1. 仓库管理

仓库的选址与管理对物流系统的发展来说是十分重要的，高效合理的存储可以降低存储成本，加速物资的流动，并有效控制资源，盲目地进行仓储选址与规划就会造成巨大浪费。在仓库的选址与管理中融入人工智能技术，首先，通过大数据分析精准地确定客户需求和经营区域，并分析银行选址和人口分布等因素，从而规划更好的仓储、送货线路和物流节点；其次，以人工智能技术实现仓库管理计划的自动化，在仓库中应用 RFID 标签、自动货架、立体仓库等硬件，配备软件控制货物进出货，处理出入库订单，并且可以应用软硬件结合的智能系统对仓库内部的各个过程进行监控，在运行过程中真正实现全程可追溯，得到了更高的流程效率和更好的资源利用率；最后，在仓库码垛、贴标签等工作中应用 AGV 机器人、码垛机器人取代人工劳动力，完成仓库内各项工作，实现自动化分拣，智能化存储，解决市场劳动力不足的难题。

2. 运输管理

运输是物流工作流程中的关键环节，对提高物流业的整体效率具有重要作用。将人工智能技术应用至现代物流供应链中，买卖双方可以通过在货车中装载智能设备，实时跟踪货车的位置，精准掌握物流运输情况，优化物流配送计划，以降低配送成本，提高送货效率。在以往传统供应链运作中，库存与订单是独立存在的，买方与卖方在交易中没有任何交流与互动，仅仅是货物的发出方与接收方，现代物流正是在此基础上实现了供应链模式变革。此外，物流业能够应用人工智能技术评估各种不同的路线和交通拥堵情况，而后优化货物运输路线，找到最佳运输路径，以节约时间和成本，让货物以更快的速度送达目的地。

3. 配送管理

配送是物流管理中的重要环节，是物流企业赢得市场竞争的关键要素。将人工智能技术应用至物流配送管理之中，借助互联网平台技术，对人力资源、配送网络及智能终端进行整合，对商品实行集中、共同、智能配送的模式，以地理位置为基础实现资源分布式布局与共享利用，解决了配送中出现的"最后一公里"难题，如社会中常见的智能终端丰巢、邮政易柜等智能快递柜，均应用了人工智能、智能识别等先进技术。同时，人工智能技术的应用大幅提高了配送效率、配送质量、客户服务的水平及客户满意度，为物流企业节省了大量时间和资源，降低了运营风险，提高了企业的竞争力，实现产、供、销的精细化管理，使传统的粗放式物流管理逐步转向智慧型物流管理，实现了物流集约化、高效化及可持续发展。

7.4.3 智慧物流案例分析*

随着人工智能、机器人等智慧技术的深度应用，物流产业已由传统的"执行配送"衍生出了更多深层次的功能。在新时代物流智慧化发展趋势中，物流企业的关注点在于如何整合传统和新兴物流科技来提升物流智能化程度，增强在市场中的竞争性。

京东集团是被我们广为熟知的企业，其不仅是一个电商平台，它旗下的京东物流也是一个一体化供应链物流服务商。京东物流在全国范围内部署了诸多配送站和自提点，依照地理位置建设大型自有仓库，以自营配送模式服务于用户，以技术创新构建了全面智慧化的物流体系，同时结合强大的仓配物流网络，为商家提供集冷链、快递、客服、仓配一体、跨境、大件、运输、售后正逆向的一体化、全方位的物流服务，获得了商家与用户的一致认可。京东物流之所以能够在产业内独占鳌头，物流科技是其获得成功的关键因素。

走进京东物流的服务网络，可以发现仓储网络在其强大的一体化供应链物

---

* 京东物流官方网站。

流服务能力中起到了举足轻重的作用。自2009年起，京东便察觉到市场的劳动力已远不能匹配物流业所需，物流业的存储、运输和配送受到了劳动力数量不足的制约。与此同时，人工智能技术发展速度加快，各个产业均在应用人工智能技术以破除发展瓶颈。京东物流作为产业内的领军企业，运用物流机器人流通于商品的立体化存储、拣选、输送等物流环节，提高了其物流供应链的整体效率，实现了企业良性运营。

1. 智能仓储系统

（1）天狼存储系统。人工智能赋能仓储管理，增强资源使用率，提高工作效率。传统仓储模式下，货架高度仅为2~3米，存储空间没有得到充分的利用，且人到货拣货模式效率非常低，商品分拣时也很容易出错。京东物流充分分析企业现状，于亚洲一号立体仓库建立天狼立体存储系统，开发动态储备管理功能，运用算法将大小箱混合存储，有效地解决了传统仓储的痛点，使仓库的存储密度达到最大。另外，京东物流还利用人工智能技术构建了集软硬件于一体的管理、控制、监控智能化仓库，以水平搬运的穿梭车和垂直搬运的提升机为主要硬件依托负责周转箱类容器的商品存储、拣选等任务，在各个系统的默契配合下，仓库存储密度及出入库流量达到了较高水平。

（2）地狼存储系统。与天狼系统不同，地狼存储系统适合中小件仓储的拣选，是一种典型的搬运式货到人拣选模式，主要承担了仓内地面搬运工作，该系统由AGV和定制托盘组成，具备环境感知、自主导航、容器识别、无线开关机及一键归巢等功能，可以搬运300~1000斤的重量，并且在高承重下行进速度可达2m/s。[①] 在高精度算法的支持下，可使得定位精度达到毫米级，实现仓内快速货到人拣选。另外，地狼系统在仓内工作时，可以按照仓库地面预设的二维码（二维码即代表坐标）自动规划送货路径，AGV前端装有安全传感器，遇到障碍物会自动停车，并设有等待时长，如果障碍物没有及时被清理，其会重新规划路径，绕行障碍物，从而完成物流作业。值得一提的是，地狼系统可以依赖大数据算法指导商品入库，通过计算分析历史数据，可以识别商品条形码，而后推荐商品放置位置，以智能化手段提高出库效率，降低劳动成本。

---

① 孙溥茜. 机器人"小哥"上岗，让京东物流更智慧[J]. 机器人产业，2022（3）：52.

2. 智能运输配送

京东物流在多年深耕中，摸索出了以人工智能技术赋能物流运输配送的智慧物流之路，使得京东物流的配送服务实现了数字化、标准化和高效化，提升了物流配送的效率、准确性和客户满意度。一是京东物流基于大数据和机器学习技术，利用适当的算法，识别路面交通情况，对车辆进行智能调度和路径规划，最大化地优化送货路线、减少运输时间、节约时间成本。二是京东物流利用大数据技术，将历史配送数据进行分析和挖掘，通过机器学习算法，预测客户需求和优化配送计划，提高配送满意度和准确性。三是京东物流与众泰汽车合作，研发自动驾驶物流车，建立结构化的智能物流框架，让机器人车辆自主地进行换货、智能配送等操作。同时利用自主开发的无人机，将货物送到广阔的偏远区域，在暴雨、暴风雪等异常天气情况下，也能快速地完成货物的运输，实现了对中华大地的普及化配送。

人工智能技术在京东物流的广泛应用，推动了京东物流的转型。在一体化的供应链体系中，高科技技术应用至物流作业运输配送环节，凭借智能化的调度模式，订单处理与配送效率实现了跨越式升级，缩减了商家与消费者之间的距离。与此同时，京东物流整体管理水平也得到了很大提升，成为产业内的翘楚，该种智慧物流模式可以赋能给其他物流企业甚至是其他产业，大幅提升了整个物流产业的工作效率，推动了整个物流产业的智能化发展之路。

3. 智能物流作业

京东物流根据各类商品特性，自研物流机器人，应用至物流园区仓储、分拣、运输、配送等供应链各个关键环节，完成货品转移、仓库巡逻、库区清扫等任务，提高了仓库管理和操作效率，令机器人与各智能系统之间实现了高效互动。作为京东集团的内部物流部门，京东物流主要负责京东电商平台商品的配送服务。在电商促销高峰期，其承担了巨大的仓储、运输和配送压力，同时也面临着劳动力需求难以得到充分满足的挑战。而研发并应用以人工智能技术为依托的物流机器人能够完全破解传统仓库过多依赖人力的痛点，解决物流"爆仓"的压力。在电商大促日（如"618"、"双十一"）之时，物流机器人可以昼夜不停地奋斗在分拣、包装、运输的一线，保障海量订单准时、保质地送到用户手中。

京东物流智能仓储中应用的智能机器人在综合系统的指导下，仓库中的"无人机、无人车"已能够代替传统人力高效高质地完成货物出入库工作，并依靠机器人对商品进行拣选、包装、输送、分拣，令企业摆脱了对劳动力的依赖，并大大提高了商品出入库的效率，这使得仓库运转效率得到了巨大提升。当然，在京东物流高自动化程度的物流工作中机器人并未完全取代人工，派送员的角色也未被大规模替代，但在当前中国劳动力市场供求不平衡的现实背景下，机器人的应用为企业节省了高额的劳动力雇佣成本，物流服务效率也得到了质的飞跃。

7.4.4 老龄化背景下物流业未来发展前景

在老龄化和人工智能技术快速发展的双重驱动下，物流产业正向智能化、自动化、科技密集型方向加速转型，依托人工智能等前沿技术，显著改变了产业运行模式，提高了效率并带来了巨大的经济效益。伴随着物流产业及相关货运组织的数字化升级，物联网、人工智能、大数据、区块链和5G等技术将在物流领域实现更广泛、更深层次的应用，从而重新构建物流系统，全面优化仓储、运输和配送环节，减少运营压力。

未来，送货无人机和无人驾驶技术将在物流产业得到大规模普及应用。通过无人驾驶技术的引入，物流流程将实现高度自动化，不仅能够大幅提升安全性，还可完成自动驾驶、自动导航和最优路线规划，甚至使运输工具能够自主选择停靠点，大幅度提高运输效率。与此同时，人工智能也将助力物流产业实现对于复杂物流场景的智能化应对。例如，语音助手、智能客服和机器人等基于自然语言处理技术的应用，将有效提升物流供应链的管理效率，优化服务质量，改善用户体验，从而推动企业运营效率的全面提高。

此外，人工智能的深度应用将在更大范围内推动物流产业从传统劳动密集型向科技密集型和智慧型模式全面转变。这不仅能解决劳动力短缺的问题，还将赋能产业完成以往因客观限制无法实现的变革。例如，借助人工智能技术，可以对物流产业从多个维度和层级进行系统性重构，通过技术驱动实现产业的提质增效。可以预见，随着物流智能化、大数据技术、无人驾驶以及自然语言处理等领域的持续进步，物流产业将在未来迎来更多的技术突破与创新。这些变革将促进物流生态的高效化、智能化和便捷化的全面升级，推动产业逐步迈向更高效、更智能、更舒适的新生态格局，为全球经济发展贡献新的动能。

7.5 人工智能助力医疗产业劳动力市场再平衡

7.5.1 医疗产业现状分析

1. 产业现状

医疗产业是与居民生命和健康紧密相关的产业，处于国计民生的重要地位，受到了世界各国的高度重视，医疗产业的良性有序发展是各国所积极推进及奋力追求的目标。纵观全球医疗产业发展现状，主要向两个方向扩张。一方面，随着国民经济的快速发展，人民对健康愈加重视，对高水平医疗条件的需求越来越高，对医疗机构的服务效率与质量要求也越来越苛刻；另一方面，当下全球人口老龄化趋势日益加剧，导致慢性疾病种类及患者数量大幅增加，给医疗系统带来了巨大压力。

近6年来，中国医疗机构的年接诊量逐年攀升，到2023年年底达到近年来的峰值状态95.5亿人，医疗系统的接诊压力巨大。[①] 多重压力之下，传统医疗系统已无法满足当下的医疗需求，医疗储备难以应对应急事件，医疗资源分配严重不均并极度匮乏，医疗系统改革势在必行。于社会发展之中崛起的人工智能技术为医疗系统突破传统发展模式、改善产业结构提供了新契机，为医疗产业的创新高质量发展筑牢了坚实的技术根基。人工智能深入融合医疗产业，在医疗领域展现出了广泛的应用前景，进而打造了智慧医疗体系，取得了世界瞩目的成果，实现了远程诊断、远程手术操作、远程急救、远程监护、远程示教、移动医护、医护机器人等智慧化医学应用，为患者提供了更人性化的服务，提高了医疗服务的效率，缓解了医疗资源配置不合理的难题，减小了医疗系统压力。

---

① 根据中华人民共和国国家卫生健康委员会官网数据整理（http：//www.nhc.gov.cn/）。

2. 产业劳动力市场现状

世界经济的高速增长与人口老龄化的加剧给医疗产业劳动力市场带来了巨大压力，医疗产业劳动力市场面临的竞争压力和专业性需求相对较高。随着医疗产业的不断发展和技术进步，医疗产业劳动力市场将更加复杂和多元化，需要在不断变化的市场环境中不断优化和调整职业结构和人才培养，以满足医疗产业对人才的需求。目前，医疗产业劳动力市场呈现了四大典型特征。一为现有劳动力基数不足，市场供需关系紧张；二为人才培养工作缓慢，专业人员总体匮乏；三为职业结构分化严重，市场细分有待加强；四为跨界人才需求增加，智能医疗趋势加速。

（1）劳动力总基数不足。纵观中国医疗产业劳动力市场现状，已出现现有劳动力市场基数严重不足、医疗资源分配不均衡的现象。在人口老龄化不断加速的进程下，老年人口数量大幅攀升，从而导致就医数量成比例增加，对现有劳动力市场带来了巨大冲击，原有劳动力基数远无法满足当下医疗系统所需，患者难以就医现象日益严重。同时，医疗资源的匮乏使得医疗资源分配不均衡的情况不断加重，不同类型人群之间的就医差距也逐步拉大。

（2）人才培养工作进展缓慢。医疗产业作为民生重要保障项目之一，对劳动力专业水平要求较高。而中国医疗劳动力培养进程较为缓慢，致使传统医疗系统专业水平也无法紧跟现代要求。专业医疗人才培养的主力军——中国各类医学院及高校医学人才培养周期较长、人力资本投资较大，一般需要 5～10 年的时间劳动力才可以进入医疗系统，为患者提供医疗服务。相较于其他产业劳动力的培养，在适应市场变化和需求方面面临更大的挑战。而从另一角度来说，因医学工作具有较强专业性的特征，对人才个人专业技能有特定要求，从某种程度来看也提高了劳动力的准入标准，故也引起劳动力数量匮乏问题。

（3）职业结构分化严重。随着医学技术和服务的进一步细分化，医疗产业也越来越专业化和细分化。这种趋势导致医疗产业中职业的领域和范畴越来越专业化，劳动力市场更加细分和复杂。在医疗产业中，不同岗位之间的职业结构分化程度较高，需要具备不同领域的专业技能和经验。例如，医生要有丰富的医学理论知识和实践经验；护士要有护理技能和人际沟通等方面的技能。

（4）跨界人才需求增加。随着医疗产业的发展和科技进步，医疗产业对跨界人才越来越需要，这些人才在不同领域技术和知识的交叉应用中，为医疗产业带来了全新的创意和生命力，也成功地推动了医疗产业的发展。首先，医疗产业中涉及医生、药师、医学工程师、护士以及各种医疗设备等诸多职业，每一个职业都需要在医疗服务链的某一环节中发挥作用。因此，医疗产业中各个环节之间的紧密衔接决定了需要一些跨领域人才来协调工作。其次，现代医疗设备的普及和不断更新迭代，使现代医疗设备已经趋向于自动化、智能化、数字化，这些设备的制造、操作、维修、维护涉及多个领域的技能，因此需要跨界人才的参与，以保证医疗设备正常运行和更好地服务医护人员和患者。

7.5.2 人工智能技术在医疗产业的应用现状

人工智能技术与医疗产业的融合发展主要依赖机器学习算法和大数据分析技术，以此提高医疗服务效率，降低医疗成本，以人工智能之力缓解医疗产业市场的发展瓶颈，推动医疗领域的正向发展。人工智能技术在世界医疗领域最早出现于20世纪70年代，中国医疗系统应用人工智能技术则始于80年代初，经过多年迅猛发展，以人工智能技术为依托的人工智能诊断系统、智能影像诊断、自动药物剂量调节、智能监护系统、远程医疗系统等"智慧"医疗系统步入各大医疗机构，从快速诊断、精准治疗、患者监护等多个环节为病患提供更为便捷、专业的医疗服务，充分赋能医护人员。同时，智能机器人、智能化设备在医疗产业的广泛应用，实现了医生、患者、医疗资源的线上化，医疗资源、医生情况及患者病历均有迹可循。

1. 药物研究

药物研究是医疗领域发展的重要助推力量，借助人工智能技术的数据处理及分析能力，可以对药物的组成因子——小分子化合物进行高精度筛选和分析，以此增强药物研发的准确性。同时，药物研发人员可以运用人工智能的机器语言对肿瘤、癌症等病症进行研究，找到这些致病细胞的特征，从而研发出治疗效果极佳的药物。另外，人工智能技术可建立药物相关数据库，对药物研发过程进行模拟，发现药物研发过程中可能存在的危险，减少现实研发中危险事件的发生，降低药物试错成本。

2. 医学影像

人工智能技术可以使人体内部组织结构以影像的形式呈现出来，为医生临床诊断提供关键信息，加快成像速度，提高诊断准确率。在技术不断升级中，医学影像拍摄时还可以去除噪声，成像平稳度较高，避免了以往影像拍摄中患者因不自主运动导致影像成像不清晰的现象发生。人工智能技术能够对医学影像进行分析，在数据中提取信息，协助医生识别患者的病症类型，提高临床诊疗效率，其诊断的准确度已经超过了大多数医生的水平。

3. 辅助诊断

基于人工智能技术可以对多种疾病的综合信息进行分析与学习，建立知识图谱，促进疾病诊治的高效性、准确性。在医学诊疗的发展历程中，从早期诊疗到现代医学诊断均是医生通过观察后，积累经验，生成医疗病历。而经人工智能赋能后的医学诊断方法，运用大数据技术使机器不断学习和思考，建立病历数据库，能够对繁杂、丰富的医学知识进行数据分析，以强大的计算机算力找到隐藏在疾病背后的关系，并分析病人的各种生理数据，包括血液检测数据等进行智能诊断，从而辅助医生进行疾病的分析与诊断，大幅提高诊断效率。

4. 远程诊疗

利用人工智能技术可以实现远程自动诊断，打破传统诊断方式的局限性，缓解医疗紧张情况。运用人工智能数据传输技术对医学影像进行传输，就可以在自动诊断机器中收到患者的医学影像，进行远程诊断。这样一来，哪怕是在偏远地区，只要有医学影像的拍摄设备，就可以开展远程会诊，为偏远山区的病患提供及时、高效的医疗服务。

5. 医用机器人

人工智能与医疗产业的深度融合催生了医用机器人，它们奔赴在导诊、手术、护理、康复和临床检查等各个医疗环节，为患者提供更高效便捷、更人性化的医疗服务，降低医疗工作者的负担。医用机器人在不断学习和模仿医务人员的操作及人类肢体运动轨迹后，已和人类越来越像。目前，很多种类的机器人已经在医疗系统中为患者服务，如导诊机器人已在各大医院"就职"，负责为就医者提供导诊服务，在服务过程中彬彬有礼，不知疲倦，得到一致好评；康复机器人、服务机器人等在医疗系统中也随处可见，帮助患者做康复训练，缓解医疗工作者短缺的劳动力市场问题。随着社会的发展，各类机器人的能力正在快速提高，除了提供基于规则的服务外，还可以通过大数据学习提供个性化、差异化的服务。

6. 数字孪生人

基于人工智能的数字孪生技术在医疗领域的应用，涉及创建现实个体的数字病历和疾病登记库等数据信息。通过这些数据，可以在虚拟世界中构建数字患者、虚拟解剖环境以及医院环境，形成一个以真实数据为基础的虚拟模型。在这个模型中，可以模拟数字人对药物和治疗方案的反应，从而获得真实的反馈，并据此对现实中的患者进行早期干预和治疗。

7.5.3 智慧医疗案例分析*

随着人工智能技术的不断深入发展，应用场景的越发丰富，智慧医疗已逐渐步入各大医院，成为影响医疗服务水平的重要技术因素。近两年，中国上海市第十人民医院（以下简称十院）因其"智慧"医疗服务在医疗领域火出了圈，它将人工智能技术应用于急诊预检分诊、辅助影像诊断与互联网在线自动预问诊等医疗场景，打造了老百姓身边的未来医院，取得了显著的医学成效，获评"上海市人工智能示范应用场景"。

1. 智能分诊平台

十院以人工智能、大数据技术为基础，打造"急诊预检分诊超级医学大脑"（以下简称超级医学大脑），实现快速分诊、精准诊疗，大大提高了急诊诊疗准确率。急诊是医院系统中最为忙碌的科室，它不会按照"先来后到"顺序安排就诊，而是由疾病的轻重缓急决定候诊就诊的时间。在这样一个全天候开放、全年无休的急诊环境中，急诊预检台扮演着至关重要的角色。预检台的工作人员拥有丰富的知识储备和扎实的专业技能，但在突遇就诊高峰时，传

---

* 上海市第十人民医院官方网站。

统的人工作业也显得有些吃力，分诊人员的数量远远无法供给分诊所需，若出现病情误判，就会发生难以挽回的后果。十院在谨慎研判这一问题后，研发了"超级医学大脑"系统，内置拥有四千多种专科疾病诊断知识的数据库。进入急诊预分诊台，就可以看到形似太空舱的"超级医学大脑"，患者可以插入个人的医保卡或社保卡与"超级医学大脑"进行交流。

患者坐进"超级医学大脑"太空舱后，医学大脑会识别患者的自然语言并进行回应、记录患者疾病症状及体征相关信息、实时测量患者的心率、血压、体温、呼吸频率等生理参数、捕捉患者的面部表情、分析患者神志清醒度等，采集患者的各项信息后，"超级医学大脑"会在其数据库进行筛选，与患者信息匹配，将急诊患者精准分诊到对应科室，实现快速、准确、智能分诊，成为急诊医护人员强有力的分诊助手，获得了患者、医护人员及社会的一致认可。

2. 智能影像筛查

十院根据其科室配置情况，运用人工智能技术打造了"AI辅助影像诊断系统"，突破传统读片模式，实现肺部结节快速定位，大大提高了诊断覆盖率。老龄化进程的加剧致使老年患者数量与日俱增，老年人极易出现肺部结节、肺部肿瘤等肺部疾病。在传统肺结节诊疗中，要求定期检查胸部CT，医生根据不同时期肺结节的大小、形态等进行对比观察、比较分析，在必要时予以科学诊疗。但医生在看时很容易将肺部结节与小血管、小支气管、纤维瘢痕等组织的影像相混淆，有时候会出现误诊、漏诊的情况，若病情较为复杂，还需要几个医生共同商讨，这不仅耽误患者就诊速度，还给医护人员增添了更大的压力。

"AI辅助影像诊断系统"在十院放射科的落地，颠覆了传统读片的工作模式。该系统能够在患者肺部CT影片中快速找出、定位肺部所有结节，并判断结节大小及危险程度，还能够将最新肺部影像与之前检查的影像进行对比分析，依据不同时期患者的肺部影像情况标记出可疑部位，实现高质、高效的病症"初审"，为医生提供及时、准确的辅助诊断，大幅降低了放射科医生的工作强度，缓解了医疗资源的紧张现象。

3. 智能问诊平台

十院结合各科室资源情况，推出以微信服务号平台为底座的人工智能院前问诊系统,为患者提供专业的"智慧医生",提高患者就医率,降低传染性疾病的院内感染发生率。一些患者害怕感染到病毒,宁可在家忍着病痛也不敢到医院就医。在这种情况下,十院运用先进的科技构建了人工智能院前问诊系统,该系统对疾病诊疗大数据做过深度学习,患者使用手机登录此系统能以文字的方式与"智慧医生"进行互动、交流。根据文字描述,系统会依照临床诊疗逻辑+ESI/NEWS对患者疾病的紧急程度做出预判、分级,并提出下一步就医方向建议,将到院就医应挂号的科室、就诊前的准备等问题反馈给患者,使他们在入院前就对就医流程"门儿清",减少在医院拥挤的人群中辗转询问的现象,有效降低了院内疾病感染的发生率,受到了患者的一致追捧。

除此之外,该系统也为专科门诊的医生带来了诸多便利。患者在此系统中院前问诊的情况会记录于其中,专科医生可以在系统中调取到患者信息,诊断后系统会自动完善病历,形成全面的电子病历。值得一提的是,系统还可以提供精准的疾病诊断建议,症状与体征的表现复杂而多样,并非每位患者都像教科书描述的那样典型,在"智慧医生"的协助下,每位医生作出诊断时都更加全面、更有底气,临床诊断经验也得到了深厚的积淀。

7.5.4 老龄化背景下医疗产业未来发展前景

以人工智能和大数据为代表的新一代数字技术正以惊人的速度重塑传统产业模式。在人口老龄化加剧以及医护劳动力短缺的双重压力下,人工智能技术作为医疗产业的重要赋能工具,将在缓解医疗资源供需矛盾中发挥关键作用。未来,人工智能与医疗系统的深度融合将为医疗产业带来全方位的变革,为产业的可持续发展注入强大动力。

具体而言,人工智能在医疗领域的应用将覆盖多个关键方向。例如,在药物和疫苗研发领域,人工智能将通过快速分析海量数据,缩短研发周期并降低研发成本,从而加速新药和疫苗的推出。在基因组学和个性化医疗方面,人工智能将帮助医生根据患者的基因特征、病史和生活习惯制定精准的治疗方案,提高治疗的针对性和有效性。此外,智能医院的建设也将成为未来医疗产业的重要趋势,通过引入人工智能技术实现医疗流程的自动化和智能化,从患者挂号、诊断到住院管理等环节,全面提升医疗服务的效率和患者体验。

与此同时，人工智能的广泛应用还将显著提高医疗服务的质量、效率和可承受性。例如，通过人工智能驱动的诊断系统，医生可以更快速、更准确地识别疾病，尤其是在影像识别和早期疾病筛查方面，人工智能技术已经展现出巨大的潜力。此外，智能健康监测设备和远程医疗技术的普及，将使老年人和慢性病患者能够在家中接受高质量的医疗服务，缓解医疗资源分布不均的问题，提高人们的生活质量和健康水平。

如图7-2所示，随着人工智能技术的不断进步，医疗产业将迎来颠覆性变革。从药物研发到临床诊疗，从个性化医疗到智能化医院建设，人工智能将全面助力医疗体系的优化与升级，为应对老龄化社会带来的挑战提供有效解决方案，最终推动医疗产业迈向更加高效、智能和可持续发展的新阶段。

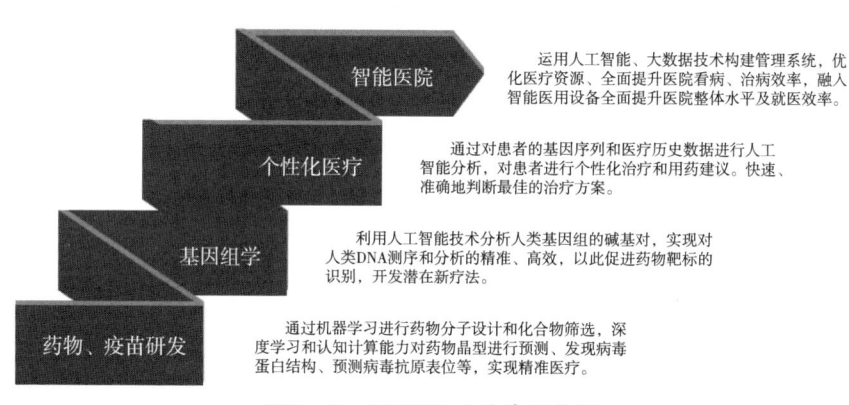

图 7-2 医疗产业未来发展前景

7.6 人工智能助力化工产业劳动力市场再平衡

7.6.1 化工产业现状分析

1. 产业现状

化工产业作为国家经济命脉和战略安全的关键领域，在国民经济中占据着举足轻重的地位，其健康、稳定的运行直接关系到国家的经济繁荣和民众的生活福祉。经过数百年的发展，化工产业经历了数次跌宕起伏的周期，从最初原始形态的化工生产模式，逐渐演变为精细化、高端化、全球化的复杂生态模式，成为全球经济发展的重要支柱型产业。

化工产业作为流程工业领域的典型代表，具有产业门类繁多、工艺复杂、产品多样、生产排放污染物种类多、数量大及毒性高等产业特点，在产品加工、储存使用和废弃物处理等环节中会产生大量有毒物质。在此特征之下，该产业对劳动力的需求数量巨大，对劳动者综合素质要求较高。这不仅体现在对从业者的学历要求上，更在于对专业知识和技能的熟练掌握，以及对工作态度的极度谨慎。但随着全球人口老龄化程度的不断加剧，化工产业的劳动力需求与供给出现了两极分化的矛盾，一方面是化工产业的快速发展需要更多的人才来支撑发展，另一方面老龄化导致劳动力数量逐年减少，无法实现向化工产业正向输送，使得该产业无法再依靠传统的人力劳动力实现高质高速发展，化工产业劳动力转型势在必行。

正当化工产业在此瓶颈之时，全球提出工业智能化改造战略，人工智能技术为化工产业发展带来了新的发展方向，成为解决化工产业劳动力问题的主要抓手，以人工为基础的传统化工业逐渐向以人工智能、大数据技术为依托的智慧化工转变。通过人工智能的智慧化改造，化工产业摆脱了对传统人工的依赖，实现"安全可监管、生产可优化、废物可治理"的产业目标，提高了化工产业的智能化水平，缓解了劳动力市场的压力，助力化工产业劳动力市场再平衡。

2. 产业劳动力市场现状

化工产业因其特征对劳动力有特定的要求，受人口老龄化现象影响较为严重。在生产过程中，由于安全事故频发，对生产线一线工人的素质要求极高。在产业多年发展演绎中，化工产业劳动力市场呈现了以下三点典型性特征。

（1）高水平人才缺口较大。化工产业作为国民经济支柱型传统产业，在成长过程中分工越来越细，对专业创新越来越重视，对高水平人才的需求越来越大。整个产业需要既懂技术又懂管理，并拥有丰富生产经验的复合型人才，他们要熟知关于化工业务的知识，要具有将产品推向市场的能力。而要培养这种人才，需要很长的周期，纯化工专业本硕毕业生尽管拥有丰富的理论知识，但缺少实践经验，基本上无法满足化工产业"求贤若渴"的人才需求。

(2)劳动力年龄结构失衡。随着人口老龄化程度日益加剧、人口出生率逐年下降，结合化工企业经营特征，化工企业用工出现了劳动力年龄结构失衡、青壮年劳动力流失率较高的问题。经相关数据显示，很多大型化工企业的一线员工及管理人员存在"老的老，小的小"的劳动力用工问题，一是因人口老龄化现象带来的全产业劳动力不足问题令化工企业劳动力招聘多年只出不进，员工平均年龄已过五十岁大关，大龄劳动力占比较大；二是达到退休年龄的大龄员工退休后由年轻员工接任，而接任的员工整体素质却无法担任管理一线的工作，且在生产一线工作的员工都较为年轻，业务能力不足、操作基本功尚不扎实、缺少工作经验，这种劳动力年龄结构的双向显著性特征令化工产业的用工结构失衡现象严重。另外，化工企业生产规模较大，多建造在城市远郊地区，距离市中心较远，而年轻人多定居于市区繁华地带，虽设有通勤车但仍具有诸多不便，且化工产业一线劳动力危险系数较高，操作不当极易引发安全事故，所以青壮年劳动力多不愿选择该类产业就业，造成青年劳动力流失率较高。

(3)智能劳动力覆盖广泛。面对劳动力短缺的严峻挑战，化工行业开始采用"智能劳动力"来取代部分传统人工操作，以降低对人力的依赖并确保产业的顺畅运作，推动用工模式向数字化转型迈进。随着人工智能、大数据、计算机科学和互联网技术的迅猛发展，化工行业的劳动力结构迎来了革新，突破了以往依赖手工操作的局限，实现了数字智能化设备与生产流程的深度融合。通过使用巡检机器人对化工生产各环节进行监控，有效预防了有害物质的泄漏风险。与传统手工操作相比，"智能劳动力"不仅提升了劳动生产效率，还显著降低了企业的用工成本，并大幅提高了安全隐患的发现率。

7.6.2 人工智能技术在医疗产业的应用现状

人工智能技术在化工产业的深度应用为整个产业带来了新的发展方向，使"劳动密集型"成为过去，推动了智慧化工厂的出现。纵观化工产业市场现状，人工智能的应用遍布于研发、生产、废物处理各阶段，令其在劳动力供给严重不足的情况下仍可以正常完成企业生产，实现"安全可监管、生产可优化、废物可治理"的产业目标，并将整个产业的生产推向精尖化、高端化、智能化。

1. 工艺研发

工艺研发是化工产业生产中重要的导向性环节。在世界经济高速发展的今天，社会对化工产品的质量要求越来越高，依靠传统人力不断进行产品试验、结果分析、参数优化不仅费时耗力、成本高，而且制约着化工新产品的研发生产。将人工智能技术与工艺研发相结合，利用人工智能的数据处理能力构建化工实验室管理系统，通过大数据分析、计算机视觉以及 AR/VR 虚拟现实技术，结合各类智能软件和硬件设备，对新研发的化工产品进行虚拟模拟。这不仅减少了实际研究中的资源投入，还能对模拟模型的数据进行深入分析和筛选，进而调整和优化新品实验参数，实现研发的最优化。这种创新的工艺研发模式显著提升了研发效率，大幅降低了人力成本和材料损耗，从源头上提高了新产品的质量和安全性。

2. 生产过程

生产是化工企业人力需求最大的环节，人口老龄化程度的加深对生产环节产生了显著的影响。现代化工生产流程烦琐复杂，需要大量的数据处理和分析、研判生产中存在的安全隐患，人工智能技术为化工生产的赋能不仅能够缓解化工生产中劳动力的高密度供给不足，还完全满足现代化工生产的各项质量的技术需求，为化工生产技术的发展带来了技术性革命进步。化工生产是最早采用自动化设备的工业之一，生产线上的现场操作工逐渐被利用人工智能技术进行控制的工业自动化设备替代。运用人工智能技术可以实现对生产环节的全流程的数据采集、分析及预测，通过机器内置的复杂数学模型和算法，能够快速判断生产参数是否合理，从而制定出最佳生产方案。以化工产品质量智能化控制方向目前在用的、应用范围较广的先进控制系统为例，系统以控制理论与控制方法为指导思想，以生产工艺过程分析和数学模型计算为核心技术，通过化工厂的控制与管理网络作为信息载体，将传统的生产过程控制转变为多变量模型预测控制。结合设备采集的各项数据，控制精准度得到了显著提升。随着智能化系统的不断进步，化工产品生产能够达到最优运行状态，从而大幅提高产品质量和生产效率。

3. 安全领域

安全始终是化工产业极为关注的议题。鉴于这一高风险行业的生产过程中，涉及众多危险品、高温、高压等潜在危险因素，产业的这一特性使得安全生产成为化工企业的核心职责。一旦发生安全事故，人、物将无一幸免，因此化工产业安全形势十分严峻，降低事故发生率势在必行。在此背景下，应用人工智能技术对化工危化品安全进行监管是十分有效的方法。首先，利用信息化、智能化的系统对危化品的生产、存储、运输进行监管、风险评估、事故模拟及预测，能够提前预判可能发生的危险，以做好相应的防范措施，减少事故的发生。其次，基于人工智能技术的巡检机器人部署到化工生产和存储环节，能够利用机器学习和深度学习中的目标检测、定位等算法，实现智能化识别和安全监测。具备图像识别、声音采集、报警、避障等功能的机器人，能够协助化工企业的管理人员实时监控现场的安全状况，并及时发现潜在的化工泄漏问题，准确地定位泄漏点。智能移动机器人能够完全取代人工作业，完成化工生产作业中溴甲烷、磷化氢、乙酸乙酯等熏蒸剂的投放、浓度检测、环境残留检测等工作，有效避免劳动力在有毒有害危险及恶劣的环境中受到感染。人工智能为化工企业安全管理提供了坚实的技术保障，有效防范化工事故的发生，减少不必要的损失。

4. 废物处理

随着对环境保护意识的不断加强，化工企业的污染物排放问题受到了广泛关注。化工生产过程中产生的废水和废气对环境造成了污染，这要求化工企业不仅要追求高产能，还必须致力于减少化工污染物和副产品的排放。借助人工智能技术构建化工厂污染物排放检测系统，能够优化废物管理。通过在线传感器、过程仪表、视频监控及动画模拟等方式，能够对化工企业排放的污染物进行采集分析，获取排放各阶段的水质参数，从而实现对废水、废气的排放做出精准的管理及改良，为企业管理人员提供极具参考价值的分析数据及处理方式建议。并与生产过程中的智能系统进行配合，对生产流程进行优化，最大限度减少废水、废气的产生量，有效降低化工企业对污染物的处理成本，在提高企业收益的同时保护生态环境，实现化工产业的高效、绿色发展。

7.6.3　智慧化工案例分析[*]

陶氏化学以人工智能之力引领化工产业发展。陶氏化学（以下简称陶氏）

---

[*] 陶氏化学运用 AI 加速化学分子搜索［N/OL］.（2023 - 05 - 17）[2024 - 12 - 18]. https：//m.thepaper.cn/newsDetail_forward_23106093.

成立于1897年，总部位于美国，是美国最大、全球第三大的化学品制造公司，主要生产聚苯乙烯、聚亚氨酯、氯化钙、环氧乙烷及各种农用药剂等化学产品，在化工产业占据了重要地位。作为一家拥有120余年历史的化工材料公司，陶氏化学的发展可谓是可持续发展的变革史。在其发展历程中，陶氏化学不断吸收和整合创新技术。自2017年起，公司开始实施智能制造战略，旨在实现五大核心目标：第一，实现全流程数字化，确保产品研发、生产、检验、销售等环节的全面可视化；第二，推动全面自动化应用，涵盖从仪器仪表、无线仪表到控制系统、回路优化和先进控制的全方位自动化；第三，实现可移动操作，以帮助员工在关键时刻作出正确的决策；第四，推广安全的机器人应用，在危险的生产流程中使用机器人，以提高生产安全性；第五，利用生产过程中的大数据进行优化，不断创新企业的生产经营模式。人工智能、大数据等前沿技术的应用，为陶氏化学的化工产品研发、化工危险品泄漏检测、供应链流程管理及业务集成运营等环节提供了强大的支持，成为推动陶氏化学乃至整个产业可持续、创新发展的强大动力。

1. 智能化工研发

陶氏公司运用人工智能中的机器学习和预测分析技术，推动产品研发的创新。通过实现聚氨酯产品配方的自动化和定制化，确保每一款产品都能精准满足用户的特定需求，从而加强配方匹配的自动化程度。新产品研发是陶氏化学经营中重点关注的环节，力求为各个产业的客户开发适配度最高的化学产品。在引入人工智能技术解决该需求前，陶氏向诸多经验丰富的资深制造专家进行了咨询，每位专家都需要长达六个月的咨询期，产品配方研发所依赖的工具也较为陈旧，这无疑为研发工作增加了难度。因此，仅依靠人力来加速自动化聚氨酯配方匹配的业务不仅工作量巨大，而且研发效率也无法得到保障。为此，陶氏化学与微软携手合作，利用基于人工智能的机器学习技术构建训练模型，并将研发团队积累的知识、专业技术以及与客户合作的聚氨酯配方历史记录输入其中。该模型能够利用历史数据、预测性数学模型、自动化流程以及预测新产品配方，在数秒内对数百万种潜在配方组合进行分类，并提出实验范围的建议，为客户定制出个性化的产品配方，从而彻底革新了研发专家传统的工作流程。

智能预测技术的运用也使得产品配方的自动化生成成为可能，这极大地加速了陶氏公司产品研发的进程，减少了试验次数，同时能够迅速设计出满足特定需求的定制解决方案，产品定制周期因此大幅缩短。以运用聚氨酯配方制作柔软床垫为例，在传统研发模式下，研发专家需要查阅大量书籍和历史档案，并进行长时间的配方实验，过程中还需投入大量人力进行资料记录。相比之下，利用人工智能训练模型，可以自动化地完成这些任务，快速匹配出最合适的配方。通过门户网站和数字化流程，客户可以在一个统一的界面中全程监控从配方设计到产品交付的每一个环节，实时了解产品研发的最新动态。这不仅显著提升了客户满意度和企业收益，还进一步增强了企业的数字化运营水平，并在一定程度上缓解了化工产业因劳动力市场人才短缺而面临的问题。

2. 智能泄漏检测

陶氏应用人工智能技术检测产品是否存在泄漏问题，开发 Video Analyzer 软件，致力于零安全事故目标的实现，提升安全管理的精准化。在传统的人工工作流程中，化学品泄漏的检测主要依赖于视觉、听觉、嗅觉和触觉等直接感官手段。对于那些不易察觉、无声无息、难以触及或具有易燃、易爆、有毒特性的潜在危险，人们会使用各种仪器和设备进行辅助检测。然而，由于依赖人工操作，检测有时可能不够全面，导致危险未能及时发现。作为化学产业领域的领军企业，陶氏公司对化学品泄漏事件保持着高度警觉。2022 年 4 月，位于路易斯安那州的陶氏工厂不幸发生火灾，导致氨气泄漏，这一事件不仅给公司带来了经济损失，也对其声誉造成了损害。为了防止类似事件的再次发生，陶氏公司采用了计算机视觉技术和机器学习来构建训练模型。通过图像分类技术，预先在系统中植入了标记的泄漏设施图像和未发生泄漏的设施图像，在化学品的生产和储存区域安装了摄像头，并将摄像头捕捉到的图像数据输入至 Video Analyzer 软件中。该软件运用先进的算法技术对不同位置的图像信息进行分析和推理，一旦算法检测到泄漏迹象，边缘设备将通过电子邮件、语音或短信的方式向管理人员发出警报，以便他们能够迅速采取措施，从而避免严重事故的发生。

以人工智能技术来检测其化工厂的密封部件有没有泄漏，使得检测准确率得到了大幅提高，为企业管理人员提供了准确、及时的安全预警，大大提升了陶氏安全管理的精准化。相比于传统人工检测，不仅节省了检测时间，还减少了漏检、误检的情况发生，大幅降低了企业因安全事故而产生的损失。对陶氏而言，人工智能技术有效地支撑了其卓越运营和实现零事故的安全生产目标。

3. 智能流程管理

陶氏在供应链管理中融入人工智能技术，构建以数字技术为底座的流程自动化软件，打造全新的订单履约流程，力求交易流程智能化，实现在供应链领域的创新。供应链核心为材料流动，也就是"材料进入工厂—进入仓库—进入客户现场"的过程，归为实际，就是一个交易的过程。为了掌握订单履行和交易的详细情况，陶氏公司采用了流程挖掘工具，以图形化的方式直观展示交易流程。该工具能够从 SAP 系统（一种企业管理解决方案）中提取数据，以便审查每个订单从创建到货物装载，再到承运商车辆路径等各个环节的信息。然而，这种做法存在诸多不确定性，可能导致非标准化的交易流程，进而引起客户的不满。而后陶氏在供应链管理中研发机器人流程自动化（RPA）软件，内置的系统能够自动完成大量可重复的任务，通过模仿人类对用户界面的操作、执行相同的计算机按键操作并打开与人类相同的应用程序来自动执行任务，或者，RPA 可以通过将数据直接写入应用程序的数据库来自动执行任务。与此同时，RPA 通过多个系统、内部和外部网站以及具有实时数据采集和集成功能的门户的支持，能够实现自动化端到端流程。另外，陶氏还利用数学结构为交易构建模型，预测订单完成所需时间及订单交易中潜在的风险，以便提前采取措施避免问题发生。

人工智能技术于陶氏的应用，改变了管理人员的工作模式，令供应链管理打破了原始束缚，减少了人工作业的失误，大大提高了交易效率及客户满意度。在陶氏的工厂内，操作员在控制室能够操控整个交易流程、规划整个供应链网络，而不再局限于监控阀门位置、设备温度或单一流程。智能流程管理系统将众多流程步骤整合为一个全面且统一的步骤，形成了一个协调一致的整体，所有子交易任务流程得以并行执行，从而简化了管理流程，减少了人工干预和交接环节，提升了交易流程的智能化水平。

4. 智能集成运营

在超过 120 年的经营历程中，陶氏公司探索出一条与其工艺特色和企业现状相契合的发展道路。通过应用人工智能技术，构建了一个统一的集成框架，从而打破了业务管理的单一化瓶颈，实现了业务管理的集成化。陶氏公司在生产管理过程中采用了 PI System 平台，并陆续应用了 SigmaFine 进行物料财务平衡计算，以及 PI Vision 功能等几乎所有的 PI 产品，以实现对企业生产与管理的有效控制。然而，由于不同生产系统和来自不同品牌的解决方案之间数据存储格式的不一致性，导致数据的互联互通难以实现，从而未能高效地全面利用这些资源。基于此问题，陶氏致力于基于 PI ACE 数据分析平台开发属于自己的通用的生产解决方案集成框架，帮助生产部门通过陶氏制造执行系统（MES）——电子批记录（EBR）更好地支持并优化生产活动。MES 整合了生产数据、实验室数据、物流仓储数据以及庞大的日志数据。利用 PI ACE 平台的先进计算引擎工具，系统就能够读取这些多源数据，并将处理结果回写，实现数据的集中与整合。这一过程确保了对所有软件的统一管理，并为生产活动提供了具有实际参考价值的决策支持。

在人工智能和大数据技术支撑的统一架构中，数据所形成的丰富信息组合为陶氏公司带来了额外的价值。在化工行业中，年轻一代往往不愿意从事基层的工厂车间工作，而随着经验的积累，原有的操作工可能会寻求岗位变动。因此，招募并培训新的操作工通常需要一个 3~5 年的实践学习周期，在此期间，他们可能会选择离职或晋升，导致企业陷入不断招聘和员工流失的循环。然而，陶氏公司通过统一架构下的信息组合，有效地解决了这一挑战。通过整合各项信息数据，公司能够辅助或培训那些经验不足的操作工，并能基于数据分析自动识别生产过程中的问题以及产品质量问题，从而科学地减少操作工的流失。

7.6.4 老龄化背景下化工产业未来发展前景

随着信息技术的持续创新发展，人工智能技术在化工产业中的应用正展现出广阔的前景。未来，人工智能、大数据与先进硬件设备的深度融合将对化工生产及安全管理带来革命性变革，推动产业迈向智能化与可持续发展的新阶段。首先，人工智能技术将助力智能化学实验室的建设。通过将先进的人工智能算法、大数据分析与检测技术相结合，配合网络物流系统，构建一个高效闭环的智能化学过程管理体系。该体系不仅可以大幅降低资源和能源的浪费，还能显著减少化工生产过程对环境造成的污染，从而推动整个化工产业向绿色可持续方向发展。其次，全自动化工机器人将在化工生产的各个环节得到广泛应用。这些自动化设备将替代传统的人工操作，承担诸如高危、高强度和重复性的工作任务，显著提高生产效率的同时，减少因劳动密集型操作带来的安全隐患问题。这种变革将有效缓解因人口老龄化导致的劳动力短缺问题，并为化工企业降低用工成本提供支持。此外，化工园区将加速向智慧化转型。依托人工智能、云计算和物联网技术，未来的智慧化工园区将构建一个集监测、监控、分析、整合与快速响应功能于一体的综合管理系统。通过数字化手段整合园区内的各职能部门与基础设施，这种系统化管理模式能够实时监测和优化生产运行情况，全面提升园区的安全管理水平。同时，智慧化园区还将推动协同发展，促进资源共享和数据互通，提高整体运行效率。

如图7-3所示，随着数字技术与人工智能技术的深度应用，化工产业将在老龄化背景下迎来深刻变革。通过智能化、绿色化和数字化的全面融合，化工产业不仅能够有效应对用工荒等结构性问题，还将显著提升生产效率、安全水平和环境友好性，为产业的可持续发展提供强有力的技术支撑。

图7-3 化工产业未来发展前景

7.7 本章小结

在人口老龄化加剧与科技革命深度交织的新时代，人工智能正成为推动劳动力市场再平衡的关键力量。本章聚焦于老龄化背景下的劳动力市场再平衡问题，系统探讨了人工智能在农业、养老服务业、汽车制造业、物流业、医疗产业和化工产业中的实际应用与潜在影响。

从现状来看，这些产业普遍面临劳动力短缺、用工成本上升以及传统生产模式效率低下等困境，而人工智能技术的引入正在逐步改变这一局面。人工智能不再仅仅是工具性的存在，而是成为连接人才、技术与产业需求的立体化桥梁。通过人机协作的新模式，人工智能为劳动力市场注入了全新的活力。例如，经验丰富的老龄劳动者可以通过与人工智能的协作，利用其丰富的产业经验指导技术的应用与优化，而年轻一代则成为推动技术创新的主力军。这种合作模式不仅充分发挥了老龄劳动者的价值，还推动了整体就业质量的提升，同时加速了产业的数字化转型，为劳动力市场的平衡提供了全新的解决方案。

然而，人工智能技术的深度应用也不可避免地带来部分传统岗位的消失，特别是低技能劳动者可能面临失业风险。这对社会提出了更高的要求，必须建立完善的技能支持体系，帮助劳动者适应技术变革带来的新环境。通过加强职业培训和技能提升计划，让更多劳动者掌握适应人工智能时代的核心技能，从而实现技术革新与人文关怀的并行发展，确保技术红利能够惠及每一位劳动者。

未来，人工智能与劳动力市场的深度融合将释放出更加丰富的可能性。我们应抓住"人口结构转型"与"技术革命升级"这一历史性交汇点，通过政策引导、技术创新与人才培养的协同推进，将老龄化带来的挑战转化为推动经济社会发展的新动力。人工智能的广泛应用不仅将助力劳动力市场实现再平衡，还将为人口结构转型与智能化建设的相互成就书写全新的发展篇章。

第 8 章 老龄化背景下人工智能助力劳动力市场再平衡的有效路径

本书提出老龄化背景下人工智能助力劳动力市场再平衡的"1+2+3+5"的有效路径,包括一个中心、两项原则、三方主体和五维分析,以此为基准构建人工智能助力劳动力市场再平衡的实践框架,具体如图 8-1 所示。

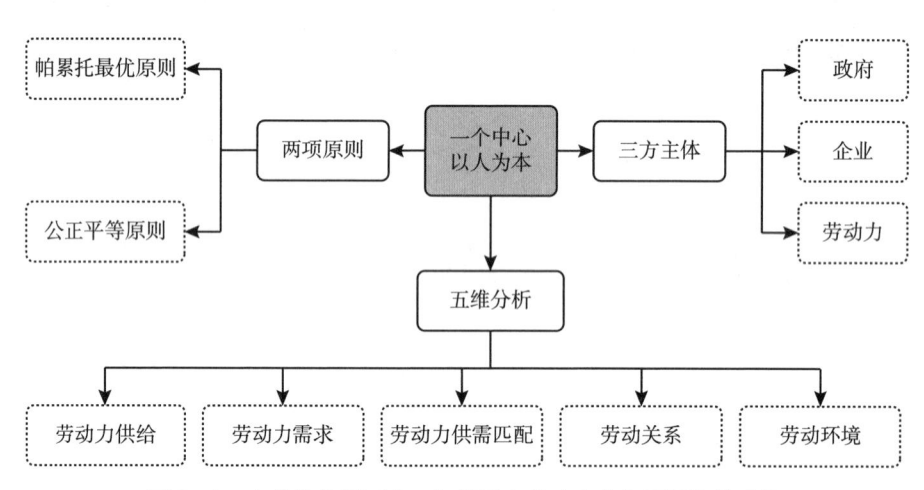

图 8-1 老龄化背景下人工智能助力劳动力市场再平衡的路径

8.1 一个中心

一个中心即以人为中心。老龄化背景下人工智能助力劳动力市场再平衡应始终坚持以人为本的观念,在积极应对老龄化、技术创新、智能制造、平衡劳动力市场等方面要时刻考虑人的主客观需求，把"为劳动力服务，以劳动力的幸福生活为出发点"作为行事的准则。政府、社会和劳动力个人参与社会发展和治理的本质目的是创造和谐发展的社会体系，优化社会经济结构以实现社会更好的发展目标，所以在老龄化背景下人工智能助力劳动力市场再平衡的理论研究和实践操作中，必须坚持以人为中心，政策取向应符合人的发展需要。

在老龄化背景下人工智能助力劳动力市场再平衡的研究中坚持"技术始终为人服务"有其必要性。马克思和恩格斯曾对人的自由全面发展做过详细而深刻的阐述。如《共产党宣言》中提道："人的自由而全面发展是消灭私有制、消灭阶级剥削和压迫，同一切传统的利己观念实行最彻底的决裂，才能实现人类最高奋斗目标即未来共产主义社会。"马克思在多部著作中阐述，真正的共产主义社会以每个人的全面而自由的发展为基本原则。在《共产党宣言》和《资本论》等著作中，他多次强调，共产主义社会旨在实现全体成员的自由全面发展。人的"全面发展"，既有人的个性、知识和能力的协调发展，也是人的自然素质、社会素质和精神素质的共同提高，同时还是人的政治权利、经济权利、精神权利以及其他应有的社会权利的充分实现。老龄化背景下，中国面临劳动力市场的失衡，人工智能为解决这一现实问题提供了技术基础和现实可能。然而，一项新的技术的应用是有其双面性的，如人工智能对劳动力市场既带来了冲击也带来了机遇。因此，我们应坚持以人为本，让技术为人类服务，以期促进人的自由全面发展。

在老龄化背景下人工智能助力劳动力市场再平衡的过程中，要做到始终坚持以人为中心，技术的发展始终为人服务，政府、企业与劳动力个人各有其行事的核心要求。政府作为社会公共事务的主要管理者，承担着维护市场经济秩序、促进社会公平正义的职能。政府需要作为维稳劳动力市场的中坚力量。人工智能技术对于劳动力市场的冲击首先反映在一大批低技能与体力劳动力的失业浪潮上，大批劳动力的失业必然会带来社会的动荡，进而在消费市场、金融领域、社会伦理道德等方面引发连锁反应。政府需要防微杜渐，提前在政府执政战略和法律法规方面做出预防决策，对劳动力市场进行规范，设定人工智能技术发展的基本准则，即始终坚持技术的发展为人服务，对相关的技术规范和技术使用准则进行指导，加强政府监督，规范市场秩序，切实推进人工智能技术积极填补老龄化背景下劳动力市场的失衡与缺位的空白。企业作为社会主义市场经济的中坚力量，是落实国家就业创业战略和实现经济高质量发展要求的主战场和第一主体。企业发展壮大的核心要义在于人力资本。因此，在技术创新、企业理念、企业目标等层面都要以人为中心，充分发挥人力资本对企业目标的促进作用。人工智能时代，企业作为技术创新的前沿阵地和实验领域，要始终把"技术为人服务"作为企业的行事准则，人工智能虽然同时具有人类思考的能力和机器的高强度劳动能力优势，但其本质是由人创造的，根本目标是为人类的发展服务，以达到人的自由全面发展。此外，劳动力个人应该更加注重自我素质和能力的提升。人工智能时代众多重复性的机械工作和低技能工作将被取代，新时期的劳动力，也要秉持以人为中心的准则去达成自我实现的需要。不仅在生活中要学会接受和使用人工智能技术，享受信息时代智能化生活的便捷性，而且应当时刻保持危机意识，树立自我学习、终身学习的学习理念，从严要求自己，通过书籍阅读、技术培训、学历提升等方法不断地给自己"加码"，以求在老龄社会劳动力市场失衡的境遇下适应时代所需，充分发挥自我价值。

8.2 两项原则

8.2.1 帕累托最优原则

帕累托最优原则即帕累托效率原则，即可以通过资源的重新配置使某人的情况变得更好，而同时不使其他任何人情况变得更差。在老龄化背景下人工智能助力劳动力市场再平衡的过程中，应坚持帕累托最优原则，关注先进技术应用时的社会成本与社会收益，减少劳动力市场失衡时的社会动荡。无论是公共政策的落实，抑或是一项新技术的实践，都需要考虑到成本的高低，坚持帕累托最优原则，在公共政策推进或者新兴技术应用时，尽量减少对某一部分群体境遇的影响，从而充分发挥政策优势和技术价值，以最小代价达成最大社会效用，使得社会整体的效益提升。

坚持帕累托最优原则可以减少老龄化趋势对劳动力市场带来的动荡。老龄化趋势下，中国老年人口的比例和绝对数量都在逐步扩大，对国家财政、社会保障制度、劳动力市场及经济高质量发展都带来了不小的威胁。尤其是劳动力市场，随着人口年龄结构的失衡及老龄人口比重的上升，劳动力需求难以满足，势必会影响到企业生产的正常运行，进而对企业预期收益和国家经济稳定造成不良影响。坚持帕累托最优原则，在进行资源的重新配置时，在使某人的状况变得更好的前提是保证没有其他任何人的状况变得更差，这样可以减少劳动力市场的动荡。

8.2.2 公正平等原则

公正平等原则强调在新技术推广和应用的进程中，新技术的负面效应的承受者与正面效应的享受者之间应达到平衡。一项新技术的推进势必会引起某些群体的利益波动。为了有效保证社会平稳发展，在推动人工智能技术的应用时，政府、企业与受益的劳动力要树立公平意识，避免对某些群体的歧视与偏见，特别是针对受新技术冲击较大的弱势群体，在必要的时候要适当予以一定的货币和非货币补偿。

公正平等原则既是社会发展所必须坚持的必要规则，又是新技术推广与建设的必要保障。长期以来，国内外的相关研究均表明，技术的进步对就业的影响是双向的，技术进步对就业市场同时产生了创造效应与破坏效应，且在技术进步的初期，就业市场所经历的阵痛及破坏效应明显强于技术的创造效应。因此，在人工智能技术助力劳动力市场再平衡的路径过程中，秉持公正平等的原则去推进新技术，对受技术进步影响较大的中低技能劳动力与中低收入群体进行货币与非货币的补偿，是十分必要的。企业作为人工智能技术应用推广的先锋阵地和劳动力市场的主要需求方，应加强对在岗职工的新技术推广的相关培训，增强在岗职工对人工智能技术的辨识度与接受度，保障他们及时接受再教育的权益，即使迫不得已要进行裁员，也必须遵循相关劳动法规进行，且要扩大对下岗职工的补助范围与补助额度，确保公正平等原则在整个人工智能技术进步与推广过程中得到充分体现。

8.3 三方主体

在人工智能助力劳动力市场再平衡进程中，主要涉及政府、企业与劳动力三大主体。政府作为社会事务管理者，企业作为技术推广主体，劳动力作为市场核心参与者，需协同构建治理体系。协同治理理论强调，面对老龄社会劳动力市场失衡这一复杂公共问题，需通过多元主体合作网络实现资源优化配置。该理论具有治理主体多元化、子系统协同性、自组织协调性及规则共建性等特点。当前学界对协同治理的范式研究尚未形成完整体系，本书将从多中心协同治理视角展开分析。

三方主体为人工智能助力劳动力市场再平衡进程中的三个主要利益群体，即社会事务的主要管理者政府，技术进步与推广的主要阵地大中型企业以及劳动力市场中的劳动力本身。人工智能助力老龄社会劳动力市场再平衡的路径选择需要多方主体协同，需要政府、企业与劳动力的三方努力。

协同治理理论认为，在开放型的社会公共事务中，为了有效地分配社会公共资源，实现社会利益的最大化，社会中的不同主体、不同层次、不同领域等以共同的行事规则建立合作网络，共同参与社会公共事务的治理。协同治理体系具备以下特点：治理主体的多元化、各子系统间的协调、自组织间的协调、共同规则的设定。学界关于治理理论的研究存在多种观点，如协同治理理论关注"去中心化"和"多中心化"，或者协同治理理论就是治理理论的新式发展。在我国社会转型背景下，政府需从"管控者"向"协调者"转型，更多地发挥政府的服务职能，通过公共服务创新与企业、公民形成平等协作关系，企业应依托技术创新优势承担社会价值创造，公民则通过诉求表达与行动参与推动治理效能提升，最终形成政府主导、多元共治的新型治理格局。

8.3.1 政府主体

1. 完善法律法规设计

法律法规是社会平稳运行与社会进步的重要保障，它是社会运行和社会参与者进行社会活动所要遵循的基本准则，在人工智能技术应用与推广过程中的法律法规设计，可以充分发挥技术进步的创造效应，减少技术进步的破坏效应。老龄化趋势下中国未来劳动力市场会经历较大的波动，对经济的平稳运行与社会保障制度形成挑战。而劳动力市场是一个复杂的社会问题，牵扯甚广，它不仅包括劳动力的就业失业问题，还与企业经济模式与社会创新业态有莫大的关联。采用新兴的人工智能技术补足老龄社会劳动力市场的短板时，需要政府落实自己作为社会公共事务主要管理者的责任机制，从完善相关的法律法规入手，加强顶层设计，设定人工智能技术助力劳动力市场再平衡路径上的基本规则，对相关事宜落实规范。

法律法规的制定是一个漫长而严谨的过程，尤其涉及影响较大、波及范围较广的新兴技术的使用和规范。政府首先应当对老龄社会中劳动力市场的失衡状态进行细致研究，要摸清劳动力市场失衡的主要原因及影响范围，加强数据统计，关注一线劳动力的实际需求。如督促社会劳动保障部门做好当地劳动力市场的数据统计，不定期派出专业人员实地进行调查研究，对当地人才市场的劳动力档案情况与当地企业的招工使用情况进行重点关注，时刻发现劳动力市场中存在的问题苗头及发展趋势，做好预警机制和应对措施。且由于中国各地区经济发展情况、人口数量、劳动力层次及劳动力流动情况均有所不同，所以更加需要各地方政府落实责任要求，对本地区劳动力市场的相关情况进行摸排，在国家统一制定的上位法律之后，根据各地区劳动力市场的不同特点制定本地区的劳动力相关法规，做到有针对性。

其次，政府在对当地劳动力市场落实相关动态监测机制之后，除获取劳动力市场的一手数据以外，还应关注人工智能技术的最新发展状况，将人工智能技术发展的基本准则如"人工智能不能伤害人类"等规划为法律条款，加强监督保障，为人工智能技术的未来发展方向作出法律设定，使其更好地为社会公共事务服务。除此之外，有关人工智能技术助力老龄社会劳动力市场再平衡的法律设定是一个复杂性、系统性、前瞻性的工程，在收集资料准备法律条款之前，政府应当公开向社会中的企业、劳动力、第三方组织等其他主体征集相关意见，考虑他们的利益需求。在法律出台之前，相关的法律条款还应考虑专家、政府智库和人工智能技术开发者的意见，这样才能真正使得相关的法律法规落到实处，能够切实地发挥出规范作用，助力人工智能技术补足劳动力市场的真空。

最后，在法律法规出台的前后，都要加强内外部的监督控制，定期对法律法规的实施效果进行评估与反馈，落实动态监控机制。

2. 推动产业智能化转型升级

推动传统产业智能化转型升级，优化劳动力市场结构。政府应大力推动传统产业向智能化方向转型，通过引入人工智能技术提升生产效率，同时优化劳动力市场结构。在传统制造业、农业和服务业中，人工智能技术可以承担大量重复性、高强度或危险的工作，让劳动力从繁重的体力劳动中解放出来，转向更高附加值的岗位。例如，通过推行智能制造和智慧农业，政府可以鼓励企业采用智能化生产设备和管理系统，减少劳动力需求的同时创造新的岗位，特别是在运营、维护、管理等领域。这种转型不仅有助于传统行业的可持续发展，也能缓解老龄化社会中劳动力短缺的现象。

打造智能化就业生态，适应新型劳动需求。老龄化背景下，产业智能化转型将带来大量新兴岗位和新的劳动形式，政府应积极引导就业生态向智能化方向转变。例如，通过政策支持和专项工程，鼓励发展智能化岗位培训项目，为年长劳动者和其他劳动力人群提供技能提升的机会，增强其适应智能化转型的能力。同时，政府应完善职业教育体系，与企业、院校合作开发以人工智能技术为核心的课程和职业资格认证，为即将到来的智能化劳动力需求构建强大的人才储备。通过帮助劳动者适应新型劳动需求，政府不仅能稳定就业形势，还能充分发挥人工智能对劳动力市场再平衡的助推作用。

引导养老服务业智能化发展，提升劳动力供需匹配效率。面对老龄化带来的养老服务需求增长，政府应引导人工智能深度融入养老产业，加速养老服务业智能化升级。通过普及智能养老设备、智能监护系统等技术，不仅能发展出高效便捷的养老服务体系，还能直接推动养老服务市场的人才需求。例如，智能养老设备的普及将衍生出设备研发、维护、运营等新岗位，同时智能化工具能够优化岗位分配、降低劳动强度，从而吸引更多工作年龄段的劳动力加入养老服务行业。通过推动养老产业与人工智能技术相结合，政府能够有效缓解养老服务领域的劳动力短缺问题，加速实现劳动力市场供需的优化与再平衡。

3. 改革教育制度

老龄社会发展的趋势已经不可避免，劳动力的年龄结构、劳动力总数、劳动力素质等都会受到巨大影响，不仅于此，人工智能的发展将加快社会经济结构的改变，重塑整个社会经济格局，整体的劳动力市场和就业创业形势将面临较大波动。因此，政府应当推动教育体系改革，拥抱人工智能技术发展潮流。

政府要鼓励职业教育发展，完善职业教育培训制度。职业教育是学历教育的有力补充，是终身学习教育理念的现实发展。政府应明确资金投向，对职业教育进行大规模资金投入以支持其快速发展，满足职业教育发展过程中的场地、设施等人力物力需要，解决职业教育发展的后顾之忧。除此之外，政府应当制定职业教育当下及远景的发展规划，大力开展职业教育培训体系，鼓励企业发展内部职业培训项目，或者引导企业与相关职业教育培训学校建立合作关系，采取定点定期培训的模式不断提高劳动力能力。最后，政府应当针对人工智能发展的前沿技术及未来方向开发多样性、前瞻性的培训项目，引进人工智能技术领域的人才对劳动力进行培训提高，降低劳动力在人工智能时代受到市场冲击的风险。

政府要重视高等教育改革，优化人才培养体系。人工智能助力老龄社会劳动力市场再平衡发展，需要从劳动力的素质培养与供给入手，而人工智能技术属于先进的智能信息行业，因此对高端人才的需求较为旺盛。政府应当对重点理工科高校加大资金投入，鼓励相关高校自行开发人工智能相关专业与研究项目，增强高校在人工智能人才培养上的自主性。此外，对于人工智能技术发展的延伸产业及上下游产业链也应当重点关注，设定一批新兴专业，重视相关人才培养，为充分利用人工智能技术对劳动力市场的创造效应提供人才支持。

政府要鼓励多形式的创业就业，优化创新环境。老龄社会冲击下的劳动力市场的失衡，仅靠人工智能新技术的创造效应无法完全补足短板，必须鼓励创业就业，才能满足未来多样化的劳动力就业需求。政府要优化市场营商环境，对低、中、高不同劳动技能的劳动力给予不同支持，比如创业资金补贴、创业资格审批、住房医疗支持、定期培训教育等，摒除不同类型不同行业的创业者的后顾之忧，创造良好的劳动力市场环境。此外，在各省份的主要城市设立人才创业孵化器，鼓励劳动力在与人工智能相关的产业链条上进行创新创业，既可以促进人工智能发展，又可以满足多种就业需求，推动劳动力市场的再平衡与经济创新高质量发展。

4. 健全社会保障体系

扩大社会保障覆盖范围，保障灵活就业与失业群体权益。面对人工智能技术的快速发展和老龄化社会带来的双重挑战，政府应健全社会保障体系，扩大其覆盖范围，特别是针对灵活就业人员、短期从业人员以及因技术替代而失业的劳动者。针对这些群体，政府可以建立普惠性社会保障政策，确保他们在失业或转型期间能够获得基本生活保障，避免因收入中断而导致的社会不稳定。同时，应优化失业保险制度，简化申领流程，提高保障水平，为劳动者提供更有力的支持，帮助他们顺利度过就业过渡期。这不仅能够缓解人工智能技术带来的短期冲击，也能为劳动力市场的长期平衡奠定基础。

加大社会保障资金投入，强化养老保障体系建设。老龄化社会的到来使养老保障体系面临巨大压力，政府应加大社会保障资金的投入力度，并优化资金使用效率。首先，应建立社会保障资金的底线思维，确保养老、医疗等基本保障资金充足且落到实处。其次，政府可以通过鼓励人工智能等新兴技术的发展，推动经济增长和税收增加，将新增的财政收入用于补充社会保障资金。与此同时，应加强对社会保障资金的监管，确保资金使用的透明性和高效性，避免浪费或挪用问题。通过完善养老保障体系，不仅可以减轻老龄化对劳动力市场的冲击，也能够增强社会对智能化转型的适应能力。

提高公共服务水平，建设智能化社会保障服务体系。政府应充分利用人工智能技术提升公共服务水平，构建智能化的社会保障服务体系。可以建立全国统一的就业创业保障信息系统，动态捕捉各地区和各行业的就业数据，利用智能化技术进行精准分析，及时发现劳动力市场中的失衡问题并制定针对性解决方案。例如，针对失业人口，可利用人工智能技术提供个性化的职业培训和就业推荐服务，帮助其快速适应新岗位需求；针对养老服务领域，可通过智能化管理和监测工具提升服务效率，减轻劳动力短缺的压力。通过构建高效、智能的公共服务体系，政府能够在老龄化背景下实现劳动力市场的再平衡，最大限度降低技术变革和社会老龄化带来的负面影响。

8.3.2 企业主体

1. 重视员工权益保障

坚持"以人为本"，合理推进人工智能技术应用。企业在引进人工智能技术和推进智能化生产时，应将员工权益保障置于核心地位。具体而言，企业应优先利用智能化技术替代危险性高、重复性强和工作环境恶劣的岗位，在降低员工健康风险的同时创造更加安全健康的工作环境。这不仅能够降低职业风险，还能展现企业对员工福利的重视，进而提升员工对企业的认可与忠诚。此外，企业在推进技术落地时，应加强与员工的沟通，及时了解员工对技术变革的反馈，并为受岗位变迁或技术替代影响的员工提供合理的安置计划，为企业和员工之间构建互信互助的和谐生态环境。

推动劳动力与智能技术融合发展，优化岗位结构。在人工智能技术的应用过程中，企业应注重劳动力与智能技术的深度融合，避免片面地利用人工智能技术替代劳动岗位。企业应根据自身行业特点与发展需求科学评估，用智能技术作为高效的辅助工具，而非简单取代劳动力。例如，优先使用智能技术改进一些需要精度更高或效率提升的环节，同时保留并优化传统岗位，让劳动力的作用充分发挥。通过这种方式，企业不仅能提升整体生产力，还能让员工在智能技术的帮助下实现技能的提升与工作的优化。此外，技术选择时应以补充性和支持性为主，确保智能化技术的应用有助于人员岗位的转型升级，使人工智能真正为劳动力服务，而不是完全取代劳动力。

注重员工培训与发展战略，提升员工综合素质。企业应通过健全的人才发展战略来保障员工权益，尤其是在智能化转型过程中，为员工提供技能提升和职业发展的支持。具体措施包括定期为员工进行岗位相关的技能培训，尤其是与人工智能技术相关的内容，帮助员工掌握新技术背景下的工作能力，从而应对职场变革带来的挑战。企业还应为员工提供职业发展规划与良好的晋升机制，增强他们的职业安全感与归属感，提升员工稳定性和忠诚度。此外，企业还可以通过优化薪酬福利制度和开展关怀活动，帮助员工实现职业成长与个人发展的统一，进而优化企业的劳动力结构。这些措施不仅能增强企业竞争力，还能助力老龄化背景下人工智能与劳动力市场的协调发展，实现劳动力市场的长期再平衡。

2. 加强企业外部协作

经济全球化时代，社会各个领域的企业之间均存在密切联系。在企业做好本身创新发展工作的同时，还需要加强与其他类型企业和上下游产业链条间的外部协作。企业作为社会经济发展的引擎与动力主体，在产品生产与内部劳动力管理上具备较大的能动性与主动性，这使得企业能够根据自身发展特点和公司内部人力资源建设的程度制定符合自身定位的发展策略，促进企业的组织建设、文化建设与利益获取。但企业的发展不能脱离外部环境而只顾内部机理。外部环境对企业发展的影响是巨大的，包含了企业生产、组织、发展、建设的各个层面，因此在企业作为主体去拥抱人工智能助力劳动力市场再平衡时，必须加强与外部的协作，拓展国际化视野，加快企业文化与企业产品"走出去"的步伐。

首先,企业的外部协作要注重与政府主体的紧密结合。因为政府是社会经济建设的主导者和领路者,政府的经济政策对于企业的自我发展具有重要影响。企业在引进人工智能技术进行劳动力结构优化时,要深入地理解政府关于人工智能的发展政策,关注政策中的重点方略,以政策为标准制定企业内部的技术发展与应用。企业还应主动和政府保持密切沟通,在企业劳动力优化策略与人工智能技术引进时多咨询政府相关主管部门的意见,遇到诸如资金、土地、设施、政策上的困难时要向政府寻求相关帮助,以期更好地发挥自身的优势。

其次,企业的外部协作应注意与相关高校与职业培训机构的紧密结合。这样才能紧抓时代发展的前沿,助力企业人力资源结构的优化提高。高校作为高端人才培养的前沿阵地与技术创新的主力军,在中国教育领域占据着重要的地位,企业应当对自身所处领域与产品特色建立全面系统的了解,与设置相关学科的高校与研究机构签署定向定期的合作协议,将自身企业作为高校与研究机构所培养的高端人才的实习基地,密切企校联系,助力企业技术创新与人才引进。企业还应当加强与职业培训机构的合作,定期对企业员工及管理者开展培训,尤其要注重与人工智能相关前沿内容的培训,以此开拓企业员工的视野,提升企业员工的劳动素质与劳动技能,助力企业员工职业的长久发展。

最后,企业还应当注重与国外相关同行的密切联系合作,了解行业内部与人工智能发展的最新业态,以此助力企业创新技术、改革产品和劳动力结构优化,帮助中国企业"走出国门",增强中国企业在世界经济领域的影响力。

8.3.3 劳动力主体

1. 提高自身素质

人工智能时代劳动力要想凸显自我价值,降低被社会淘汰的风险,其关键在于劳动技能的提高。人工智能助力老龄社会劳动力市场再平衡的路径设计中,劳动力主体的配合与自我实现是应有之义。老龄化发展趋势下劳动力市场失衡现象实属必然,劳动力必须提前做好准备,才能站在时代的浪尖。

劳动力应当注重新技能与新技术的学习,积极参加企业内部培训,从中获取市场前沿发展的知识，在自我岗位上做出更加优异的成绩以增强自我的不可替代性。劳动力在有空余时间与精力的情况下，应到相关高等院校与研究机构继续进行学习，提升学历的同时也增加自身的竞争优势，提高自我实现的能力，以此深化自身的价值。此外，劳动力应当努力开拓视野，汲取先进的经验，避免一些工作中可能的失误。另外，劳动力要多关注人工智能发展的前沿信息与国家政策法规，主动捕捉社会发展先机并提前做好预警，做好完善的动态职业发展规划，以此适应技术变革带来的行业改革与劳动力市场革新。最后，人工智能时代的到来对人才的能力和素质要求越来越高，人才的灵活性、创造性、复合型越发重要。劳动力要树立终身学习的理念，以开放包容的态度主动拥抱社会变革，加深前沿知识储备，增强创新能力，使自己成为无法被新型人工智能技术取代的综合性高级人才，以快速适应老龄化与人工智能发展带来的激烈的市场竞争环境，主动契合劳动力市场变革的需求。

2. 拥抱社会变革

树立积极心态，主动适应社会变革趋势。面对老龄化社会和人工智能技术快速发展带来的双重挑战，劳动力个人首先需要调整心态，树立积极乐观的工作与生活态度，主动拥抱技术变革与社会发展趋势。认清人工智能技术的普及是不可逆转的趋势，将其看作职业发展的新机遇而非威胁。个人应摒弃对技术替代的恐惧心理，以开放的姿态学习和接受新技术，将人工智能视为提升职业能力和改善工作条件的得力工具，通过积极适应社会变革，为自身创造更多就业机会与发展空间。

持续学习，提升人工智能技术相关能力。在人工智能技术不断应用于各个领域的背景下，劳动者个人需要具备终身学习的观念，拓展自身技能储备，提升对新型技术的适应与运用能力。具体而言，个人可以通过参加技能培训、学习在线课程或利用企业提供的内部培训资源，掌握与人工智能相关的基本技术知识与应用技能。同时，根据自身的职业特点和行业需求，有针对性地学习例如数据分析、编程、人工智能工具使用等技能，努力向复合型、高素质劳动者转型。在技术快速迭代的时代，持续学习不仅能够保持职业竞争力，还能帮助个人更好地在智能化行业变革中找到发展位置。

寻找与人工智能的融合点，创造协同效应。劳动力个人应主动寻找人工智能技术在自身职业领域中的应用与融合点，将技术转化为职业发展的新动力。

例如，医疗工作人员可以学习医疗大数据分析和智能诊断工具的使用，以提升医疗服务效率与精度；教育工作者可以借助智能教育平台优化教学方式，创造个性化学习体验。不同行业的劳动者都应积极探索如何利用智能技术改造工作方法、优化流程、提升效率，使自己与技术共同产生"1+1＞2"的协同效应。在变革中找到技术优势与自身特征的最佳结合点，将进一步提升个人职场价值。

增强职业规划意识，主动拥抱灵活就业形态。随着人工智能技术的发展和老龄化社会的到来，职业形式将愈加灵活化和多样化。劳动力个人应增强职业规划意识，关注未来职业发展的多样性和可能性。可以考虑深入了解新兴岗位需求，如数据标注师、智能设备维护工程师、线上教育导师等，及时调整职业方向，主动选择适应社会发展的职业道路。此外，个人还需具备适应灵活就业形态的能力和心态，例如自由职业、远程办公、自主创业等，通过多样化的方式应对就业市场的变化，从而更好地融入新时代的劳动力市场。

8.4 五维分析

8.4.1 劳动力供给

促进不同群体劳动力的参与，增强劳动力市场供给。在老龄化背景下，传统劳动年龄人口逐渐减少，劳动力市场供给趋于紧缩。为了应对这一挑战，应着力提高不同群体的劳动力参与率。例如，政府和企业可以通过政策引导和工作环境优化，为女性、青年、退休但健康的老年人创造更多灵活就业机会或兼职岗位；同时，应鼓励适龄人群延迟退休，通过制度设计和职业培训帮助其延长职业寿命。此外，还可为身体健康但因照护问题无法参与工作的潜在人群提供托儿服务或护理支持，降低就业障碍，激发这部分劳动力参与市场的积极性，进一步弥补劳动力资源缺口。

加强技术教育与职业培训，优化劳动力质量。人工智能技术的发展对劳动力的技能需求提升，对劳动力供给质量提出了更高要求。从供给端优化劳动力结构，需要大力提升劳动者的技术水平与应对能力。例如，政府可以加强职业教育体系，与企业、高校及培训机构联合，系统化培训劳动者掌握人工智能时代所需的技能，如数据分析、代码编写、智能设备操作等；同时，针对技能相对较低、面临被替代风险的劳动力，应为其提供覆盖广泛、针对性强的技能再培训计划，为他们从传统岗位向新型岗位的过渡提供资源支持。通过优化劳动力技能结构，不仅能够扩大高素质劳动力供给，还能让更多劳动者适应智能化发展的新需求。

引入移民和加强国际合作，补充劳动力资源。在人口老龄化加剧的背景下，适当放宽移民政策是提高劳动力供给的重要途径。政府可以制定更具吸引力的移民政策，吸引海外技术型或技能型人才进入本国劳动力市场，缓解劳动力不足的压力。例如，针对人工智能、制造业、健康护理等行业，可设计专门的引才计划，为这些领域补充高质量劳动力。此外，加强与国际社会的合作，例如共建职业培训平台或人才共享机制，也能实现资源优势互补，为劳动力市场供给注入新的活力，助力实现劳动力市场再平衡。

利用人工智能技术提升劳动力供给效率，优化劳动力供给形态。借助人工智能技术提升劳动力供给效率，是应对老龄化的重要措施。可以通过智能就业匹配系统，更精准地将企业需求与劳动者个人技能、职业意向相对接，减少劳动力闲置浪费，并大幅提高劳动力供给效率。同时，在偏远地区或特殊群体较多的区域，可探索人工智能技术驱动的远程工作平台，为这些劳动者提供更多就业机会。此外，通过智能化技术实现劳动强度较大的岗位智能替代，也能减轻劳动力的身体负担，延长他们的劳动生涯，提高整体供给质量和规模。

推动养老服务等劳动密集型产业发展，创造更多适龄就业岗位。满足老龄化社会的特殊需求，还可以通过推动养老服务等劳动密集型产业发展，为精力和体力有限的适龄劳动者提供更多新技能门槛不高的就业机会，如养老护理员、智能健康监测助手等。这不仅能扩大劳动力市场供给，还能减轻老龄化发展对社会经济的压力，实现对劳动力市场的精准再平衡。

这些措施从劳动力供给端入手，既注重劳动力市场规模的扩充，又注重供需匹配效率和劳动力技能结构优化，为老龄化背景下的人工智能技术应用提供重要支撑。

8.4.2　劳动力需求

促进智能技术与传统行业融合，创造新型岗位需求。人工智能技术的发展将在多个行业创造大量新兴岗位，为劳动力市场的再平衡提供驱动力。政府和企业应推动人工智能技术与传统行业的深度融合，引导从业者向质量较高的岗位进行转型。例如，在制造业中大力推进智能制造模式，传统流水线工人职位转型为智能设备操作员、维护员和数据监测员；在农业中，通过推广智慧农业技术，产生对无人机运维师、农业技术分析师的需求。通过引入智能技术带动新型劳动需求的涌现，不仅可以弥补老龄化导致的需求空缺，还能优化用工结构，提高整体劳动力市场的效率和价值。

拓展服务行业需求，满足老龄化社会的特殊劳动需求。随着社会老龄化程度的加深，在养老、护理和健康管理等服务领域将产生旺盛的劳动需求。政府和企业应联合推动服务行业的发展，通过政策扶持和技术赋能，吸引更多劳动力进入这些劳动密集型行业。例如，在养老护理行业中，人工智能机器人与护理员协同工作，推动从业人员向智能健康管理服务转型。此外，健康数据分析师、康养社区规划师等新兴岗位需求也将逐步增长。通过创造多元化的岗位需求，不仅能为劳动力提供就业机会，还能更高效地服务老龄社会的特定需求，缓解劳动力市场的不平衡状态。

推动智能技术辅助就业，优化职业需求分布。借助人工智能技术，企业和政府能够精准捕捉劳动力需求趋势，提高岗位匹配效率。例如，基于人工智能的就业匹配系统可以更高效地链接不同地区、行业的用工需求与劳动力资源，缩短人岗匹配周期，减少摩擦性失业。此外，技术也能推动远程工作、弹性就业等新型工作形态的发展，让劳动力能灵活、高效地应对市场需求变化。通过优化职业需求分布和匹配效率，能够更大程度盘活劳动力资源，满足需求端的动态变化。

大力发展人工智能相关产业，释放技术替代后的劳动力需求。人工智能产业本身的发展也会释放出大量的劳动力需求。例如，人工智能研发、芯片制造、智能设备维护等相关产业链上的高技能岗位正在快速增长。此外，对于人工智能产品的终端运营市场推广和客户服务也需要大量的劳动力支持。因此政府可以通过产业规划和政策引导，推动人工智能相关的规模化发展，帮助劳动者向这些新兴高技能岗位流动，为劳动力市场供需实现新的平衡稳定的需求支撑。

从低技能需求向高技能需求转变，精准调整劳动力结构。老龄化背景下大幅减少的多为低附加值的体力劳动需求，而人工智能技术正逐步取代体力型、重复型的劳动力岗位。这一趋势要求劳动力需求结构向技能型、创造型岗位转移。例如，人工智能数据标注员、算法监督员甚至人机交互设计师将成为劳动市场的新增长点。政府和企业需要在提升劳动力技能的同时，对需求端进行精准引导，减少岗位供需上的结构性失衡问题，激发劳动力向更高附加值的产业流动。

加强需求侧调整，聚焦数字经济与绿色经济发展。随着数字经济和绿色发展的兴起，新型行业将爆发出更多劳动力需求。例如，智能物流、在线教育、新能源汽车等领域对劳动力的需求旺盛。企业与政府应聚焦这些新兴领域，推动其需求与劳动力市场的精准对接，为劳动力提供转岗的方向激发市场活力。通过挖掘这些领域的潜在需求，能够进一步平衡劳动力结构，增加就业机会。

8.4.3 劳动力供需匹配

在劳动力市场中，劳动力的供给方与需求方有时并非处于同一维度，"断联"状态时有出现，这就导致劳动力市场呈现失衡状态，出现诸如大量劳动力失业与企业招不到合适的劳动力并存的状态。因此，在通过政府、企业、劳动力三方协作的基础上创设新兴产业释放岗位需求与增加劳动力供给数量外，更为重要的是利用人工智能技术的发展建设劳动力市场信息匹配系统，使得劳动力的供给与需求信息做到互联互通，并根据各地区区域发展条件的不同制定相应的劳动力供需匹配渠道。

优化劳动力供需匹配结构，需要充分了解劳动力失业及岗位信息。一方面，可以充分发挥人工智能技术的优势，推进政府电子政务的发展，开设全国性的劳动力市场信息系统或者App，将各地区的人才市场、各类型的企业人才数据、参与社会分工的不同类型劳动力纳入系统当中，利用人工智能技术进行数据的自动监测、匹配与分析，使政府、企业与劳动力三方充分衔接，有效解决劳动力供需匹配低效的问题。另一方面，鼓励劳动力主动参与职业技能培训，及时提高自我素质以适应新兴技术的发展趋势。政府应当充分发挥统筹协调优势，对社会就业形势进行提前预判，解决就业市场信息不对称的问题，助力技术性失业人群的再就业。

推动劳动力供需匹配需要充分考虑地区差异。由于各地区产业结构、劳动力素质、经济发展质量、基础研究能力等均有不同特点，因此推动劳动力供需匹配需要充分考虑到不同地区地理因素、人文因素及经济发展程度的差异，具体问题具体分析，因地制宜制定相关措施。经济发达地区通常拥有多元化的产业结构和较高的创新活力，但也面临人才竞争激烈、劳动力成本高企等挑战。这些地区应注重构建完善的人才生态系统，平衡高端人才集聚与基础性岗位人员供给，同时通过产业升级和技术创新提高劳动生产率，减轻用工成本压力。而经济欠发达地区则可能存在优质就业岗位不足、本地人才外流等问题，应着力改善营商环境，引导资本投入，培育新兴产业集群，创造更多高质量就业机会。城市与农村地区的劳动力市场也存在显著差异。城市地区信息流通更为便捷，可加强公共就业服务体系建设，提高岗位信息透明度；农村地区则应加强基础设施建设，打通劳动力流动障碍，并针对留守劳动力开展有针对性的职业培训。此外，不同地区的产业特色也决定了劳动力需求的差异性。制造业集中的地区可加强产教融合，定向培养技术工人；服务业发达地区则需重视软技能培养；而新兴科技产业聚集区应强化产学研合作，打造创新人才培养体系。总之，劳动力供需匹配的政策制定不能"一刀切"，必须建立在对地区特点深入分析的基础上，形成差异化、精准化的政策体系，才能有效提高劳动力市场效率，促进区域协调发展。

8.4.4 劳动关系

人工智能快速发展的环境下，如技术条件、权力关系等构成劳动关系的外部环境正在受到影响，劳动关系中的主体更加复杂化，且依据人工智能应用程度的不同呈现动态变化特征。因此，通过顺应人工智能技术发展，重塑劳动力市场中的劳动关系格局，建立新型经济业态下透明、信任、协作、动态、健康的劳动关系，对于构建和谐社会与促进劳动力市场再平衡具有重要意义。

加强三方主体协作。从政府层面来讲，政府应动态监测因人工智能的发展和应用带来的劳动关系失衡问题，关注劳动力的权益保障与社会保障制度的实施，缓和劳资矛盾。政府应当从微观层面进行操作，关注劳动力的素质提升、职业培训教育、企业劳动规章设计等，充分发挥政府的协调与管控职能，建立信息透明的劳动力市场信息系统，提供就业咨询、就业保障、就业申诉等公共服务职能，完善劳动关系的规制建设。从企业层面来讲，人工智能技术的发展与应用，冲击着原有的传统的固定劳动关系。基于此，企业应当重新审视新环境下劳动关系的变化，在考虑企业自身经济效益优先的同时，更加应当注重"人性"的底层逻辑，将"以人为本"的理念充分散发到企业文化与企业理念之中，对劳动力的权益和报酬予以保障，创新弹性化与自主化的管理模式，并不定期开展职业技能培训与休闲活动，使劳动力在工作中感受到自身价值的实现。从劳动力层面来讲，要充分了解人工智能技术带来的劳动力需求的变化，树立终身学习的理念，重点关注人工智能技术的前沿发展变化，提升自身的劳动技能与个人素质，要将个人的前途发展与国家社会的发展趋势结合起来，共同协作共创和谐、透明、健康的新型劳动关系。

中国劳动关系的建立和发展不但要与社会经济发展阶段相契合，更应适应中国特色社会主义经济制度。在人工智能技术飞速发展的信息化时代，中国新型劳动关系的建立和其治理机制的完善必须植根于中国特色社会主义市场经济制度。中国特色社会主义经济制度是以"公有制为主体、多种所有制共同发展"的经济制度，这也说明中国未来劳动关系的发展目标是构建和谐共生的公有制与非公有制关系。中国特色社会主义分配制度即"按劳分配为主体，多种分配方式并存"的分配制度，在人工智能技术不断发展的今天，中国劳动关系的建立与发展不仅要符合新时代下劳动关系灵活化、多元化、独立化的特点，更应该秉持初心，始终坚持按劳分配为主体的分配制度，多劳多得，让每一个勤劳的社会主义劳动力都能得到应有的回报。不仅如此，要继续完善多种分配方式，创新新技术新发展形势下的新型分配方式，使其更加灵活多样，坚持社会主义发展的成果由每一个劳动力"共享"的原则。中国现代经济制度中的企业制度、生产关系与劳动关系都是在中国共产党的领导之下建立起来的，在人工智能技术发展的新时代下，更应一以贯之地坚持党的全面领导不动摇，在党的领导下重塑社会主义劳动关系，为建立协调、共享、绿色、高效、透明的新时期劳动关系提供组织保障。

8.4.5 劳动环境

劳动环境即劳动力从事社会劳动所面对的外部环境的总和，包括社会经济制度、企业制度规章、生产关系与劳动关系、领导者的素质、人际关系等。老龄社会发展趋势下劳动力市场面临着失衡的困境，因适龄劳动人口的减少而造成部分低技能劳动力失业与部分中高技能劳动力工作量加大问题共同存在，人工智能的发展使得部分劳动力无法适应社会的改变而造成较大的心理压力，因此，在人工智能广泛应用的背景下，优化劳动环境、关注劳动者心理健康与幸福感，已成为促进劳动力市场稳定与和谐的重要课题。

推动多元主体协同治理，实现劳动环境的良性循环。政府应完善针对智能化劳动环境的法律法规，建立健全劳动力市场监督和评价体系，规范用人单位行为，及时披露不合格企业名录，维护劳动者的基本权益和知情权。同时鼓励工会、社会组织等共同参与劳动环境建设，形成政府、企业与劳动力三方良性互动，实现劳动环境的持续优化。对于企业来讲，除积极引进人工智能先进技术对企业的生产结构及组织结构进行优化以外，还应重视人工智能双重效应之下企业员工的心理变化，定期加强对员工的心理开导，建立诚实守信的企业文化，创造人工智能辅助员工建立高效职业发展通道的路径，减少人工智能发展环境下企业员工的职业压力，建立积极、健康、透明、高效、团结的劳动环境。对于劳动力个人来讲，劳动力个人应当树立开放乐观的人生态度，积极参加职业培训增加自身技能素质的储备，努力适应人工智能发展环境下劳动力市场及劳动环境的变化，减少职业倦怠发生的可能性，劳动力团体还可以团结起来建立劳动力工会，同企业、政府进行及时沟通以维护自身权益，更好地助力人工智能推动老龄化社会劳动力市场再平衡发展。

重视人力资源开发。人工智能助力老龄化社会劳动力市场再平衡的进程中，维护公正、平等、和谐的社会劳动环境必须从重视人力资源开发入手，坚持以劳动力为主体的基本原则，社会生产关系、劳动关系、分配制度的完善要以劳动力的基本诉求为出发点，维护劳动力的基本权益。人工智能的快速发展会使得一部分中低技能劳动力面临失业再就业的困境，新兴技术发展下的新形势也使人机关系愈发复杂化。机器与智能技术的发展归根结底是为了服务人类社会，智能技术的发展始终是以辅助角色存在的，社会各界应当重视人力资源的开发，在人工智能技术的协助下对各类劳动力进行知识培训，积极开发每个劳动力的特性，发挥人类相比于机器最大的创新性的价值，凸显人类劳动力的关键作用，使每一个劳动力劳有所用、劳有所得，建立健全人工智能发展形势下"创新驱动、机会均等、分配公平"的劳动环境，最大限度地发挥人工智能助力老龄社会劳动力市场再平衡的效用。

8.5 本章小结

随着时代的发展，人口老龄化已成为全球性的挑战。在这种背景下，劳动力市场的供需矛盾日益凸显，如何实现劳动力市场的再平衡，成为亟待解决的重大问题。本章提出了以一个中心、两项原则、三方主体和五维分析为基准构建人工智能助力劳动力市场再平衡发展的实践框架，即坚持以人为本的基本出发点，重视保障劳动力权益，坚持帕累托最优原则与公正平等原则，通过政府、企业与劳动力三方主体的共同协作，从劳动力供给、劳动力需求、劳动力供需匹配、劳动关系和劳动环境五个维度综合分析，充分发挥人工智能技术在优化劳动力市场平衡中的关键作用。针对老龄化带来的劳动力短缺和技能断层等问题，该框架提出了系统的保障措施，为老龄化背景下中国经济高质量、可持续发展注入新的活力。

在这一人口老龄化与智能技术变革相互交汇的新时代，人工智能不仅是技术进步的重要标志，更是破解劳动力市场失衡难题的"金钥匙"。人工智能以"智慧伙伴"的身份，深度融入社会各领域，成为联系现实与未来的桥梁，助力每一类劳动力在智能化时代找到适合自身的位置，使老龄社会实现"老有所为、壮有所用、少有所长"的多元发展。这不仅有力回应了"人口红利消失论"，更是在劳动力市场领域对中国式现代化发展道路的生动实践和诠释。

结 语

本书聚焦于老龄化加速与人工智能技术快速发展并存的时代背景，系统梳理并深入分析了中国劳动力市场再平衡的现实困境与创新出路。研究结果表明，单一依赖传统供需调节已无法有效应对人口结构深刻变化带来的复杂挑战。人工智能的赋能作用为劳动力市场注入新活力，但其替代效应与结构性风险同样不容忽视。因此，亟需以系统治理思维，构建多元协同的实践框架。

基于此，提出了"1+2+3+5"有效路径，为实现劳动力市场再平衡提供了实践参考。以"以人为中心"为根本，强调技术进步必须服务于人的尊严、能力提升和社会整体福祉；坚持帕累托改进与公正平等两项原则，确保智能技术在提升效率的同时兼顾公平分配，防止技术鸿沟和社会分化的加剧；明确政府、企业、劳动力三方主体的责任分工和协同机制，推动政策引导、市场调节与个体赋能的有机融合；以劳动力供给、劳动力需求、供需匹配、劳动关系和劳动环境五个维度为切入点，系统性识别并化解再平衡过程中的核心矛盾与风险。

人工智能技术的发展不仅在提升生产率和优化产业结构方面表现突出，更有效促进了劳动力要素的跨代转移和高效匹配。与此同时，其对劳动关系的重塑和劳动环境的优化起到积极推动作用，尤其在提升老龄劳动力参与度和改善工作环境方面展现巨大潜力。然而，技术赋能的过程中也伴随着新型就业形态的不确定性和传统劳动保护政策的滞后，亟须完善社会保障与职业培训体系，增强劳动力的适应能力和就业安全感。

展望未来，随着智能技术与人口老龄化的深度耦合，劳动力市场再平衡将成为动态演进的系统工程。唯有坚持以人为本，强化多元主体协同，完善五维动态分析，方能有效释放人工智能的积极效应，推动劳动力市场实现高质量、可持续的再平衡。由此，中国式现代化将获得更加坚实的劳动力基础和创新动力，为经济社会持续健康发展提供坚强保障。同时，中国的实践经验对于全球范围内面临类似挑战的国家和地区亦具有广泛的借鉴和参考价值，有望为全球老龄化治理与智能转型提供启示和方案。

参 考 文 献

[1] 畅倩, 赵敏娟, 姜志德. 家庭代际经济转移对农村老年人劳动供给的影响 [J]. 南方人口, 2019, 34 (5): 24-35.

[2] 晁江锋, 常亚东. 人工智能对制造业劳动力就业的影响 [J]. 航空财会, 2021, 3 (2): 17-21.

[3] 陈庚晓. 基于石油石化企业的智能工厂建设思考 [J]. 化工管理, 2021, 613 (34): 184-186.

[4] 陈进, 孟园园. 人工智能应用对制造业企业绩效的影响: 劳动力结构的中介作用与企业规模的调节作用 [J]. 中国劳动, 2021 (4): 28-46.

[5] 陈明艺, 胡美龄. 技术创新对我国劳动力市场的影响研究——以人工智能技术为例 [J]. 新金融, 2020 (8): 25-33.

[6] 陈秋霖, 许多, 周羿. 人口老龄化背景下人工智能的劳动力替代效应——基于跨国面板数据和中国省级面板数据的分析 [J]. 中国人口科学, 2018 (6): 30-42, 126-127.

[7] 陈卫. 中国人口负增长与老龄化趋势预测 [J]. 社会科学辑刊, 2022 (5): 133-144.

[8] 陈晓, 郑玉璐, 姚笛. 工业智能化、劳动力就业结构与经济增长质量——基于中介效应模型的实证检验 [J]. 华东经济管理, 2020, 34 (10): 56-64.

[9] 陈璇. 人口老龄化对中国劳动力供给的影响 [J]. 经济师, 2022 (7): 37-38.

[10] 陈怡, 邓岚. 人口老龄化对中国服务业发展的影响——基于劳动力有效供给视角 [J]. 人口与社会, 2022, 38 (2): 41-57.

[11] 陈佑武, 李步云. 中国特色社会主义人权理论体系论纲 [J]. 政治与法律, 2012 (5): 54-64.

[12] 党俊武. 老龄社会引论 [M]. 北京: 华龄出版社, 2004.

[13] 翟振武, 陈佳鞠, 李龙. 2015~2100 年中国人口与老龄化变动趋势 [J]. 人口研究, 2017, 41 (4): 60-71.

[14] 丁拓. 联合国与欧美养老模式与案例分析研究 [J]. 住宅产业, 2021 (9): 69-77.

[15] 董玉青, 褚松燕. 中国共产党百年养老保障政策的演进逻辑 [J]. 学习论坛, 2023 (1): 89-96.

[16] 杜鹏, 翟振武, 陈卫. 中国人口老龄化百年发展趋势 [J]. 人口研究, 2005 (6): 92-95.

[17] 杜鹏. 中国特色积极应对人口老龄化道路: 探索与实践 [J]. 行政管理改革, 2022 (3): 13-18.

[18] 甘犁. 中国家庭金融调查报告 [M]. 成都: 西南财经大学出版社, 2012.

[19] 高玉娟, 赵丽琴. 中国人口老龄化的影响因素分析 [J]. 中国市场, 2016 (11): 16-17, 21.

[20] 葛文绚, 张潇悦, 杨舒涵. 人口老龄化背景下智能制造对劳动力市场的影响 [J]. 中国集体经济, 2022 (9): 24-25.

[21] 郭郡郡, 刘玉萍, 郭方方. 中国城市人口老龄化的时空演变与影响因素——基于全国人口普查数据的分析 [J]. 地域研究与开发, 2024, 43 (3): 50-55, 69.

[22] 韩民春, 韩青江. 机器人技术进步对劳动力市场的冲击——基于动态随机一般均衡模型的分析 [J]. 当代财经, 2020 (4): 3-16.

[23] 韩鹏, 宋晓晓. 基于灰色理论的内蒙古人口老龄化趋势预测及其影响因素研究 [J]. 干旱区资源与环境, 2023, 37 (1): 44-51.

[24] 韩庆祥. 论人的全面发展的理论内涵和实现路径 [J]. 特区实践与理论, 2022 (4): 5-10.

[25] 韩玉. 人工智能在化工行业的应用 [J]. 橡塑资源利用, 2019 (2): 25-28.

[26] 何秀霞. 基于人工智能发展的职业教育应然转变 [J]. 教育理论与实践, 2018, 38 (18): 26-28.

[27] 何玥. 人工智能时代我国老年红利开发 [J]. 区域治理, 2019

(43): 29-33.

[28] 贺丹,刘厚莲. 中国人口老龄化发展态势、影响及应对策略 [J]. 中共中央党校学报, 2019, 23 (4): 84-90.

[29] 洪雅芳. 全面二孩政策对我国人口结构的影响研究 [J]. 鄂州大学学报, 2019, 26 (5): 19-24.

[30] 胡鞍钢,刘生龙,马振国. 人口老龄化、人口增长与经济增长——来自中国省际面板数据的实证证据 [J]. 人口研究, 2012, 36 (3): 14-26.

[31] 胡庆松. 人工智能技术在现代农业机械中的应用研究 [J]. 南方农机, 2023, 54 (6): 63-65.

[32] 黄翌,李陈,王悦. 中国人口老龄化进程及其经济动因的区域差异 [J]. 地域研究与开发, 2023, 42 (5): 167-173.

[33] 惠树鹏,单锦荣. 基于工业智能化的中国劳动力技能结构升级路径研究 [J]. 软科学, 2022, 36 (7): 16-22, 30.

[34] 惠炜,姜伟. 人工智能、劳动力就业与收入分配: 回顾与展望 [J]. 北京工业大学学报 (社会科学版), 2020, 20 (5): 77-86.

[35] 贾昌荣. 智慧办公、体验、人性与梦想 [J]. 现代商业银行, 2021 (18): 40-43.

[36] 姜德波,赵伟强. 老龄化速度对中国经济增长的影响——经济要素投入视角的分析 [J]. 经济研究参考, 2023 (8): 63-80.

[37] 蒋南平,邹宇. 人工智能与中国劳动力供给侧结构性改革 [J]. 四川大学学报 (哲学社会科学版), 2018 (1): 130-138.

[38] 蒋同明. 人口老龄化对中国劳动力市场的影响及应对举措 [J]. 宏观经济研究, 2019 (12): 148-159.

[39] 金光照,陶涛,刘安琪. 人口老龄化与劳动力老化背景下中国老年人力资本存量与开发现状 [J]. 人口与发展, 2020, 26 (4): 60-71.

[40] 科技赋能打造沉浸式智能培训系统 [J]. 杭州金融研修学院学报, 2022, 308 (11): 57-58.

[41] 孔微巍,刘晓熹,孙涛. 智能化对新零售业劳动力需求的影响——基于劳动力需求理论 [J]. 商业经济, 2020 (1): 12-18.

[42] 孔微巍,于凡钠. 智能化对服务行业的劳动力需求的影响——以阿里巴巴智能化服务为例 [J]. 商业经济, 2021 (3): 132-135.

[43] 赖德胜, 高春雷, 孟大虎, 等. 中国劳动力市场平衡性特征分析 [J]. 中国劳动, 2019 (2): 5-19.

[44] 赖德胜. 增进劳动力市场发展的平衡性 [J]. 劳动经济研究, 2023, 11 (5): 3-8.

[45] 李建伟, 王炳文. 我国人口老龄化的结构性演变趋势与影响 [J]. 重庆理工大学学报 (社会科学), 2021, 35 (6): 1-19.

[46] 李丽琴. 试析人工智能技术在现代农业生产中的应用 [J]. 农业技术与装备, 2019 (8): 28-29.

[47] 李宁. 人工智能背景下物流业劳动力供求影响研究 [J]. 现代商贸工业, 2020, 41 (8): 67-68.

[48] 李舒沁, 王灏晨. 欧盟对人工智能时代制造业劳动力技能的思考及其启示 [J]. 中国物价, 2020 (8): 106-108.

[49] 李拓, 李斌. 中国跨地区人口流动的影响因素——基于286个城市面板数据的空间计量检验 [J]. 中国人口科学, 2015 (2): 73-83, 127.

[50] 梁思雨, 纪颖, 李怡然, 等. 基于扎根理论研究分析育龄妇女及家属生育意愿的影响因素 [J]. 中国健康教育, 2025, 41 (3): 233-237.

[51] 刘丹. 中国人口老龄化发展现状、成因与对策 [J]. 中国老年学杂志, 2022, 42 (16): 4123-4126.

[52] 刘厚莲. 世界和中国人口老龄化发展态势 [J]. 老龄科学研究, 2021, 9 (12): 1-16.

[53] 刘喜喜. 发展智能制造对中国劳动力市场的影响研究 [J]. 工业经济论坛, 2018, 5 (1): 43-48.

[54] 刘晓莉, 许艳丽. 技能偏好型技术进步视阈下人工智能对技能劳动力就业的影响 [J]. 中国职业技术教育, 2018 (15): 41-46.

[55] 刘长全, 杨光. 强国建设两阶段农业劳动生产率目标预测与提升路径 [J]. 中州学刊, 2024 (6): 34-41.

[56] 刘政鑫. 悟牛智能: 机器人推动农业生产智能化 [J]. 机器人产业, 2023, 50 (3): 61-63.

[57] 卢松龄. 人工智能与物联网对医疗产业的影响 [J]. 黑龙江科学, 2022, 13 (20): 98-100.

[58] 鲁晓明. 积极老龄化视角下之就业老年人权益保障 [J]. 法学论坛,

2021, 36 (4): 120-128.

[59] 鲁志国. 简论人口老龄化对我国产业结构调整的影响 [J]. 深圳大学学报 (人文社会科学版), 2001 (2): 45-51.

[60] 马红鸽, 田招. 新质生产力赋能养老服务高质量发展的逻辑理路、现实困境与推进策略 [J]. 西北人口, 2025, 46 (2): 104-112.

[61] 马克思恩格斯全集: 第1卷 [M]. 北京: 人民出版社, 1995.

[62] 马克思恩格斯全集: 第2卷 [M]. 北京: 人民出版社, 2005.

[63] 马克思恩格斯全集: 第44卷 [M]. 北京: 人民出版社, 2001.

[64] 马克思恩格斯全集: 第3卷 [M]. 北京: 人民出版社, 2002.

[65] 马克思恩格斯全集: 第25卷 [M]. 北京: 人民出版社, 2001.

[66] 茆长宝. 乡村振兴背景下中国农村人口两化问题再认识及其优化 [J]. 西北人口, 2021, 42 (1): 97-106.

[67] 梅仪, 华晔. 面向差异化需求的多元养老服务模式分析 [J]. 中国管理科学, 2023, 31 (8): 71-79.

[68] 穆光宗, 茆长宝. 人口少子化与老龄化关系探究 [J]. 西南民族大学学报 (人文社科版), 2017, 38 (6): 1-6.

[69] 穆光宗, 张团. 我国人口老龄化的发展趋势及其战略应对 [J]. 华中师范大学学报 (人文社会科学版), 2011, 50 (5): 29-36.

[70] 彭万鹏. 老龄化背景下我国养老护理人才困境分析 [J]. 就业与保障, 2022 (12): 160-162.

[71] 彭希哲, 陈倩. 中国银发经济刍议 [J]. 社会保障评论, 2022, 6 (4): 49-66.

[72] 任冲. 老龄化对我国社会经济发展的影响及对策分析 [J]. 内蒙古社会科学 (汉文版), 2014, 35 (5): 160-166.

[73] 申小菊, 吕学静. 农村养老保障制度对家庭教育投资影响研究 [J]. 中国劳动, 2015 (18): 69-72.

[74] 沈铭辉. 人口老龄化的影响及治理对策——以韩国为例 [J]. 人民论坛, 2020 (32): 91-93.

[75] 宋佳莹, 高传胜. 人口老龄化对经济增长的影响及其机制分析——基于劳动力供给与社会保障支出视角 [J]. 经济问题探索, 2022 (11): 1-18.

［76］苏牧. 人口老龄化背景下的科技发展需求分析［J］. 中国科技论坛, 2023（3）：7-8.

［77］孙爱军, 刘生龙. 人口结构变迁的经济增长效应分析［J］. 人口与经济, 2014（1）：37-46.

［78］孙乐. 中国劳动力市场灵活性与安全性平衡探讨［J］. 人口与经济, 2010（3）：40-45.

［79］孙蕾, 谢越. 中国人口老龄化的地区聚类及影响因素分析［J］. 西北人口, 2014, 35（1）：1-5, 12.

［80］孙梦楚, 高焕沙, 薛群慧. 智慧养老产品开发现状研究［J］. 经济师, 2016（4）：36-38.

［81］孙溥茜. 机器人"小哥"上岗, 让京东物流更智慧［J］. 机器人产业, 2022（3）：49-53.

［82］孙早, 侯玉琳. 工业智能化如何重塑劳动力就业结构［J］. 中国工业经济, 2019（5）：61-79.

［83］谭金可. 我国劳动力市场灵活性与安全性的法制平衡［J］. 中州学刊, 2013（6）：53-59.

［84］汤丹, 李翔. 中国制造业劳动年龄构成对劳动生产率与工资的影响研究［J］. 宏观经济研究, 2019（5）：107-116.

［85］童玉芬, 刘志丽, 宫倩楠. 从七普数据看中国劳动力人口的变动［J］. 人口研究, 2021, 45（3）：65 74.

［86］童玉芬. 人口老龄化过程中我国劳动力供给变化特点及面临的挑战［J］. 人口研究, 2014, 38（2）：52-60.

［87］汪连新. 社区养老服务机构研究：现状问题及政策建议［J］. 决策科学, 2023（3）：51-62.

［88］汪伟, 刘玉飞, 彭冬冬. 人口老龄化的产业结构升级效应研究［J］. 中国工业经济, 2015（11）：47-61.

［89］王春超, 丁琪芯. 智能机器人与劳动力市场研究新进展［J］. 经济社会体制比较, 2019（2）：178-188.

［90］王笛, 赵靖, 金明超, 刘婧, 等. 人工智能在医疗领域的应用与思考［J］. 中国医院管理, 2021, 41（6）：71-74.

［91］王琼, 黄建功. 人工智能背景下工程造价行业劳动力的影响效应研

究［J］. 工程造价管理，2020（3）：47-52.

［92］王亚楠，向晶，钟甫宁. 劳动力回流、老龄化与"刘易斯转折点"［J］. 农业经济问题，2020（12）：4-16.

［93］王云多. 人口老龄化引发的负面经济影响及对策［J］. 当代经济管理，2020，42（7）：68-73.

［94］王增文. 人口迁移、生育率及人口稳定状态的老龄化问题研究［J］. 中国人口·资源与环境，2014，24（10）：114-120.

［95］王章佩，展黛. 平衡劳动力市场的灵活性与安全性：荷兰的政策实践［J］. 中国劳动关系学院学报，2015，29（6）：79-84.

［96］王志理. 世界人口增速放缓 人类进入低增长时代——《世界人口展望2019》研讨会在京召开［J］. 人口与健康，2019（7）：14-15.

［97］吴星星. 我国人口老龄化对制造业结构升级的影响研究［J］. 现代商贸工业，2024，45（10）：4-6.

［98］吴芸芸，封红旗. 人工智能背景下我国劳动力成本研究——以典型地区数据为例［J］. 经济师，2019（2）：248-250.

［99］吴倬. "以人为本"辨析［J］. 清华大学学报（哲学社会科学版），2001（1）：60-65.

［100］武荣伟，王埄崟，王远鑫，等. 2000—2020年中国县域人口老龄化分布格局及其影响因素［J］. 热带地理，2024，44（8）：1500-1512.

［101］夏翠翠，林宝. 应对人口老龄化的国际经验及对中国人口政策的启示［J］. 社会科学辑刊，2023（5）：148-157.

［102］谢飞，王宏民. 关于我国农村人口老龄化问题的思考［J］. 山西农经，2018（1）：38-41.

［103］谢秀英，薛尧，张欣，等. 智能模块化教学与宫腔镜专科医师培训学习曲线的相关性分析［J］. 医学教育研究与实践，2022，30（6）：783-785.

［104］徐升艳，夏海勇. 人口老龄化机制研究：基于生育率持续下降视角［J］. 人口学刊，2011（4）：54-60.

［105］徐晓璇. 人工智能全球化背景下我国物流机器人产业的发展策略［J］. 中国市场，2021（14）：1-3.

［106］阎存志. 马克思在《资本论》中对劳动生产率的论述［J］. 东北师大学报，1991（4）：24-27.

[107] 杨菊华, 王苏苏, 刘轶锋. 新中国 70 年：人口老龄化发展趋势分析 [J]. 中国人口科学, 2019（4）：30-42, 126.

[108] 杨昕, 赵守国. 数字经济赋能劳动生产率的收敛效应——基于人口红利转变的视角 [J]. 中国人口科学, 2023, 37（2）：3-18.

[109] 杨俐. 关于人工智能对劳动力市场影响的文献综述 [J]. 智库时代, 2018（30）：292-293.

[110] 杨雅瑜, 尹发能. 2000—2020 年广东省人口老龄化时空格局演变及其影响因素 [J]. 天津师范大学学报（自然科学版），2024, 44（6）：65-74.

[111] 袁加俊, 赵列宾, 田丹. 新一代人工智能在医疗健康领域的应用与思考 [J]. 中国卫生信息管理杂志, 2020, 17（6）：780-785.

[112] 袁伦渠. 劳动经济学 [M]. 6 版. 大连：东北财经大学出版社, 2021.

[113] 曾通刚, 赵媛, 许昕. 中国人口高龄化空间格局演化及影响因素研究 [J]. 地理与地理信息科学, 2017, 33（6）：72-79.

[114] 张安全, 李星皓, 方行明, 等. 父母在, 不远游——人口老龄化对劳动力流动的影响 [J]. 经济研究参考, 2022（10）：116-133.

[115] 张二丽, 汪太行, 王玉龙. 基于多元线性回归的中国人口老龄化问题影响因素研究 [J]. 河南教育学院学报（自然科学版），2020, 29（4）：15-21.

[116] 张刚, 孙婉璐. 技术进步、人工智能对劳动力市场的影响——一个文献综述 [J]. 管理现代化, 2020, 40（1）：113-120.

[117] 张菡, 梁小娟. 产业转型升级对社会分工与职业结构变迁的影响探析——基于新质生产力的视角 [J]. 探求, 2024（6）：86-93.

[118] 张瑞红, 朱俊生. 人口老龄化对我国劳动参与率影响研究 [J]. 价格理论与实践, 2021（2）：36-41.

[119] 张伟, 蒲春蓉, 黎芳, 等. 中国人口老龄化城乡倒置现象的时空演变特征及其驱动机制 [J]. 热带地理, 2021, 41（5）：928-942.

[120] 张颖, 郭晓庆. "机器换人"背景下的人力资本投资效应分析 [J]. 中国管理信息化, 2018, 21（15）：127-128.

[121] 张原, 沈琴琴. 平衡中国劳动力市场的灵活安全性——理论指标、实证研究及政策选择 [J]. 经济评论, 2012（4）：53-67.

[122] 章铮. 劳动生产率的年龄差异与刘易斯转折点 [J]. 中国农村经济, 2011 (8): 12 – 21, 32.

[123] 赵昕东, 陈丽珍. 人口老龄化对经济发展质量的影响研究——基于劳动生产率的视角 [J]. 山西大学学报 (哲学社会科学版), 2022, 45 (5): 31 – 40.

[124] 甄令德, 程上哲. 国际老年学学会简介 [J]. 中国老年学杂志, 1988 (1): 29 – 30.

[125] 郑佳慧. 人工智能影响下劳动力市场研究 [J]. 党政论坛, 2019 (5): 33 – 36.

[126] 钟水映, 汪世琦. 人口负增长趋势下的经济高质量发展 [J]. 广西社会科学, 2022 (5): 130 – 137.

[127] 周祝平, 刘海斌. 人口老龄化对劳动力参与率的影响 [J]. 人口研究, 2016, 40 (3): 58 – 70.

[128] 周卓华. 人工智能技术发展对就业的影响及应对 [J]. 重庆社会科学, 2020 (10): 44 – 54.

[129] 朱超, 王戎. 健康冲击下的劳动力供给——基于人口老龄化视角 [J]. 现代经济探讨, 2022 (3): 1 – 13.

[130] 朱巧玲, 李敏. 人工智能、技术进步与劳动力结构优化对策研究 [J]. 科技进步与对策, 2018, 35 (6): 36 – 41.

[131] 朱巧玲, 李敏. 人工智能的发展与未来劳动力结构变化趋势——理论、证据及策略 [J]. 改革与战略, 2017, 33 (12): 172 – 177.

[132] 祝瑜晗, 程彩娟, 徐蔼婷. 经济集聚下的专利"含金量"与产业结构优化——基于 276 个城市的实证研究 [J]. 统计研究, 2023, 40 (12): 62 – 76.

[133] Abeysinghe. Old-age dependency: Is It really increasing in aging populations? [J]. *Applied Economics Letters*, 2019, 26 (13): 1111 – 1117.

[134] Acemoglu D, Restrepo P. Robots and jobs: Evidence from US labor markets [J]. *Journal of Political Economy*, 2020, 128 (6): 2188 – 2244.

[135] Acemoglu D, Restrepo P. Secular stagnation? The effect of aging on economic growth in the age of automation [J]. *American Economic Review*, 2017, 107 (5): 174 – 179.

[136] Agrawal A, Gans J S, Goldfarb A. Artificial intelligence: The ambiguous labor market impact of automating prediction [J]. *Journal of Economic Perspectives*, 2019, 33 (2): 31-50.

[137] Anderson G F, Hussey P S. Population aging: A comparison among industrialized countries [J]. *Health Affairs (Project Hope)*, 2000, 19 (3): 191-203.

[138] Autor D, Salomons A. *Is Automation Labor-displacing? Productivity Growth, Employment, and the Labor Share* [R]. National Bureau of Economic Research, 2018.

[139] Autor H D, Levy F, Murnane J R. The skill content of recent technological change: An empirical exploration [J]. *The Quarterly Journal of Economics*, 2003, 118 (4): 1279-1333.

[140] Becker G S. *Human Capital: A Theoretical and Empirical Analysis* [M]. 3rd ed. Chicago: University of Chicago Press, 1993.

[141] Bessen J. *AI and Jobs: The Role of Demand* [R]. National Bureau of Economic Research, 2018.

[142] Bloom D E, Luca D L. The global demography of aging: Facts, explanations, future [J]. *PGDA Working Papers*, 2016 (1): 3-56.

[143] Bloom D E, Chatterji S. Economic consequences of population aging: A global perspective [J]. *Journal of Economic Perspectives*, 2020, 34 (1): 128-151.

[144] Borzaga C, Salvatori G, Bodini R. Social and solidarity economy and the future of work [J]. *Journal of Entrepreneurship and Innovation in Emerging Economies*, 2019, 5 (1): 37-57.

[145] Briganti G, Le Moine O. Artificial intelligence in medicine: Today and tomorrow [J]. *Frontiers in Medicine*, 2020 (7): 27.

[146] Chappell N L, Havens B, Hollander M J, et al. Comparative of costs of home care and residential care [J]. *Gerontologist*, 2004, 44 (3): 389-400.

[147] Chui M, Manyika J, Miremadi M. Where machines could replace humans-and where they can't (yet) [J]. *McKinsey Quarterly*, 2016 (3): 58-69.

[148] David E Bloom, David Canning, Günther Fink. Implications of population ageing for economic growth [J]. *Oxford Review of Economic Policy*, 2010, 26 (4): 583-612.

[149] David H. Why are there still so many jobs? The history and future of workplace automation [J]. *Journal of Economic Perspectives*, 2015, 29 (3): 3-30.

[150] DeCanio S J. Robots and humans-complements or substitutes? [J]. *Journal of Macroeconomics*, 2016 (49): 280-291.

[151] Deming D J. The growing importance of social skills in the labor market [J]. *The Quarterly Journal of Economics*, 2017, 132 (4): 1593-1640.

[152] Dirican C. The impacts of robotics, artificial intelligence on business and economics [J]. *Procedia - Social and Behavioral Sciences*, 2015 (195): 564-573.

[153] United Nations. *World Population Ageing 1950—2050* [R]. New York: Department of Economic and Social Affairs, Population Division, 2002.

[154] Ebeke Christian. *The Impact of Workforce Aging on European Productivity* [R]. Washington, D. C.: International Monetary Fund, 2017.

[155] Feng A, Graetz G. *Rise of the Machines: The Effects of Labor-saving Innovations on Jobs and Wages* [R]. IZA Discussion Papers, 2015.

[156] Frey C B, Osborne M A. The future of employment: How susceptible are jobs to computerisation? [J]. *Technological Forecasting and Social Change*, 2017 (114): 254-280.

[157] Fuchs C. *Digital Labour and Karl Marx* [M]. New York: Routledge, 2014.

[158] Huang M H, Rust R T. Artificial intelligence in service [J]. *Journal of Service Research*, 2018, 21 (2): 155-172.

[159] Jitender S. Ageing of population: A contemporary issue [J]. *International Journal of Research in Social Sciences*, 2019, 8 (1): 273-294.

[160] Judy W. Automation: is it really different this time? [J]. *The British Journal of Sociology*, 2017, 68 (1): 119-127.

[161] Kenichi Hashimoto, Ken Tabata. Population aging, health care, and growth [J]. *Journal of Population Economics*, 2010, 23 (2): 571-593.

[162] Kiemute O, Kang W, Pelegrini P M. Using smart home technologies to promote physical activity among the general and aging populations: Scoping review [J]. *Journal of Medical Internet Research*, 2023 (25): e41942.

[163] Lee R, Mason A. *Population Aging and the Generational Economy: A Global Perspective* [M]. Cheltenham: Edward Elgar, 2011.

[164] Lewis A. Economic development with unlimited supplies of labour [J]. *The Manchester School of Economic and Social Studies*, 1954, 22 (2): 139 – 191.

[165] Maestas N, Mullen K J, Powell D. *The Effect of Population Aging on Economic Growth, the Labor Force and Productivity* [R]. National Bureau of Economic Research, 2016.

[166] Meina C, Siyang A, Fai C C, et al. Gerontechnology acceptance by older adults and their satisfaction on its servitization in Hong Kong [J]. *Behaviour Information Technology*, 2023, 42 (16): 2932 – 2951.

[167] Modigliani F. Life cycle, individual thrift, and the wealth of nations [J]. *Science*, 1986, 234 (4777): 704 – 712.

[168] Moore E G, Pacey M A. Geographic dimensions of aging in Canada, 1991—2001 [J]. *Canadian Journal on Aging*, 2004, 23 (5): S5 – S21.

[169] Mourgova Mariana. Demographic ageing of the population in bulgaria [J]. *European Journal of Social Sciences Education and Research*, 2016, 6 (2): 216 – 224.

[170] Oschinski M, Wyonch R. Future shock? The impact of automation on Canada's labour market [J]. *C. D. Howe Institute Commentary*, 2017 (472).

[171] Piva M, Vivarelli M. Innovation, jobs, skills and tasks: A multifaceted relationship [J]. *Innovation, Jobs, Skills and Tasks: A Multifaceted Relationship*, 2018 (159): 599 – 619.

[172] Piva M, Vivarelli M. Technological change and employment: Is Europe ready for the challenge? [J]. *Eurasian Business Review*, 2018, 8 (1): 13 – 32.

[173] Tan Youchao, Liu Xiumei, Sun Hanwen, et al. Population ageing, labour market rigidity and corporate innovation: Evidence from China [J]. *Research Policy*, 2022, 51 (2): 1 – 15.

[174] Vermeulen B, Kesselhut J, Pyka A, et al. The impact of automation on employment: Just the usual structural change? [J]. *Sustainability*, 2018, 10 (5): 1661.

[175] Vivarelli M. Technology, employment and skills: An interpretative

framework [J]. *Eurasian Business Review*, 2013 (3): 66 – 89.

[176] Walford S N, Kurek S. A comparative analysis of population ageing in urban and rural areas of England and Wales, and Poland over the last three census intervals [J]. *Population, Space and Place*, 2008, 14 (5): 365 – 386.

[177] Webb M. The Impact of Artificial Intelligence on the Labor Market [EB/OL]. (2019 – 11 – 06) [2025 – 01 – 20]. https://papers.ssrn.com/sol3/papers.cfm?abstract_id = 3482150.

[178] Yahyah A. Hobby engagement boosts mental health in aging populations [J]. *Nature Aging*, 2023, 3 (11): 1316 – 1316.

[179] Zhao L. China's aging population: A review of living arrangement, intergenerational support, and wellbeing [J]. *Health Care Science*, 2023, 2 (5): 317 – 327.